¿Qué secretos esconden los universos de ciencia ficción?

Aplicación de la teoría literaria de los mundos posibles de Marie-Laure Ryan

¿Qué secretos esconden los universos de ciencia ficción?

Aplicación de la teoría literaria
de los mundos posibles de Marie-Laure Ryan

Monique Villen

 **UFV** | Editorial

MADRID, 2024

Colección *Las redes de Hermes*

Director
Clemente López González (Universidad Francisco de Vitoria)

Comité científico asesor
Victoria Hernández (Universidad Francisco de Vitoria)
José Ignacio Ruiz Rodríguez (Universidad de Alcalá de Henares)
Consuelo Martínez Moraga (Universidad Francisco de Vitoria)
Isidro Jiménez Zamora (Universidad Francisco de Vitoria)
Álvaro Abellán García-Barrio (Universidad Francisco de Vitoria)

Imágen de cubierta: Foto de Jeremy Thomas en Unsplash (https://unsplash.com/es/fotos/foto-de-silueta-de-persona-de-pie-rMmibFe4czY).

Primera edición: noviembre de 2024
ISBN edición impresa: 978-84-10083-75-2
ISBN edición digital: 978-84-10083-76-9
Depósito legal: M-24512-2024

Preimpresión: MCF Textos, S. A.
Impresión: Imedisa

Este libro ha sido sometido a una revisión ciega por pares.

Esta editorial es miembro de UNE, lo que garantiza la difusión y comercialización de sus publicaciones a nivel nacional e internacional.

Este libro puede incluir enlaces a sitios web gestionados por terceros y ajenos a EDITORIAL UFV que se incluyen solo con finalidad informativa. Las referencias se proporcionan en el estado en que se encuentran en el momento de la consulta de los autores, sin garantías ni responsabilidad alguna, expresas o implícitas, sobre la información que se proporcione en ellas.

Impreso en España - *Printed in Spain*

Índice

Agradecimientos

Agradezco profundamente al Dr. Álvaro Abellán-García Barrio y al Dr. Vicente Lozano Díaz, mis maestros, cuya sabiduría y guía han sido faros en mi trayectoria. En especial, a la Dra. Marie-Laure Ryan, cuyo enfoque visionario y su trabajo pionero han inspirado cada página de este libro. Mi gratitud también al grupo de investigación «Imaginación y Mundos Posibles», por sus aportaciones enriquecedoras y el estímulo constante. Agradezco igualmente al Dr. Francisco Javier Rodríguez Pequeño, al Dr. José Luis Arroyo Barrigüete y al Dr. Simon Bréan, cuyas orientaciones y consejos han sido valiosos en este proceso. A todos, mi más sincero reconocimiento por su apoyo e inspiración.

Prefacio

¿Cuál es la razón de ser, el tema profundo de la literatura? Tres respuestas vienen a la mente: 1) La literatura trata sobre nuestro mundo, transmite un mensaje vital sobre temas de importancia existencial. 2) La literatura trata sobre la escritura, llama la atención sobre la forma, el significante, y su naturaleza fundamentalmente autorreferencial condena al fracaso cualquier intento de extraer un 'contenido' independiente de la forma. 3) La literatura construye mundos para el placer de la imaginación, y la experiencia de transportarse mentalmente a esos mundos lleva en sí misma su propia justificación. Sería utópico esperar que un texto literario satisfaga por igual estas tres concepciones. Por ejemplo, se ha acusado a Tolkien, el representante por excelencia de la concepción 3, de carecer de estilo; el *nouveau roman*, ejemplo emblemático de la categoría 2, inhibe la inmersión; y los textos con un mensaje demasiado evidente se consideran carentes de ambigüedad, una cualidad generalmente vista como un garante del valor literario. Pero los textos literarios más satisfactorios crean una combinación original de estos tres criterios. Como escribe Monique Villen (126) «Algunas ficciones ofrecen entretenimiento, otras cumplen un objetivo didáctico, pero las mejores (las grandes novelas) logran satisfacer ambos criterios» (y añadiríamos: logran brillar por su estilo).

La crítica literaria ha estado dominada durante mucho tiempo por la concepción 2. Para la escuela que llamo 'textualista', representada por el posestructuralismo y la deconstrucción, según Maurice Blanchot, el espacio literario se concebía como un santuario consagrado al culto de la escritura, y la vocación suprema de la literatura residía en desvelar la esencia misma del lenguaje. Era en la poesía y en la autorreferencia donde esta esencia se manifestaba más visiblemente. Uno de los lemas del textualismo declaraba: «the poem should not mean but be» (Archibald MacLeish). Otro lema proclamaba la herejía de la paráfrasis, ya que era imposible captar el ser del texto literario con palabras distintas a las de ese texto. El textualismo veía en la concepción saussuriana del lenguaje una especie de sistema autónomo donde el sentido de las palabras se definía por sus relaciones con otras palabras, y no por su referencia a un mundo exterior. El líder del textualismo, Roland Barthes, establecía una distinción entre el texto legible, es decir, el texto narrativo tradicional como las novelas de Balzac, y un texto ideal que llamaba el *scriptible*, y que describía como una «galaxia de significantes, no una estructura de significados», como un texto «absolutamente plural» cuyos «sistemas de sentido pueden apropiarse, pero cuyo número nunca está cerrado, teniendo como medida el infinito del lenguaje».[1] El texto 'legible', en cambio, es un texto incompletamente plural, un texto cuyo plural «es más o menos parco», que reduce al lector al rol de consumidor y solo le da una elección: en lugar de acceder plenamente al «encanto del significante, al deleite de la escritura», solo le queda la «pobre libertad de aceptar o rechazar el texto» (*ibid.*).

El desarrollo de un enfoque de la literatura basado en la noción de mundo, y más particularmente en la de mundo posible, ofrece una alternativa al textualismo y a las metáforas del juego y la red con las que Barthes describe el *scriptible*. Rehabilita el significado y permite al texto hablar de algo más que del lenguaje. Lejos de convertir al lector o espectador en un consumidor pasivo, como decía Barthes del lector de textos legibles, el texto-como-mundo enfatiza la experiencia del lector y la actividad mental necesaria para la (re)construcción del mundo a partir del texto. Lejos de proclamar la muerte del autor, la concepción del texto como mundo da testimonio de su actividad creativa, que compara con la de Dios (Tolkien, un ferviente católico, hablaba de sub-creación). Permite, como observa Thomas Pavel, rehabilitar nociones consideradas heréticas por el textualismo, como la de referencia, haciéndola compatible con mundos no existentes, liberando así a la literatura, mayoritariamente ficcional, de la exigencia de fidelidad a la realidad. Valora la imaginación y la invención necesaria para la creación de mundos, y al hacerlo permite a la teoría literaria reconectarse con la cultura llamada popular, como lo fantástico y la ciencia ficción, el tema de este libro. Por la invención de mundos distintos al nuestro, la ciencia ficción puede considerarse como la alegoría de la facultad, propia del espíritu humano, de trascender el aquí y el ahora, y de transportarse al pasado y al futuro para aprender de uno y actuar sobre el otro. Es esta capacidad de imaginar lo que podría ser lo que nos permite mantener una relación dinámica con nuestro mundo, de producirlo

[1] R. Barthes (1970). *S/Z*. París: Editions du Seuil, 12.

activamente en lugar de sufrirlo pasivamente. La ficción no es otra cosa que la sistematización e intensificación de esta capacidad.

La contribución teórica de un enfoque basado en la noción de mundos posibles es múltiple, y me siento honrada de que Monique Villen haya decidido basarse en mis trabajos, de los cuales ofrece una imagen tan rica como fiel. Parece incluso conocer mi bibliografía mejor que yo misma: gracias a ella descubrí que uno de mis artículos, del cual había perdido la pista, sí se había publicado. Reconsiderando el enfoque de los mundos posibles a través del prisma de la presentación de Villen, considero los siguientes puntos como los más importantes. En primer lugar, este enfoque permite distinguir la ficción de la no ficción, considerando esta última como un intento de describir el mundo actual y la ficción como la creación de un mundo posible. Por otra parte, ofrece un modelo cognitivo para la organización de los textos narrativos. El universo semántico de estos textos se divide en un mundo (seudo)actual, que corresponde a los hechos afirmados por el texto, rodeado de mundos posibles creados por la actividad mental de los personajes, como sus deseos, conocimientos, obligaciones, etc. La trama se define como el intento de los personajes de resolver los conflictos entre sus mundos personales y el mundo actual del universo textual. Y, finalmente, mediante el principio de desviación mínima, el enfoque de los mundos posibles establece una relación flexible entre los mundos ficcionales y la realidad: el lector completa la imagen del mundo ficcional siempre incompleta propuesta por el texto importando el conocimiento proporcionado por su experiencia del mundo actual, excepto cuando dicho conocimiento es contradicho por el texto. El principio de desviación mínima permite así una importación de información desde la realidad, sin reducir el texto a una mímesis de esta. Sin embargo, si bien la desviación mínima ofrece una guía para la imaginación, diciéndonos qué inferencias son legítimas y cuáles no, lo que este principio no hace (y no está destinado a hacer) es indicarnos lo que el texto quiere decir respecto al mundo actual. Permite la importación, pero no la exportación de información.

Para Villen, no basta con que un texto literario cumpla la condición 3: para que la ciencia ficción alcance el pleno estatus de literatura, para que sea más que mero entretenimiento —una propiedad demasiado a menudo despreciada en los géneros denominados populares—, debe tener algo que decir sobre nuestro mundo. A través del análisis detallado de dos textos clásicos de ciencia ficción, *The Lathe of Heaven* de Ursula Le Guin y *The Man in the High Castle* de Philip K. Dick, Villen demuestra que un viaje a mundos diferentes al nuestro puede enriquecer nuestra visión de lo que Tolkien llama la realidad primaria. Pero esto no significa que el mundo imaginario creado por la ficción sea subordinado a la realidad primaria, porque si el texto propone un mensaje de alcance general —por ejemplo, una reflexión sobre la naturaleza de la realidad en Le Guin y una crítica al totalitarismo en Dick—, es la idea original y particular mediante la cual este mensaje se articula, el vehículo de la metáfora, por así decirlo, lo que se implanta más profundamente en la mente del lector: para Le Guin, la idea de los sueños efectivos y, para Dick, la de una América conquistada y ocupada por Alemania y Japón, con una zona libre entre ambas. Para iluminar la experiencia del lector de ciencia ficción, Villen complementa el enfoque de los mundos posibles, que ofrece herramientas de análisis pero no propone interpretaciones, con la reflexión de una serie de filósofos que han abordado la cuestión de la razón de ser de los mundos imaginarios en la literatura. De esta doble inspiración resulta una obra que combina la rigurosidad analítica con una dimensión profundamente humana.

Marie-Laure Ryan

Introducción

Hasta hace poco, la literatura de ciencia ficción (en adelante CF) solía ser relegada a la categoría de 'literatura popular', junto con otros géneros como la novela policíaca, la de espionaje o la sentimental. Basta señalar los calificativos con los que se valora todavía la CF en algunos ambientes: una paraliteratura, luego, carente de profundidad y de estilo, acusada de favorecer la ilusión, el escape de la realidad e incluso el infantilismo. Del mismo modo, se percibe una cierta marginalización de los estudios académicos dedicados a la CF, a pesar de la difusión planetaria de este género en las últimas décadas, tanto en la literatura como en el cine e incluso en los cómics y los videojuegos.

Cuando se solicita a un público no especializado que imagine la literatura de CF, suele evocar algo similar a esto: mundos lejanos poblados por civilizaciones alienígenas, viajes a través del tiempo, tecnologías futuristas asombrosas y conflictos épicos entre humanos y extraterrestres.

Propongo tres ejemplos emblemáticos del género concebidos *ad hoc*:

- En el año 2150, la humanidad había colonizado varios planetas en el sistema solar. En la bulliciosa metrópolis de Nueva Tierra, el detective interplanetario Alex Cruz enfrentaba su caso más desafiante hasta la fecha: la desaparición del científico de renombre, Dra. Elena Torres. Siguiendo pistas en la vasta red de la ciudad, Cruz descubre un oscuro complot que amenaza con desestabilizar el delicado equilibrio entre las colonias. Con la ayuda de su androide asistente, CR-7, Cruz se sumerge en las sombras de la ciudad, desenterrando secretos que podrían cambiar el destino de la humanidad para siempre.

- En un futuro distópico, la Tierra se encuentra al borde del colapso ambiental. En medio de la desesperación, la Corporación Génesis ofrece una solución radical: colonizar un nuevo planeta habitable en una galaxia lejana. Un grupo de valientes colonos se embarca en el viaje interestelar hacia el planeta Eden Prime, pero pronto descubren que no están solos. Una civilización alienígena antigua y hostil espera en la superficie del nuevo mundo, desencadenando un conflicto épico por la supervivencia y el destino de dos especies.

- En un laboratorio secreto del gobierno, la Dra. Sarah Bennett realiza experimentos revolucionarios en teletransportación cuántica. Cuando un experimento sale mal, Sarah se encuentra atrapada en un bucle temporal, reviviendo el mismo día una y otra vez. Con la ayuda del enigmático Dr. Nathan Reed, un físico teórico, Sarah debe desentrañar los misterios de la teletransportación cuántica para romper el ciclo temporal antes de que sea demasiado tarde y el universo colapse sobre sí mismo.

El primer texto asocia el género de la CF especulativa a elementos de la novela de detectives y la exploración del futuro interplanetario. El segundo trata los temas de la colonización espacial, los encuentros con civilizaciones alienígenas y los dilemas morales asociados con la supervivencia en entornos inhóspitos. El tercero se inspira en el género de la CF de viajes en el tiempo y los conceptos de física cuántica para explorar los temas de la percepción del tiempo, la causalidad y la responsabilidad ética en el uso de la tecnología avanzada. Es innegable que detrás de estas imágenes estereotipadas —y a menudo simplificadas—, la CF abarca una rica y diversa gama de temas, desde la exploración de las posibilidades de la tecnología hasta las reflexiones sobre la naturaleza humana y el universo. Los autores y lectores de CF no creen que tomar asiento en una astronave y viajar hasta las fronteras de la galaxia sea para evadirse de los problemas que les esperan en casa, de la misma manera que viajar en el futuro no es huir de las dificultades de nuestra época.

Para profundizar en la CF y contribuir a liberarla de sus clichés y etiquetas, he optado por realizar un estudio detallado de este género. Abogo por una literatura del imaginario que explora al ser humano, sus sociedades, sus culturas y sus relaciones con el entorno en el ámbito de lo posible, es decir, hasta donde la ciencia y la tecnología nos permiten vislumbrarlo. Además, la CF tiene una dimensión humanística, ya que establece un puente entre las ciencias naturales y las humanidades, considerando tanto los avances científicos como la percepción pública de la ciencia y los impactos sociales derivados de esos avances. Así lo expresaba ya Isaac Asimov en su definición mundialmente conocida de «ciencia ficción» en 1975: «La ciencia ficción puede definirse como la rama de la literatura que trata de la reacción del ser humano ante los cambios de la ciencia y la tecnología».[1]

El principal objetivo de este estudio es explorar las relaciones dinámicas que existen entre las obras literarias de CF y los datos de la realidad, es decir, entre el dominio semántico de los universos de CF y nuestro mundo. Si la ficción es un texto cuyo mundo constituye una alternativa al modelo del mundo real en el que se produjo el texto, ¿qué mundo alternativo al mundo real (o mundo posible) presenta la CF? ¿Qué conexiones podemos establecer entre los mundos posibles (en adelante MP) de la CF (el sistema textual) que presentan historias situadas en tiempos y lugares distintos, y proponen escenarios que se alejan de nuestra realidad terrenal y el mundo real? En el análisis de la relación entre los mundos de CF y nuestro mundo, al querer incorporar los aspectos de la creación, la construcción y la recepción de la obra literaria, han surgido otras preguntas: 1) ¿De qué imagen del mundo actual parte el autor?; 2) ¿cómo crea un nuevo mundo ciencia-ficcional?, y 3) ¿cómo esos mundos afectan el mundo del lector? (figura 1).

Figura 1. La estructura de análisis.

Para investigar estos temas y desarrollar un modelo de análisis que pueda explicar tanto la creación y presentación de los universos de CF como la experiencia imaginativa del lector, he adoptado el modelo y las herramientas analíticas proporcionadas por la teoría literaria de los MP de Marie-Laure Ryan. La doctora llamó mi atención por varias razones. Es una de las pioneras en la teoría literaria de los MP, y una de las investigadoras más reconocidas y citadas en su campo. Se inspira en los teóricos de los MP Thomas Pavel, Lubomír Doležel y David Lewis; en los teóricos de la ficción John Searle y Kendall Walton; en los narratólogos Gérard Genette, Roland Barthes, Tzvetan Todorov, Claude Brémond y David Herman. También tuve en cuenta el hecho de que compartimos el francés como lengua materna (es originaria

---

[1] I. Asimov, «How Easy to See the Future!», 81-87.

de Ginebra, Suiza), lo que facilitó enormemente nuestra comunicación. Gracias a su disponibilidad y cercanía, nuestros encuentros, tanto epistolares como presenciales, han sido un auténtico regalo.

La teoría literaria de los MP exalta la idea de la literatura como una construcción de mundo a la vez que obvia la existencia del mundo real, una combinación propicia para trabajar el tema seleccionado. Específicamente, la teoría literaria de los MP de Marie-Laure Ryan se enfoca en la dimensión cognitiva de las obras literarias, que describe como MP, contrafácticos o alternativos, adaptándose perfectamente al estudio de las novelas de CF que transportan al lector a los mundos que evocan. Además, como señala T. Pavel, gracias a la noción de mundo ficcional, se puede considerar cada obra literaria como un todo,[2] un enfoque interesante para el análisis de las obras de CF.

La obra consta de tres partes. La primera parte ofrece los fundamentos teóricos: los inicios conceptuales de la teoría literaria de los MP y el desarrollo de la teoría de Marie-Laure Ryan. La segunda parte aborda el método de análisis de las obras: la adaptación del modelo de M.-L. Ryan y la metodología para el análisis de las obras. La tercera parte aplica el modelo al estudio de dos casos, es decir, a dos novelas de CF: *The Man in the High Castle* (1962) de Philip K. Dick y *The Lathe of Heaven* (1971) de Ursula Le Guin.

Al final de cada capítulo, he incluido una sección bibliográfica para aquellos que deseen explorar más a fondo los temas tratados. Los títulos no se duplican en caso de ser utilizados en varios capítulos.

En resumen, el libro profundiza en un aspecto específico de la CF (sus relaciones con el mundo actual) mediante el enfoque de los MP (la teoría literaria de los MP de M.-L. Ryan) en dos obras seleccionadas según unos criterios específicos y una metodología diseñada *ad hoc*.

REFERENCIAS BIBLIOGRÁFICAS

ABELLÁN, J. L., *Historia crítica del pensamiento español. Vol. 2) La edad de oro (siglo XVI)*, Madrid: Espasa-Calpe, 1979.

AGUSTÍN, S., *Confesiones*, México: Ediciones Paulinas, 1987 (10.ª ed.).

ANDRÉS MARTÍN, M., «Influencia de san Buenaventura en la mística española de la Edad de Oro», en M. de Castro, Á. Huerga y M. Andrés, *San Buenaventura*, Madrid: Fundación Universitaria Española, 1976, pp. 105-140.

---

[2] T. Pavel, *Univers de la fiction*, 248.

Asimov, I. (1981). «How Easy to See the Future!». En: *Asimov on Science Fiction*. Garden City, NY: Doubleday & Company, pp. 81-87 (original en la revista *Natural History* de 1975).

Dick, P. K. (2001). *The Man in the High Castle*. London: Penguin Books. Primera edición: 1962). G P Putnam's Sons.

— (2011). *El hombre en el castillo* (Trad. M. Figueroa). Barcelona: Minotauro. Versión Kindle.

Le Guin, U. K. (1971). *The Lathe of Heaven*. New York: Scribners.

— (2017). *La rueda celeste* (Trad. M. Antón). Barcelona: Minotauro. Versión Kindle.

Pavel, T. (1986). *Fictional Worlds*. Cambridge: Harvard University Press.

— (2017). *Univers de la fiction*. París: Éditions du Seuil.

Parte 1

Fundamentos teóricos

Capítulo 1

Los antecedentes de la teoría literaria de los mundos posibles

Me ha parecido importante presentar brevemente los antecedentes de la teoría literaria de los MP tal como los he descubierto durante mi investigación. La reflexión filosófica sobre el estatus o la cuestión de la ficción nació del giro lingüístico de la filosofía analítica que profundizó en la naturaleza y el funcionamiento de la ficción a partir del discurso, tendiendo lazos entre los niveles ontológicos, semánticos y epistémicos del lenguaje. Sin embargo, la teoría literaria de los MP se alejó de estos planteamientos tomando otro rumbo, el camino de la semántica de la lógica modal que interesó tanto a los filósofos que trabajaban en la lógica de los MP como a los teóricos de la literatura que estudiaban los universos de la ficción. Los filósofos se centraron fundamentalmente en el problema de la referencia al querer representar las proposiciones cuya verdad no dependía de la existencia empírica de sus sujetos, mientras que los especialistas en literatura buscaron una forma de salir del estudio formal de las obras literarias contempladas como textos autorreferenciales. Así lo explica M.-L. Ryan, una de las pioneras en la teoría literaria de los MP:

> Formulada en el apogeo del estructuralismo formal, la teoría de los MP reabre el debate sobre ciertas cuestiones que habían sido declaradas heréticas por la ortodoxia reinante y su doctrina de la inmanencia textual: el valor de verdad del discurso literario; la relación entre los mundos ficcionales y el mundo real; el problema de la referencia en el discurso literario; y más generalmente, el problema de la representación.[3]

[3] M.-L. Ryan, «Possible Worlds in Recent Literary Theory», 531. Todas las traducciones son del autor, a no sea que exista una traducción autorizada.

DE LEIBNIZ A LA LÓGICA MODAL

Al filósofo alemán G. W. Leibniz debemos el concepto de 'mundos posibles' que desarrolló en su obra *Teodicea, ensayos sobre la bondad de Dios, la libertad del hombre y el origen del mal*, publicado en 1710. Ese concepto sirvió de base filosófica para la corriente analítica, la lógica proposicional, la lógica modal y para las teorías literarias de los MP.[4] Según su teoría de la creación, Dios habría considerado en su entendimiento todos los MP y concebibles, es decir, todos los que no son lógicamente contradictorios, en número infinito, y habría escogido crear el mejor en función del *optimum* de los bienes y de los males. Por lo tanto, la posibilidad en Leibniz designa todo lo que, no siendo lo mejor, no ha sido elegido por Dios.

Leibniz fue también el punto de partida de la lógica proposicional (o cálculo proposicional), que consiste en una formalización de las reglas del raciocinio. Propongo un rápido recorrido histórico desde Leibniz hasta Russel para entender su evolución y su conexión con la teoría de los MP. Genio de las matemáticas, en su obra *Dissertatio de arte combinatoria*, Leibniz propuso, gracias a procedimientos matemáticos, convertir la teoría de la deducción lógica en un cálculo. Esta nueva ciencia, la *mathesis universalis* buscaba demostrar la verdad de las afirmaciones filosóficas y científicas apoyándose no en su significado, sino solamente en su estructura:

> Luchó por conseguir la sistematización de todos los saberes, elaborar *une méthode de l'universalité* aplicable a todo campo del saber mediante estructuras formales organizadoras que permitiesen descubrir la estructura inteligible del mundo superando nuestras limitaciones psicológicas.[5]

A pesar de su notable intuición, estuvo lejos de realizarlo y no pudo avanzar hacia la construcción de un lenguaje simbólico que superara significativamente la silogística aristotélica.

Dos matemáticos y lógicos ingleses, George Boole con su obra *Análisis matemático de la lógica* y Augustus de Morgan con su *Lógica formal*, desarrollaron la idea de Leibniz de construir la lógica como un cálculo. Ambos fueron los creadores del

---

[4] La propuesta de Leibniz también se relaciona con la reciente teoría del universo matemático formulada por Max Tegmark (2015). En su obra, Tegmark sostiene que el universo es esencialmente matemático, y que las matemáticas ofrecen respuestas a nuestras interrogantes sobre la realidad. Según esta perspectiva, todas las estructuras matemáticas posibles poseen una existencia física tangible, lo que implica la existencia de un multiverso que abarca todos los universos matemáticamente viables.

[5] L. C. Agrela, «La superación por Leibniz de la lógica aristotélica», 70.

lenguaje formalizado de la lógica moderna y contribuyeron a dotar a la lógica matemática de sus caracteres esenciales.

A finales de siglo XIX, los trabajos del matemático y lógico alemán Gottlob Frege, con su obra *Begriffsschrift* publicada en 1879, marcó el comienzo de la lógica formal contemporánea. Frege quería «construir un instrumento que permitiera al filósofo detectar las trampas que el uso del lenguaje inevitablemente tiende al pensamiento».[6] A pesar de su gran valor, la obra de Frege pasó casi inadvertida y transcurrieron veinte años antes de que Bertrand Russell y Alfred North Whitehead sistematizaran y desarrollaran los trabajos de Frege en *Principia Mathematica*, intentando derivar toda la matemática de la lógica. Interesa la contribución de Frege a la teoría semántica moderna con sus tres artículos: «Sentido y referencia», «Concepto y objeto» y «Función y concepto». Su teoría de la referencia (la referencia de un enunciado es su valor de verdad, lo verdadero o falso) será discutida por los lógicos de la semántica modal.

La lógica siguió siendo la médula del pensamiento del filósofo austriaco Ludwig Wittgenstein en su obra el *Tractatus Logico-Philosophicus*, que influyó en la aparición, sobre todo a partir de 1920, de numerosas construcciones lógicas alternativas: lógicas multivalentes, lógicas modales, lógicas probabilistas, lógicas cuánticas. Clarence Irving Lewis, con sus obras *Implication and the algebra of logic* y *A Survey of Symbolic Logic*, marcó el comienzo de la lógica modal en su forma moderna y dio pie al surgimiento de las lógicas polivalentes. Se basó a su vez en los trabajos de Leibniz:

> El tratamiento logístico de cualquier tema se convierte en matemáticas. La matemática en sí deja de tener una materia peculiar y se convierte simplemente en un método. La logística es el método universal para presentar la ciencia exacta en símbolos ideográficos. Es la «matemática universal» de Leibniz.[7]

Nubiola precisa que Lewis propuso un sistema axiomático formalizado, comparable al cálculo de proposiciones desarrollado en los *Principia Mathematica*, pero introduciendo los operadores modales ('posible' y 'necesario') y las leyes que los rigen.[8]

El término 'modalidad' alude a la manera en que algo es y se aplica en sentido amplio a los distintos tipos de lógicas modales y multimodales. En sentido restringido, se refiere a las modalidades proposicionales que son sistemas donde se añaden operadores para modificar la significación de las proposiciones y definir la manera

---

[6] J. J. Acero, E. Bustos y D. Quesada, *Introducción a la filosofía del lenguaje*, 31.
[7] C. I. Lewis, *A Survey of Symbolic Logic*, 372.
[8] J. Nubiola, *El compromiso esencialista de la lógica modal: estudio de Quine y Kripke*, 19.

en que esas proposiciones son verdad. Grunig define que «un operador proposicional M es modal si el valor de verdad V o F de la proposición modalizada Mp no puede deducirse en todos los casos del valor de verdad de la proposición p».[9] De ahí que las lógicas modales se estructuren a partir de la lógica modal alética (necesario, innecesario, contingente, posible, imposible). La noción de verdad ya no se refiere a las verdades categóricas que describen el mundo real (verdadero o falso) y que son impersonales, sino a las verdades modales que dependen de la actitud y del punto de vista del sujeto. En *Contemporary Debates in Metaphysics*, otro libro inspirador para este tema, los autores explican que las verdades sobre el mundo se dividen en dos tipos: categóricas y modales. Las verdades categóricas describen cómo son las cosas, lo que es realmente el caso. Las verdades modales describen cómo podrían o deberían ser las cosas, lo que es posible o necesario. La mayoría de las lógicas modales, de las cuales las modalidades aléticas (posible o necesario), epistémicas (se sabe que, se cree que), temporales (siempre o a veces) y deónticas (es obligatorio que, es permitido que) son las más conocidas, no pasan del cálculo formal, aunque encontraron aplicaciones en las técnicas de computación de la inteligencia artificial.

LA ETAPA SEMÁNTICA DE LA LÓGICA MODAL

La noción de 'mundo posible' de Leibniz conoció un resurgimiento en el mundo anglosajón de la filosofía analítica en filósofos como Saul Kripke, Jaakko Hintikka, David Lewis, Alvin Plantinga y Robert Stalnaker, cuyo objetivo era evaluar las condiciones de verdad de las proposiciones modales en parte a partir del análisis lógico de los condicionales contrafactuales. La etapa semántica de la lógica modal comenzó con los trabajos de Kripke y Hintikka que buscaron establecer relaciones entre las proposiciones y los modos de ser e interpretar los distintos operadores modales. Antes, Carnap, en su obra de 1947 *Meaning and Necessity*, había introducido la noción de descripciones de estado y definido una proposición necesaria como aquella que es verdadera en todas las descripciones de estado, pero fue Saul Kripke quien propuso la metáfora de los MP y asentó las bases de esta interpretación para los diversos sistemas de lógica modal.

Por su importancia en la obra de Marie-Laure Ryan, expondré con más detalle la semántica de los sistemas modales del filósofo americano Saul Kripke. Este buscaba unas explicaciones y formulaciones teóricas de las condiciones de verdad de los

---

[9] R. Grunig, «La sémantique des mondes possibles et ses limites», 71.

sistemas modales, e interpretó que el objeto de la lógica modal no está constituido de un solo elemento, sino de mundos distintos relacionados entre ellos. Por 'mundo', Kripke entiende un conjunto de proposiciones que forman descripciones de estado consistentes (no contradictorias) y completas (son verdaderas o falsas). Marie-Laure Ryan explica el sistema modal desarrollado por Kripke conocido como el M-model en un artículo de 1992:

> Es una construcción lógica que consiste en un conjunto K de elementos, un miembro G de este conjunto y una relación R entre los elementos del conjunto. Influenciado por la noción de mundo posible de Leibniz, el conjunto K es el conjunto de mundos posibles, el miembro privilegiado G es el mundo real [o actual] y la relación R es el vínculo [o relación de accesibilidad] entre varios mundos pertenecientes al sistema K y sus posibles alternativas.[10]

La teoría permite interpretar la modalidad en término de verdad en los diversos mundos asociados, es decir, que una proposición modificada por una modalidad es válida en ciertos mundos y no en otros, según el tipo de modalidad utilizada. Veamos un ejemplo:

- 'Puede nevar' es verdadero si y solo si nieva en al menos un MP.
- 'Es contingente que nieve' es verdadero si y solo si nieva en algún MP y no nieva en algún (otro) MP.
- 'Tiene que nevar' será verdadero si nieva en todos los MP.

La posibilidad se convierte en una relación ligada a la noción de accesibilidad: un mundo M2 es 'posible' para M1 si es accesible a partir de él, es decir, si hay una relación entre M1 y M2. Para la mayoría de los lógicos, el MP M2 es la réplica del mundo actual M1, exceptuando un cambio local.

La semántica modal de Kripke se basa pues en tres elementos: un conjunto de MP, una relación de accesibilidad de algunos de esos mundos entre ellos y una función de evaluación que determina para cada proposición p el conjunto de los MP donde p es verdadera. 'Es posible que p' se convierte en 'hay un MP m donde p es verdadera' y 'es necesario que p' se convierte en 'en todos los MP, p es verdadera'. Además, el modelo de Kripke sitúa el mundo actual en el centro del sistema modal y le da prevalencia sobre los MP que se imaginan a partir de él. El mundo actual está

---

[10] M.-L. Ryan, *Possible Worlds in Recent Literary Theory*, 529. Tanto Kripke como Ryan designan el mundo real objetivamente existente (como lo llama Tomás Albaladejo) con las palabras '*actual world*' que he traducido por 'mundo actual'.

rodeado de una infinidad de MP, pero estos son estipulados, no son preexistentes (como en Leibniz). El mundo actual es, por lo tanto, el único real.

Ese sistema formaliza las relaciones de accesibilidad entre los mundos y concede valores de verdad a las proposiciones que versan sobre entes y situaciones no reales gracias a su interpretación de la posibilidad y de la necesidad lógica. Para los teóricos literarios, uno de ellos Thomas Pavel, este hecho no pasó desapercibido. Señala que mientras que al trabajar con nociones científicas podemos necesitar de vez en cuando eliminar (o al menos circunscribir) entidades inexistentes, la poética de la ficción requiere, por el contrario, técnicas para introducir tales entidades.[11] En *Semantical considerations on modal logic*, Kripke aborda el problema de la referencia y valor de verdad de aquellos enunciados que no tienen un referente efectivo, como «Sherlock Holmes es calvo», y les otorga un valor de verdad en cada mundo. Esta interpretación se opone a las posiciones de Frege y de Russel que prevalecían en los años 70 del siglo pasado. Explica Ryan que, según Frege, uno de los primeros filósofos en haber considerado la ficción como una cuestión lógica, una frase sobre una entidad imaginaria no tiene referente y es automáticamente falsa.[12] La tesis de Russel que T. Pavel califica de ontología segregacionista limita la existencia a las entidades que se encuentran en el mundo real. Las que no se pueden encontrar en la realidad son privadas de existencia, incluidas las que pertenecen a la ficción.

La semántica de los MP de Kripke que, según Nubiola, abrió una nueva perspectiva al considerar el origen de las nociones metafísicas de 'necesidad' y 'posibilidad' no en la matemática, sino en la genuina consideración metafísica del orden real, generó un amplio debate sobre la naturaleza y la existencia de los MP. ¿Cómo diferenciar los MP del mundo actual? ¿Son los MP entidades existentes? ¿Qué pasa con los problemas de la identidad transmundana (identificación de un mismo individuo en los diferentes MP) y con los objetos posibles, pero no actuales? Kripke respondió negando que esos MP existiesen como los MP de Leibniz. Para Kripke, corresponden a situaciones contrafactuales, a 'estados posibles del mundo' que se pueden imaginar, pero que no se realizan ni son reales. Los MP son objetos abstractos construidos por la mente humana que permiten imaginar más fácilmente situaciones no reales y sus consecuencias. Para ilustrar con claridad su posición, Kripke desarrolla un ejemplo que recoge Nubiola, el cálculo de las probabilidades para obtener un número determinado en los juegos de dados:

---

[11] T. Pavel, *Univers de la fiction*, 31.

[12] M.-L. Ryan, «Fiction as a Logical, Ontological, and Illocutionary Issue», 122.

Sean A y B dos dados ordinarios —cada uno con seis posibles resultados— de forma que hay treinta y seis posibles estados de la pareja de dados en cuanto a los diversos resultados que pueden presentar, pero solo uno de tales estados posibles corresponde a la situación efectiva de la pareja de dados después de lanzarlos. […] Pues bien, los treinta y seis posibles estados de la pareja de dados son literalmente treinta y seis 'mundos posibles'. […] Solo uno de tales mini mundos —el que corresponde al resultado efectivo de los dados— es el 'mundo actual', pero los otros nos interesan cuando nos preguntamos acerca de la probabilidad o improbabilidad del resultado efectivo.[13]

Los MP son, por consiguiente, una herramienta para analizar los condicionales contrafácticos, definir sus condiciones de verdad y aceptabilidad, y darles una formulación técnica. No son entidades existentes, sino estructuras mentales. Kripke mismo indica que si la expresión 'mundos posibles' es la que genera el problema epistemológico, entonces debería ser reemplazada por expresiones menos controvertidas y confusas, tales como 'situación hipotética' o 'posible estado' (o historia) del mundo. A pesar de las controversias, Françoise Lavocat (una especialista de la teoría literaria de los MP en Francia) comenta los frutos positivos de los trabajos de Kripke y los beneficios de aplicarlos a la literatura y a los estudios sobre la ficción y la ficcionalidad:

Desde los años 70, esta hipótesis se ha revelado extremadamente fértil en todo tipo de disciplinas, como la teoría de la decisión, la física y las ciencias naturales. Podemos, por ejemplo, estipular un mundo posible en el que las leyes del movimiento serían diferentes y estudiar cómo se desarrollarían entonces las especies. El único límite a la estipulación de mundos posibles es la violación del principio de no contradicción, el cambio en las propias leyes de la causalidad. […] ¿Por qué la teoría de los mundos posibles, que ha revolucionado todo el saber, no podría aplicarse al estudio de las obras de ficción?[14]

DE LA FILOSOFÍA DE LOS MUNDOS POSIBLES A LA TEORÍA DE LA FICCIÓN

A partir del modelo de Kripke y de su semántica se teorizó una metafísica de los MP. Esos 'mundos' que eran abstracciones formales pasaron a ser 'mundos posibles'

---

[13] J. Nubiola, *El compromiso esencialista de la lógica modal*, 179.
[14] F. Lavocat (Ed.), *La théorie littéraire des mondes possibles*, 16.

dotados de características metafísicas y ontológicas diversas en función de las diferentes teorías filosóficas. Los filósofos estaban de acuerdo, en su mayoría, en que hablar de MP era extremadamente útil para explicar conceptos y formular teorías. Sin embargo, discrepaban en cuanto a su interpretación. Por lo tanto, las relaciones entre el mundo actual y los MP, así como sus características, varían según los pensadores, por ejemplo, David Lewis, Nelson Goodman y Jaakko Hintikka.

Según Susan Haack en su obra *Philosophy of logics*, se suelen distinguir tres enfoques: 1) El enfoque lingüístico: los que piensan que los MP son solamente 'maneras de hablar' acerca de conjuntos de proposiciones consistentes. El principal representante es J. Hintikka con su obra *Models for modalities* de 1969. 2) El enfoque conceptualista: los que interpretan los MP como diferentes maneras de 'concebir el mundo'. No existen como objetos del mundo externo, sino como 'ideas'. El principal representante es Kripke. 3) El enfoque realista: los que asumen que los MP existen en algún sentido de 'existir' que varía según los autores. Por ejemplo, David Lewis distingue 'existir en el mundo actual' (que se reduce a 'existir actualmente') de 'existir en los MP', donde usa el verbo en su más amplia acepción: «Sería conveniente que hubiera un lenguaje de cuantificación, por ejemplo "hay…", que estuviera firmemente reservado para un uso no restringido y otro, por ejemplo "en realidad existe…", que estuviera firmemente reservado para un uso restringido».[15] Compartimos la posición de Stalnaker (y de Ryan) que critica el reduccionismo de esta última teoría. Para otros, precisa Ryan, 'existir' es sinónimo de 'tener propiedades', y esas propiedades cualquier objeto las puede ostentar gracias a un acto imaginativo de la mente.

La mayoría de los desarrollos filosóficos de la teoría de los MP han aportado contribuciones demasiado técnicas que no son particularmente útiles para la literatura y la teoría narrativa, si bien algunos filósofos que trabajaban en la semántica formal hicieron breves alusiones a ellas, como Alvin Plantinga (a cada MP corresponde un libro) y Robert M. Adams, que reemplazó la noción de libro por la de historia: una afirmación posible es verdadera si es verdad en alguna historia del mundo, y una afirmación necesaria es verdadera si es verdad en todas las historias del mundo.

Indudablemente, la primera articulación entre la semántica de los MP y la teoría de la ficción se debe a David Lewis, quien abogó en *Counterfactuals* en favor de la existencia de los MP apelando a creencias intuitivas. Escribe que el lenguaje ordinario permite la paráfrasis: hay muchas maneras en que las cosas podrían haber sido además de cómo son en realidad. Cree por lo tanto en la existencia de entidades que

---

[15] D. Lewis, *Counterfactuals*, 87.

podrían llamarse 'maneras en que las cosas podrían haber sido', y prefiere llamarlas MP. A partir de Lewis, algunas teorías literarias tomaron de los MP la idea de pluralidad de mundos, que trasladaron a la ficción. Citamos de la obra de Sider esta descripción de las diferentes versiones de la vida de Rex Stout que recuerdan las de Teodoro en el *Palacio de los destinos* en la obra *Teodicea* de Leibniz, donde se representa no solo lo que sucede, sino también todo lo que es posible:

> El escritor del siglo xx Rex Stout escribió novelas policíacas, pero podría haberse convertido en un detective de verdad. En algún otro mundo posible, se convierte realmente en detective. En otro mundo, Stout tiene otra ocupación: es vendedor. Para cada ocupación que Stout podría haber tenido, hay un mundo posible en el que Stout tiene esa ocupación. Muchas cosas varían entre los distintos MP: Stout tiene distintas ocupaciones, distintas ropas, distinto color de pelo, distintos amigos, etcétera. Lo único que se mantiene constante en todos los mundos posibles son las verdades necesarias: en todos los mundos posibles, Stout es vendedor o no lo es. Los filósofos han encontrado conveniente hablar así de *mundos posibles*.[16]

Tal proyecto abrió muchas pistas, pero también suscitó multitud de debates y objeciones. Ruth Ronen alertaba en 1994 de que la teoría literaria no tenía suficientemente en cuenta las fuentes filosóficas del pensamiento sobre los MP y que, en el proceso de transferencia de los MP al ámbito literario, el concepto perdía su significado original y se convertía en una metáfora difusa. El resultado era una adaptación ingenua o una metaforización inadvertida de un concepto cuyo significado original (filosófico y literario) no figurativo distaba mucho de ser evidente.[17]

Es muy cierto que los que adaptaron el concepto de MP a los mundos imaginarios creados por la literatura se alejaron bastante del uso técnico de la lógica y de la filosofía de los MP. Uno de ellos, T. Pavel, escribe que rápidamente se dio cuenta de que la lógica de los MP no era más que una fuente de inspiración para el teórico literario. Marie-Laure Ryan, en su artículo «Cosmologie du récit des mondes possibles aux univers parallèles», se distancia igualmente de los estrictos modelos lógicos y filosóficos de los MP:

> La noción de 'mundo posible' abarca una variedad de interpretaciones individuales subordinadas a fines diferentes. No cabe esperar que un lógico que trata de definir las

---

[16] T. Sider, J. Hawthorne y D. W. Zimmerman, *Contemporary Debates in Metaphysics*, 121.
[17] R. Ronen, *Possible Worlds in Literary Theory*, 7.

condiciones de verdad de los operadores modales tenga exactamente la misma interpretación de la noción de mundo posible que un teórico de la literatura interesado en la experiencia imaginativa que inspira la ficción.[18]

Precisamente, el estudio de la interpretación de la noción de MP y su aplicación a la experiencia imaginativa inspirada por la ficción de Marie-Laure Ryan será el propósito del capítulo siguiente.

REFERENCIAS BIBLIOGRÁFICAS

De Leibniz a la lógica modal

Acero, J. J., Bustos, E., & Quesada, D. (1982). *Introducción a la filosofía del lenguaje*. Madrid: Cátedra.

Boole, G. (1960). *Análisis matemático de la lógica* (Trad. A. Asti Vera). Buenos Aires: Universidad Nacional de la Plata.

De Morgan, A. (1847). *Formal logic: or, the calculus of inference, necessary and probable*. Luton: Taylor and Walton.

Frege, G. (1879). *Begriffsschrift*. Hildesheim: Verlag Louis Nebert.

García Lopez, J. (2011). *Introducción a la Lógica*. Biblioteca virtual Universidad Nacional Mayor de San Marcos (Perú). Disponible en: http://sisbib.unmsm.edu.pe/bibvirtualdata/libros/Filosofia/intro_logica/conceptos.pdf

Leibniz, G. W. (1666). *Dissertatio de arte combinatoria* (A VI, 1, 163-230).

— (1734). *Essais de théodicée sur la bonté de Dieu, la liberté de l'homme et l'origine du mal. Tome 1. Par M. Leibnitz. Nouvelle édition, augmentée de L'histoire de la vie & des ouvrages de l'auteur, par M. L. de Neufville*, F. Changuion, Amsterdam. Disponible en: http://gallica.bnf.fr/ark:/12148/bpt6k6528777d

Morales Ascencio, B. (1999). Las lógicas no clásicas y el estudio de la modalidad. *Thesaurus*, 54(3), 1036-1070.

Nubiola, J. (1984). *El compromiso esencialista de la lógica modal: estudio de Quine y Kripke*. Pamplona: Ediciones Universidad de Navarra.

Sider, T., Hawthorne, J., & Zimmerman, W. D. (2013). *Contemporary Debates in Metaphysics* (Vol. 110-151). Hoboken: John Wiley & Sons.

Tegmark, M. (2015). *Our Mathematical Universe: My Quest for the Ultimate Nature of Reality*. New York: Vintage.

Whitehead, A. N., & Russell, B. (1997). *Principia mathematica*. Cambridge: Cambridge University Press.

Wittgenstein, L. (2012). *Tractatus logico-philosophicus*. Madrid: Alianza Editorial.

---

[18] M.-L. Ryan, «Cosmologie du récit des mondes possibles aux univers parallèles», 53.

La etapa semántica de la lógica modal

CAMACHO, L. (2007). Implicaciones filosóficas de diferentes visiones de los mundos posibles (proyecto de investigación INIF 743-95-296). *Revista de Filosofía de la Universidad de Costa Rica*, *45*(114), 123-155.

CARNAP, R. (1947). *Meaning and Necessity: A Study in Semantics and Modal Logic*. Chicago: The University of Chicago Press.

LAVOCAT, F. (2010). *La théorie littéraire des mondes possibles*. París: CNRS Éditions.

De la filosofía de los mundos posibles a la teoría de la ficción

HAACK, S. (1978). *Philosophy of Logics*. Cambridge: Cambridge University Press.

HINTIKKA, J. (2012). *Models for Modalities: Selected Essays*. New York: Springer Science & Business Media.

LEWIS, D. (2013). *Counterfactuals*. Hoboken: John Wiley & Sons.

RONEN, R. (1994). *Possible Worlds in Literary Theory*. Cambridge: Cambridge University Press.

STALNAKER, R. (1987). *Inquiry*. Cambridge: Bradford Book.

Obras de Marie-Laure Ryan (por orden cronológico)

RYAN, M.-L. (1984). Fiction as a Logical, Ontological, and Illocutionary Issue. *Style*, *18*(2), 121-139.

— (1993). Possible Worlds in Recent Literary Theory. *Style*, *26*(4), 528-553.

— (2010). Cosmologie du récit des mondes possibles aux univers parallèles. En F. Lavocat (Ed.), *La théorie littéraire des mondes possibles* (pp. 53-81). París: CNRS Éditions.

Capítulo 2

La teoría literaria
de los mundos posibles
de Marie-Laure Ryan

He dedicado un capítulo completo a Marie-Laure Ryan, cuya teoría literaria de los MP considero crucial resaltar, sobre todo porque sus varios libros y más de cien artículos lamentablemente no han sido traducidos al español. Solamente se ha traducido un capítulo de su obra *Possible Worlds, Artificial Intelligence and Narrative Theory* (1991) y el libro *La narración como realidad virtual: la inmersión y la interactividad en la literatura y en los medios electrónicos* (2001). En 2017, recibió el Premio Wayne Booth de la International Society for the Study of Narrative en reconocimiento a su destacada labor investigadora.

Su trabajo abarca una amplia gama de temas, que incluyen la semántica de la ficción, la tipología de géneros ficticios, la narrativa transmedia, la teoría de los personajes, la poética de la posmodernidad, la inmersión, la intertextualidad, los mundos virtuales, los medios digitales y los videojuegos. Su enfoque no se limita únicamente a la teoría literaria, sino que también incorpora aspectos del cine y el teatro.

Entre las numerosas publicaciones de Marie-Laure Ryan, me he centrado exclusivamente en los temas pertinentes a mi investigación que me permitían responder a las preguntas iniciales: ¿De qué imagen del mundo actual (en adelante MA) parte el autor? ¿Cómo crea un nuevo mundo de CF? ¿Cómo afectan estos mundos al mundo del lector? En este capítulo he reformulado una parte significativa de sus escritos, dejando la crítica, la adaptación y la ampliación para un capítulo posterior. Para una presentación más estructurada, he organizado su teoría sobre la ficción en varios apartados: los inicios, el domino ontológico, el dominio fenomenológico, el universo ficcional, la tipología de los mundos ficcionales, las verdades ficcionales y las aplicaciones a la narrativa.

LOS INICIOS

Como investigadora independiente, Marie-Laure Ryan inició su trayectoria académica a finales de la década de 1960, enfocándose en el estudio de literaturas francesa y alemana en la Universidad de Ginebra. Posteriormente, se trasladó a los Estados Unidos, donde completó una tesis sobre el poeta Saint-John Perse (Premio Nobel de Literatura) y se sumergió en el campo de la lingüística en la Universidad de Utah. En una entrevista concedida a la revista *Luthor* en 2015, Ryan compartió que su interés inicial surgió al indagar sobre el desarrollo de la lingüística después de Saussure y sus contribuciones a la teoría literaria:

> Como parte de este estudio, que me introdujo a Chomsky y a la idea de una gramática universal (opuesta al relativismo lingüístico que dominaba la crítica literaria inspirada en Saussure), leí un libro de James McCawley titulado *Everything that Linguists have Always Wanted to Know about Logic* y tuve un momento "ahá": el que me causó la presentación que hace McCawley de la reflexión sobre las condiciones de verdad de David Lewis sobre los contrafácticos. [...] Creí que este desarrollo, que se basaba en la idea de los MP, podía fácilmente adaptarse al problema de la ficción. Más tarde descubrí que Lewis efectivamente lo había hecho en *Truth in fiction*, que es un artículo realmente reconfigurador del campo (junto con *The logic of fiction* de Searle). Esta lectura despertó al lógico que habitaba en mí, y desplazó mi foco de interés de la poesía a la narratología, a la teoría de los mundos posibles y a la naturaleza de la ficción, un problema que los teóricos de la literatura de los años 70 y 80 ignoraron por completo.[19]

Posteriormente, Marie-Laure Ryan amplió sus horizontes académicos al estudiar ingeniería informática y desempeñarse como programadora en California. Esta experiencia marcó profundamente su enfoque hacia la literatura, llevándola a incorporar elementos de la programación informática en sus investigaciones sobre narrativa, como las estructuras de datos y los modos de razonamiento de la inteligencia artificial.

Tras descubrir la lógica aplicada a la ficción y el realismo modal de Lewis, Ryan se inspiró en su teoría de los MP para expandir sus propias ideas. Consciente de las dificultades epistemológicas y conceptuales que surgían de las propuestas de Lewis, realizó ajustes a su concepción de los mundos ficcionales en términos de MP. Abandonando las concepciones textualistas, amplió su interés hacia todas las formas narrativas desde una perspectiva más amplia y humanista. La siguiente cita

[19] M.-L. Ryan, «Entrevista a Marie-Laure Ryan», *Revista LUTHOR*.

extraída de la revista *Luthor* ilustra este proceso de manera elocuente, un proceso que intenté aplicar en mi estudio de la narrativa ciencia-ficcional: «Una vez aceptada la idea de que todas las narraciones tienen algo en común, solo hay que dar un pequeño paso para suponer que la narrativa nos enseña algo importante sobre la mente humana…». Esta reflexión invita a indagar en lo que comparten las obras literarias de CF y qué nos revelan sobre la naturaleza humana.

EL DOMINIO ONTOLÓGICO

Marie-Laure Ryan, al igual que la mayoría de los seguidores de la teoría literaria de los MP, se fundamenta en Leibniz, quien postuló que existe una infinidad de MP como pensamientos en la mente de Dios. De todos estos MP, solo uno es real: el mejor de todos, elegido por la mente divina. A este mundo privilegiado en el que vivimos lo llamamos realidad. A partir de Leibniz, su enfoque se centra en la teoría literaria, especialmente en la semántica y la narrativa, sin profundizar en el estatus ontológico de los MP. Como ella misma afirma en la revista *Poetics Today*, en 2006:

> Para los narratólogos, los mundos posibles pueden ser tratados como lo que en filosofía se conoce como una ficción teórica (una entidad imaginaria postulada por su poder explicativo), y mientras puedan ayudar a conceptualizar la estructura cognitiva de las historias y la dinámica de la acción narrativa, no importa si existen o no objetivamente.[20]

Ryan incluso está dispuesta, al igual que Kripke —en el cual se inspira—, a modificar el término de MP siempre y cuando el modelo conserve la idea de una pluralidad de mundos. Por ello, respalda la propuesta de realismo modal del filósofo David Lewis, quien sostiene que uno de estos mundos es el nuestro, el mundo real que nos contiene a nosotros y a todo lo que nos rodea, mientras que los demás son MP que contienen seres posibles. Pero no por ser posibles son menos reales o concretos. Sin embargo, difiere en la aplicación del concepto indéxico de 'actualidad': mientras Lewis lo extiende a toda la realidad, Ryan lo restringe únicamente a la experiencia ficcional.

Expondré las dos posiciones. Lewis, en el capítulo «Mundos Posibles» de su obra *Counterfactuals*, disocia los conceptos de realidad y actualidad, distanciándose así del modelo de Kripke. Para él, todos los MP son reales y existen independientemente de la imaginación de un individuo del mundo efectivo, pero solo uno puede ser 'actual' desde un punto de vista dado, ya que el término 'actual' tiene un sentido

---

[20] M.-L. Ryan, «From Parallel Universes to Possible Worlds», 652.

indéxico, similar a 'aquí' o 'ahora', que cambia su referencia según el contexto de la enunciación. El concepto de 'mundo actual' se convierte en una noción indéxica (o situacional) cuya referencia varía según el locutor. Para Lewis, nuestro mundo no es más que un MP entre otros, así cuando habla de nuestro mundo como actual, no lo está señalando como un MP ontológicamente privilegiado; simplemente está eligiendo el mundo que habitamos. Hablar de MP es, entonces, hablar sobre cosas que existen en otra parte, en una realidad distinta de la que nosotros habitamos.

Muchos, entre ellos Robert Stalnaker, califican de 'realismo modal extremo' la teoría de Lewis que alega la existencia de universos distintos, pero ontológicamente semejantes. El término 'actual' indica la cualidad de estar vinculado en tiempo y espacio al hablante. Por lo tanto, en cualquier contexto, la propiedad expresada por 'actual' es una propiedad relativa, una propiedad que las cosas tienen en virtud de sus relaciones con las cosas, no en virtud de cómo son en sí mismas. Consecuentemente, en Lewis la noción metafísica de actualidad se ha vuelto una cuestión relativa ya que, entre la pluralidad de los mundos, ninguno es absolutamente actual. Para cada habitante de un MP, su mundo es el actual y nuestro mundo no tiene ningún privilegio sobre los demás. Kripke, quien diferencia radicalmente 'posibilidad y actualidad', está en desacuerdo con Lewis: «Me parece que todo este discurso se ha tomado demasiado en serio la metáfora de los mundos posibles, como si un 'mundo posible' fuera un país extranjero o un planeta lejano».[21]

Existe luego, como recalca M.-L. Ryan, una diversidad de puntos de vista entre los filósofos: los partidarios de la austeridad conceptual y ontológica consideran que los MP son un añadido frívolo a un universo ya abarrotado de entidades teóricas. Por su parte, los partidarios del relativismo consideran que el concepto de mundo real es un punto de referencia dudoso y cuestionan el axioma de su unicidad.[22]

Ryan piensa que esas objeciones muy dignas de consideración no invalidan la adaptación y el uso del concepto de MP a la teoría literaria. Siendo consciente de las limitaciones de la teoría indéxica de Lewis, que conlleva una pérdida del estatus ontológico privilegiado del MA y una visión contraintuitiva de la realidad, emplea la teoría de Lewis únicamente para describir la experiencia del lector inmerso en el mundo ficcional. Durante un congreso en París, explicó que personalmente creía que solo existía un mundo real, pero que la teoría de Lewis captaba lo que ocurría cuando leíamos una ficción: fingíamos que existían todos los MP.[23] Por lo tanto,

---

[21] S. Kripke, «Identity and necessity», 103.

[22] M.-L. Ryan, «Possible Worlds in Recent Literary Theory», 530.

[23] M.-L. Ryan, Seminario en la universidad de Paris-Diderot.

intenta conciliar las posiciones de David Lewis y las de Nicholas Rescher, quien insiste en la unicidad del MA y en la equivalencia entre los términos 'actual' y 'real'. Ryan aplica la teoría de Rescher a nuestro mundo real efectivo, a los hechos del MA que existen incondicionalmente debido a su fundamento objetivo en el orden de la existencia, lo que los hace independientes de las mentes. Por otro lado, aplica la teoría de Lewis a los MP ficcionales, que existen de manera relativa como objetos de un proceso intelectual. De ahí surgirá la distinción que hace Ryan entre el MA (lo real, lo objetivo) y los mundos relativos (los distintos tipos de actividades mentales o interiores de los personajes) dentro del universo ficcional.

Afirma que el mundo 'verdaderamente real' tiene una innegable prioridad ontológica sobre los mundos ficcionales, pero pretendemos vivir en el mundo de la ficción como si fuera real. Resalta que este modelo postula que existe una pluralidad de mundos. Uno de estos mundos, en el que vivimos, se denomina mundo real. Es el único mundo con existencia autónoma. Los otros, los MP no reales, son creaciones de la imaginación. Los textos no ficcionales se refieren al mundo real, mientras que los textos ficcionales crean MP no reales.

En este punto, comparte la perspectiva de Thomas Pavel, cuya lectura también fue relevante para ella. Pavel justifica el traslado del aparato conceptual de la lógica modal a la teoría de la ficción a partir de la poética de Aristóteles: el poeta plantea o bien proposiciones verdaderas en cada una de las alternativas posibles del mundo real (cosas posibles según la necesidad), o bien proposiciones posibles en al menos una de estas alternativas (cosas posibles según la posibilidad).[24] Los MP se refieren a la posibilidad, a la potencialidad, a lo imaginable, a lo que podría suceder, mientras que el MA se refiere a lo necesario, lo que sucede, lo que acontece, lo que existe, lo que es real. Este concepto se resume en el siguiente cuadro:

El mundo actual	Los mundos posibles 'no-actuales'
Existencia autónoma	Creaciones de la imaginación
Textos no-ficcionales	Textos ficcionales
Lo que es necesario, lo que sucede, lo que acontece, lo que existe, lo que es real	La posibilidad, lo imaginable, lo que podría suceder

---

[24] T. Pavel, *Univers de la fiction*, 80.

Analizaré las obras ciencia-ficcionales como MP, es decir, como creaciones de la imaginación que nos presentan posibilidades que podrían o no suceder en el MA.

EL DOMINIO FENOMENOLÓGICO O PRAGMÁTICO

EL PRINCIPIO DE MAKE-BELIEVE

Al recurrir a una explicación meramente lógica de la ficcionalidad, muchos aspectos quedan fuera del ámbito de investigación. Por esta razón, tanto teóricos literarios como filósofos exploran el estudio de la ficción desde perspectivas fenomenológicas o pragmáticas: ¿cómo se produce y se recibe una ficción, y cuáles son las reglas del juego ficcional?

El enfoque pragmático más común se basa en la teoría del lenguaje y tiene poca relación con la teoría de los MP, aunque se nutre de la misma tradición de la filosofía analítica. Una excepción notable es la teoría desarrollada por el filósofo Kendall Walton en una serie de artículos escritos a mediados de los años 70 del siglo pasado (publicados en los 90).[25] Aunque Walton prefiere mantener sus distancias con la teoría de los MP, su concepto de 'ficcionalización' es fundamental. Según él, la 'ficcionalización' no es estrictamente un fenómeno verbal, sino una actividad humana de categoría trascendente cuya forma prototípica reside en los juegos infantiles de fingimiento (*make-believe*). Una ficción (al igual que una muñeca o una pintura), afirma Walton, es un *«prop in a game of make-believe»* cuya función es estimular la imaginación. Para ello, necesita de un pacto básico que consiste en un tácito acuerdo entre los jugadores (emisor y receptor). Así, una muñeca se convierte en un bebé, una pintura en un barco y un texto escrito por un autor del mundo real (una obra imaginativa) en las declaraciones de un narrador describiendo hechos reales.

Ryan adopta esta noción de *'make-believe'* de Walton para explicar cómo el lector se sumerge en el mundo ficcional. La ficción se basa en un juego de fingimiento, y el lector, al participar en este juego, adopta una nueva perspectiva ontológica. Durante la inmersión en una obra de ficción, el lector acepta temporalmente considerar otro mundo como real y actual. Así, la noción de *make-believe* le permite aplicar la teoría indéxica de actualidad de Lewis al mundo ficcional

[25] K. L. Walton, *Mimesis as Make-believe*, 35-43.

sin adoptar su realismo modal extremo: participar en el juego ficcional significa convertirse en un miembro del mundo ficcional y explorar, en ese mundo imaginado por la mente, las cosas estipuladas por las proposiciones afirmadas o supuestas por el texto. El lector pretende creer que la ficción describe un mundo que es a la vez real y actual.

Asimismo, Ryan aclara que la formulación en la teoría de los MP de la idea de ficción como *make-believe* explica la discrepancia entre el conocimiento y el comportamiento del lector, una discrepancia que le permite involucrarse emocionalmente en mundos y personajes que sabe que son puramente imaginarios. La tendencia a empatizar con los personajes es también un indicio de la 'seudo-realidad' de la ficción y refuta la teoría estructuralista que los considera meras compilaciones de rasgos textualmente definidos. Explica por qué el lector de ficción espera un final feliz para sus personajes favoritos, se preocupa cuando los planes del villano tienen éxito y el héroe es derrotado, está aterrorizado por las historias de terror o se conmueve por el romance.

El principio de recentralización

Ryan da cuenta de cómo el lector puede ir a cualquiera de los mundos ficcionales y pretender ser uno de sus miembros, a condición de sumergirse en ese mundo con la imaginación y adoptar una nueva perspectiva ontológica. Precisa que, durante nuestra inmersión en una obra de ficción, el reino de las posibilidades se recentra en torno a la esfera que el narrador presenta como el mundo real. Usa la palabra *'recentrement'* en francés y la palabra *'recentering'* en inglés. Lo he traducido por 'recentralización'. Esta recentralización empuja al lector a un nuevo sistema de actualidad y posibilidad. Hace que el lector sea transportado al mundo ficcional e imagine que pertenece a ese mundo. Los participantes del juego ficcional saben que solamente existe un MA, pero durante el juego aceptan considerar otro mundo como real. De esta forma, los textos literarios establecen para el lector un 'nuevo mundo real' que M.-L. Ryan llama 'el mundo actual textual' (en adelante MAT) que impone sus leyes al sistema circundante, por lo que ese mundo se convierte en el centro de su propio sistema (figura 2).

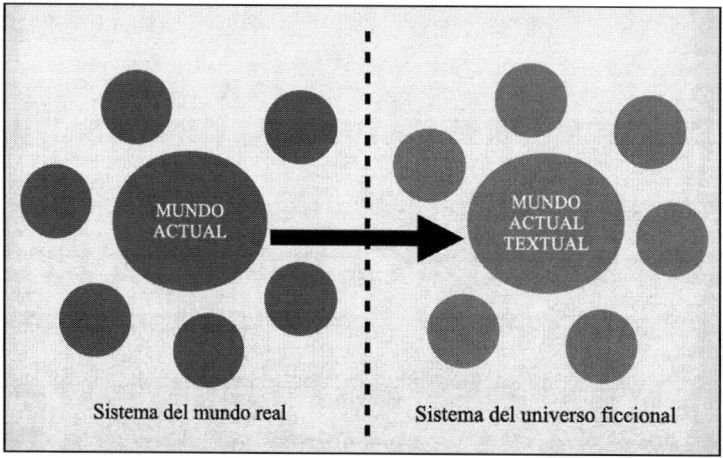

Figura 2. La recentralización ficcional de Ryan.
Traducida de una diapositiva extraída de una conferencia de Ryan de 2016 en Polonia.

Desde el punto de vista del mundo efectivo, los mundos de ficción son creaciones textuales habitados por personajes literarios incompletamente definidos, pero el lector es atrapado en una experiencia ficcional del mundo textual, como si fuera un mundo real y sus habitantes fueran seres humanos ontológicamente completos existiendo independientemente del texto que narra sus acciones. Ryan lo ejemplifica en un texto largo de su obra *Possible worlds. Artificial intelligence and narrative theory* que merece la pena leer en su totalidad:

> La postura de Rescher nos invita a considerar el universo de un texto de ficción como un mundo posible creado por un acto mental. Como todos los tipos de mundos meramente posibles, los mundos ficcionales carecen de autonomía, realidad y actualidad. Esta conclusión corrobora nuestra intuición de que existe una diferencia ontológica fundamental entre un ser humano como Flaubert y una criatura como Emma Bovary. Flaubert estaba hecho de carne y hueso y nació de una madre. Emma está hecha de lenguaje y debe su existencia a la imaginación de Flaubert. Y mientras Flaubert poseía la facultad de crear a Emma Bovary, Emma es incapaz de devolverle el favor. Los actos de los personajes de ficción están enteramente especificados por el texto, y la novela de Flaubert nunca nos muestra a Emma comprometida en la actividad borgesiana de intentar inventar la mente a la que debe su existencia. La posición de Rescher puede explicar lo que sabemos objetivamente sobre los mundos de ficción, pero la teoría indiciaria de David Lewis ofrece una explicación mucho más precisa de la forma en que nos relacionamos con estos mundos. Cuando nos sumergimos en una ficción, los

personajes se vuelven reales para nosotros, y el mundo en el que viven ocupa momentáneamente el lugar del mundo real.[26]

La principal ventaja del sistema de los mundos recentrados es que posibilita que los lectores de ficción se sumerjan en un nuevo mundo sin renunciar a la noción de un sistema ontológico centralizado. Esto les capacita para diferenciar los hechos objetivos del mundo textual, aunque sean conscientes de que no son verdaderos, de las representaciones mentales de los personajes. A continuación, analizaré cómo se da la inmersión en los universos de CF y si la recentralización requiere algunas competencias particulares para la lectura de obras de CF.

EL UNIVERSO FICCIONAL

EL MUNDO ACTUAL Y EL MUNDO ACTUAL TEXTUAL

Gracias al concepto de recentralización y a las reglas del juego ficcional, el mundo representado por el discurso del narrador se concibe como ontológicamente autónomo. Esta idea también es compartida por Françoise Lavocat, quien en su obra *La théorie littéraire des mondes possibles* señala que este juego implica fingir que el mundo real del universo ficcional existe independientemente del texto que lo describe.[27] Desde la perspectiva del mundo real, el mundo ficcional es considerado como un MP alternativo, pero para sus habitantes constituye una realidad. Dado que el narrador es un miembro del mundo ficcional y no habla desde un punto de vista externo, una vez que se adopta su perspectiva, todo el sistema modal se centra en el mundo ficcional, y las frases que lo describen asumen el papel de 'afirmaciones con valor de verdad' (*truth-functional statements*).

Doležel lo explica de esta manera: la frase «la nieve es blanca» se verifica observando los hechos del mundo real, pero en el texto ficcional se le pide al lector que imagine un mundo donde la nieve es blanca, por lo tanto, las frases ficcionales crean su propio referente. Sin embargo, aunque el texto se considere como la máxima autoridad para establecer los hechos del mundo ficcional, en algunos casos, especialmente en la literatura posmoderna, las voces narrativas pueden no ser automáticamente válidas en el mundo que crean. Cuando la autoridad del narrador se ve socavada por

---

[26] M.-L. Ryan, *Possible worlds. Artificial intelligence and narrative theory*, 21.
[27] F. Lavocat (Ed.), *La théorie littéraire des mondes possibles*, 58.

contradicciones internas, la reconstrucción de los hechos puede requerir el rechazo o la corrección de algunas declaraciones narrativas.

Ryan señala en «Fiction as a Logical, Ontological, and Illocutionary Issue» que Doležel ha formulado unos criterios de autentificación para dar cuenta de ese fenómeno. Dice que, para distinguir las declaraciones exactas de las inexactas sin caer en la dicotomía verdadero/falso, Doležel introduce los conceptos de motivos 'auténticos' e 'inauténticos', y propone sustituir la función clásica de valor de verdad por una denominada 'función de autentificación'. Esta función consiste en asignar diversos grados de autoridad a varios tipos de narradores.[28]

Para señalar los errores y las mentiras de los textos no ficcionales y dar cuenta del problema del narrador no fiable (este último caso sería el único que se podría aplicar a las novelas de CF), M.-L. Ryan distingue en su modelo de análisis el MAT del mundo referencial textual (en adelante MRT). El MRT representa el mundo ficcional que el texto quiere describir (*a representation proposed by the text*), mientras que el MAT es la imagen real que se construye a partir del MRT (*an accurate image of a world*). La figura 3 los representa a partir de los escritos de Ryan.

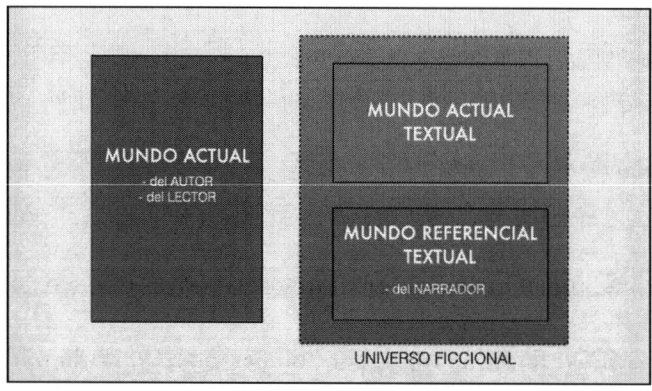

Figura 3. Los mundos de Ryan.

Ryan separa también el emisor real (autor) del narrador implícito, e indica dos casos: o bien el emisor está detrás del narrador implícito y acepta la responsabilidad de las afirmaciones (no-ficción), o sus creencias respectivas difieren y el emisor real establece una distancia con el narrador implícito (ficción). Representa todas estas cuestiones en su obra *Possible worlds. Artificial intelligence and narrative theory*,

---

[28] M.-L. Ryan, «Fiction as a Logical, Ontological, and Illocutionary Issue», 124.

concretamente en una tabla que denomina «Tipología del discurso mimético» (tabla 1), de la cual solamente expongo aquí el caso específico de la ficción, el único que estudia esta investigación.[29]

Tabla 1. Tipología del discurso mimético				
Posibilidades	1	2	3	4
Idéntico: = No idéntico: < >	El MAT puede reflejar con precisión o tergiversar el MA	El texto puede ser una representación del MA o la imagen de un MP hecho real a través de una recentralización	El MAT puede ser compatible o incompatible con MRT, el mundo que se supone representa	El autor y narrador implícito pueden ser solidarios o distanciarse
Ficción	MAT < > MA	MRT < > MA	MAT = MRT	Autor < > Narrador
MA: mundo actual; MAT: mundo actual textual; MP: mundo posible; MRT: mundo referencial textual.				

En la columna 1, el signo < > significa diferencia o incompatibilidad entre el MAT y el MA, primera señal de ficcionalidad. En la columna 2, la interpretación es de 'no identidad' estricta: el emisor no quiere describir el MA, otra señal de ficcionalidad. En la columna 3, = significa similitud o compatibilidad entre los dos miembros de la ecuación: la imagen del mundo producida por el texto refleja con precisión su propio mundo de referencia, el MRT, ya que en la ficción el MRT no existe independientemente de su representación. En un correo electrónico que me dirigió el 7 de diciembre del año 2019, Ryan precisa que la distinción MAT/MRT es superflua en el caso de la ficción, porque el texto crea su propio mundo. En cambio, es útil en la narración no-ficcional. El MAT es lo que el texto presenta como verdadero; el MRT es el mundo que el texto quiere describir. Cuando el texto es falso (error, mentira), MRT < > MAT. En la ficción, la posibilidad de que el texto sea falso no existe. El MAT se vuelve indistinguible de su propio referente, lo que conduce a que sean en gran medida intercambiables (y explica la doctrina moderna de la autorreferencialidad del texto literario). Por lo tanto, de ahora en adelante, no haré más mención del MRT, pues en el universo de la ficción se confunde con el MAT.

---

[29] M.-L. Ryan, *Possible worlds. Artificial intelligence and narrative theory*, 28.

Concluyo con los siguientes axiomas de Ryan, que proporcionan una base sólida para la descripción del mundo ficcional: 1) Existe un único MA; 2) el emisor (autor) de un texto siempre se encuentra en el MA; 3) cada texto proyecta un universo, con el MAT en su centro; 4) cada texto tiene un narrador implícito que siempre se sitúa en el MRT.

El análisis abordará las relaciones entre el mundo real (MA) y el MAT. Aunque es cierto que en toda ficción el MAT se distingue del MA, surge la pregunta: ¿cuáles son las diferencias particulares que caracterizan a las obras de CF?

LOS MUNDOS RELATIVOS Y ALTERNATIVOS

Ryan concibe el dominio semántico del texto narrativo como un universo modal (influenciado por Kripke) que consiste en un planeta central, el reino de eventos físicos actualizados (MAT), rodeado por los satélites de los mundos privados de los personajes: mundos de deseos, de obligaciones, de creencias, de intenciones (metas y planes), de mundos fingidos (representaciones falsas utilizadas para engañar) y mundos de fantasía (sueños o historias ficcionales contadas dentro de la historia). Así, una acción, un acontecimiento o una propiedad son narrativamente relevantes cuando afectan las relaciones entre los mundos del sistema o cuando se conectan por una cadena causal a un evento o a un estado que afecta esas relaciones. Ryan desarrolla este concepto en el artículo «The Modal Structure of Narrative Universes». En la primera parte del artículo describe el sistema modal y sus componentes, y en la segunda examina sus relaciones y mecanismos, apoyándose en otros escritos anteriores.

Cita primero a Lucia Vaina, cuyo artículo «Les Mondes possibles du texte» de 1977, adaptó U. Eco en el ensayo de *Lector in fabula* de 1978. Eco expande el esquema de Vaina añadiendo un tercer tipo de MP al dominio semántico del texto: los mundos construidos por el lector en un esfuerzo de racionalizar los acontecimientos de una historia. Un texto, según Eco, es una máquina para producir MP: el de la 'fábula' (el mundo imaginado por el autor), el de los personajes en la 'fábula' (el mundo imaginado, creído, deseado… por los personajes) y el del lector fuera de la 'fábula' (los MP imaginados, creídos o deseados por el lector modelo). Doležel propone también una tipología de las modalidades narrativas basadas en varias interpretaciones del *M-model* de la lógica. A partir de la interpretación original (el sistema alético que incluye los conceptos de necesidad, posibilidad e imposibilidad) se desarrollan otros sistemas: el sistema deóntico, formado por los conceptos de obligación, permiso y prohibición; el sistema axiológico, con los conceptos de bondad, indiferencia y maldad, y el sistema epistémico, representado por los conceptos de conocimiento, creencia e ignorancia. En cada tipo de sistema, los tres conceptos mencionados corresponden, en el orden de enunciación, a la necesidad, la posibilidad y la imposibilidad. Pavel, por su parte, en una gramática narrativa inspirada en el modelo lingüístico de Noam Chomsky, divide el universo semántico del texto narrativo en dominios narrativos separados que contienen los mundos privados y las acciones de los diferentes personajes. Estos suelen presentar necesidades y exigencias incompatibles, lo que ocasiona conflictos, pues la solución de un conflicto en el dominio de un personaje frecuentemente lleva a un conflicto en otro dominio.

Los mundos del sistema modal de la narración se dividen en el MA del universo narrativo o el MAT, y los mundos que poseen una existencia relativa, es decir, que dependen de un acto mental de un personaje. Ryan los denomina los 'dominios de los personajes', que incluyen sus representaciones y sus idealizaciones, es decir, los mundos alternativos.

- El mundo actual textual. El MA de un universo narrativo no es más que el ámbito considerado real por los personajes que se relacionan con él del mismo modo que nosotros nos relacionamos con la 'realidad' de la que somos miembros. El lector sabe que ese mundo es la creación de la mente de un autor, pero observando las leyes del juego ficcional hace como si fuera un mundo autónomo. Se construye gracias a las declaraciones del narrador que se nos muestran como 'un hecho' en el mundo ficcional ('*p*').

- Los mundos relativos. El MAT está habitado por individuos que construyen su propio sistema modal. En el artículo «From Parallel Universes to Possible Worlds», explica que basta con aplicar la etiqueta de 'mundo' al conjunto de proposiciones de la vida mental de un personaje.[30] Incluyen los mundos interiores o mentales de los personajes ('*x*… que *p*') muchas veces olvidados en los estudios narrativos, que se centran en la acción. Así lo entiende Ryan en «Narratologie et sciences cognitives: une relation problématique», donde explica que para comprender la acción humana y, por lo tanto, entender una trama, es necesario construir los deseos, objetivos, creencias y planes que motivan a los agentes. Estos mundos interiores están compuestos por:

---

[30] M.-L. Ryan, «From Parallel Universes to Possible Worlds…», 648.

Mundos interiores	
El mundo epistémico (K-World)	Contiene las proposiciones conocidas como verdaderas en el mundo de referencia.
El mundo intencional (I-World)	Se crea cuando un personaje se compromete a alcanzar un objetivo siguiendo una cierta línea de acción.
El mundo modélico (M-World)	Mientras el *K-World* reproduce el mundo tal cual es, el *M-World* lo representa como debería ser, idílicamente.
El mundo de los deseos (W-World)	Incluye los predicados 'es bueno' o 'es malo'. Difieren por su grado de deseabilidad y también por su grado de flexibilidad.
El mundo de los valores morales (M-World)	Distinto al mundo anterior que considera lo que es bueno o malo para un personaje, contempla la bondad o la maldad para todos los miembros de un grupo especifico. Este mundo incluye los 'créditos' y las 'deudas' de un personaje hacia los otros participantes.
El mundo de las obligaciones (O-World)	Lo que regula el *O-World* es un sistema deóntico (prohibido, permitido, obligatorio, premiado) creado por el grupo. Las infracciones deben ser borradas por un castigo legal (no una venganza) y los méritos deben ser recompensados por la comunidad o sus representantes.

Los mundos alternativos. Están formados por los sueños, las alucinaciones, las fantasías, y las ficciones leídas o compuestas por los personajes. No son planetas alrededor del MA del sistema narrativo, sino sistemas en sí mismos. No proponen un nuevo punto de vista sobre ese mismo universo, sino que transportan al lector a un nuevo sistema, a un nuevo orden de realidad (por ejemplo, en *Alicia en el país de las maravillas*).

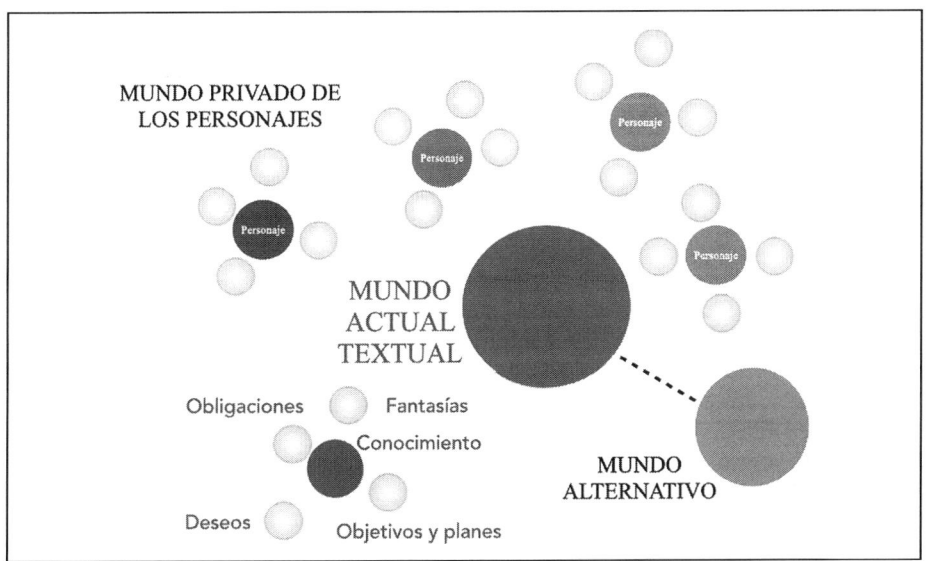

Figura 4. El universo ficcional.

Adaptación y traducción de un dibujo de Ryan (2006).

La figura 4 presenta los distintos mundos del universo ficcional. El MA del sistema ficcional se compone de los hechos legítimamente afirmados por el narrador, ya que el texto ficcional crea su propio mundo y sus propios hechos. Alrededor de este centro se encuentran los mundos relativos, los pequeños sistemas solares formados por los universos o los dominios privados de los personajes. Más allá se encuentran los mundos alternativos. Ryan precisa:

> Los universos privados de los personajes también incluyen un modelo de mundos, como deseos y obligaciones, que captan cómo le gustaría al personaje que fuera el mundo real; objetivos y planes activos, que captan los cursos de acción proyectados que conducen al cumplimiento del modelo de mundos; y mundos de fantasía, como sueños, alucinaciones e historias dentro de historias, que incrustan, recursivamente, nuevos sistemas modales. Dentro de un sueño hay un mundo actual, así como un elenco de personajes cuyas vidas mentales consisten en una serie de mundos privados.[31]

Así, el dominio semántico de las obras ficcionales no solo constituye un MP singular, sino que abarca un sistema modal completo. Esto permite a Ryan reintroducir la

---

[31] M.-L. Ryan, «From Parallel Universes to Possible Worlds...», 649.

oposición entre lo actual y lo no actual en el dominio semántico del texto ficcional, así como el contraste entre lo real (hechos) y lo no real (mera posibilidad en la mente de los personajes); lo factual (referencia a lo realmente acontecido en un tiempo y un lugar precisos) y lo no factual; lo físico y lo mental dentro del mundo ficcional. Esta descripción del universo textual con su pluralidad de mundos ha sido, según M.-L. Ryan, una de sus mayores contribuciones a la narrativa (*cf.* anexo, pregunta 4).

> Como viajero de este sistema, el lector de ficción descubre no solo un nuevo mundo actual, sino una variedad de mundos posibles alternativos que giran a su alrededor. Al igual que nosotros manipulamos los mundos posibles mediante operaciones mentales, lo mismo hacen los habitantes de los universos de ficción: su mundo actual se refleja en sus conocimientos y creencias, se corrige en sus deseos, se sustituye por una nueva realidad en sus sueños y alucinaciones. A través del pensamiento contrafáctico reflexionan sobre cómo podrían haber sido las cosas, a través de planes y proyecciones contemplan cosas que todavía tienen una oportunidad de ser, y a través del acto de inventar historias ficcionales recentran su universo en lo que para ellos es un sistema de realidad de segundo orden, y para nosotros de tercer orden.[32]

En el estudio de las obras de CF, recurriré a la pluralidad de mundos del modelo de Ryan: el MA, el MAT, los mundos relativos (el dominio de los personajes) y los mundos alternativos.

LA COMPLETITUD O INCOMPLETITUD DE LOS MUNDOS FICCIONALES

El debate sobre la completitud o incompletitud de los mundos narrativos ha sido una cuestión controvertida al adaptar la teoría de los MP a los contextos narrativos. En la lógica, la completitud de un mundo implica que, en cada par de proposiciones contradictorias, una debe ser verdadera y la otra falsa. Sin embargo, como señala Doležel, sería necesario un texto de longitud infinita para construir un mundo ficcional 'completamente completo'. Por lo tanto, para Doležel, los textos de ficción finitos (los únicos que los seres humanos son capaces de producir) generan mundos incompletos.

Ryan cuestiona la idea de la incompletitud de los mundos narrativos ficcionales, ya que esta tesis presupone una perspectiva externa a esos mundos (textualismo), lo que dificulta la inmersión del lector. Además, surgen problemas cuando estos mundos incluyen entidades del mundo real (como París o Napoleón) que interactúan

---

[32] M.-L. Ryan, *Possible worlds. Artificial intelligence and narrative theory*, 22.

con los personajes nativos. Frente a esta situación, se proponen tres soluciones. Ryan defiende la tercera:

1) Dividir el inventario del mundo ficcional entre entidades completas e incompletas, lo cual entra en conflicto con la sensación de unidad y homogeneidad transmitida por el MAT.

2) Considerar que las entidades del mundo real se vuelven incompletas cuando ingresan a los mundos de la ficción, ya que el texto las recrea ontológicamente. Por ejemplo, Ruth Ronen sostiene que el París de *Le rouge et le noir* de Stendhal pierde su geografía porque los lugares del París real no se mencionan en la novela. Esto implica que los dos París son meros homónimos y que la proposición «Julien Sorel se mudó a una ciudad en el Sena» es falsa o indeterminada en el mundo de la novela. Para Ryan, se trata de una explicación contraintuitiva. De hecho, en un correo electrónico que me dirigió el 2 de abril de 2020, comenta que Ronen tiene un enfoque de la literatura todavía muy 'textual', heredado del formalismo, que considera sacrosanto el texto literario y estima que es el lenguaje, y no el autor ni el lector, el que determina el significado del texto; mientras que ella tiene una concepción menos rígida y más cognitiva que se interesa por la actividad imaginativa del lector.

3) Considerar que las entidades nativas e importadas son completas para el lector, siempre que el texto presente un grado suficiente de mimetismo para construir un mundo ficcional.

Me permito traducir una conversación informal que tuve con Ryan el 28 de mayo de 2019:

> Monique Villen (MV): Si la ficción trata sobre la ciudad de París, ¿significa eso que todo lo que hay en París está en el mundo ficcional?
>
> Marie-Laure Ryan (M-LR): En principio, si se trata de París, no vas a eliminar ciertos aspectos de París. No vas a categorizar lo que pertenece a la ficción. Es una pertenencia global. Por ejemplo, en el París de la novela *Le rouge et le noir*, el autor no menciona ni un solo monumento de París. Ronen dice que este París no tiene Notre Dame ni los Campos Elíseos porque no se mencionan. Yo digo que es el París que conocemos, pero el autor simplemente no menciona estos monumentos. Eliminarlos del mundo de *Le Rouge et le noir* sería demasiado radical. Si quisiera crear un París sin Notre Dame, lo diría. Diría: está el Sena, hay una isla y en esa isla hay… un parque de atracciones.
>
> MV: Es por defecto. Si el texto no dice nada más, entonces deben estar allí.
>
> MLR: Sí.

Para M.-L. Ryan, el hecho de que no se sepa cuántos hijos tuvo Lady Macbeth (para tomar un ejemplo famoso) no implica una brecha ontológica, como sugiere la posición textualista, sino simplemente una ausencia de información.

La proyección y la identidad de los mundos ficcionales

El tamaño de un mundo ficcional está directamente relacionado con la cantidad de información que el autor proporciona sobre ese mundo. Ryan, en su capítulo «From Possible Worlds to Storyworlds: On the Worldness of Narrative Representation», explora los dos extremos: los mundos ficcionales minimalistas (la microficción) y los mundos ficcionales creados por múltiples textos (la transficcionalidad).[33]

El género de la microficción (*micro-stories*) cuestiona las condiciones mínimas para que un texto cree un mundo ficcional. Para Ryan, la historia minimalista «El rey murió, luego la reina murió de dolor», aunque representa un MP en un sentido lógico, no constituye un mundo ficcional en un sentido fenomenológico o experiencial, ya que carece de la capacidad de estimular la imaginación. Se lee más como una colección de proposiciones a las que asignamos un valor de verdad. En otras palabras, el lector no se relaciona emocionalmente con el dolor de la reina, ni imagina su muerte en su mente, ni intenta ninguna interpretación, ya que simplemente procesa la información sin sumergirse en ella, como cuando leemos los resúmenes de una novela. Sin embargo, aunque resulta más difícil crear un mundo ficcional inmersivo con un texto breve, no es imposible. Ryan propone un texto atribuido a Hemingway: «Se vende. Zapatos de bebé. Sin usar» (*For sale. Baby shoes. Never worn*), donde el lector completa los vacíos y reconstruye los acontecimientos para explicar su contexto. Así, cuando un texto crea un mundo ficcional, el lector imagina más de lo que el texto representa. Podemos, por ejemplo, imaginar la difícil situación de una madre joven que amorosamente preparó todo para su bebé y lo perdió trágicamente.

Mientras que la microficción cuestiona la proyección del mundo ficcional, los extensos dominios expandibles de la transficcionalidad y la narrativa transmedia plantean el problema de la identidad de los mundos narrativos. La transficcionalidad, según la definición de Richard Saint-Gelais, se refiere al fenómeno por el cual al menos dos textos, sean o no del mismo autor, se relacionan con una misma ficción, ya sea asumiendo personajes, ampliando una trama anterior o compartiendo

---

[33] M.-L. Ryan, *Possible Worlds Theory and Contemporary Narratology*, 62-87.

un universo ficcional.[34] Es decir, consiste en el intercambio de elementos, en su mayoría de personajes, pero también de ubicaciones imaginarias, eventos y mundos ficcionales enteros, entre dos o más obras de ficción. Además, la narrativa transmedia, responsable de la creación de grandes franquicias comerciales como *Star Wars*, *Harry Potter* y *The Lord of the Rings*, combina la adaptación que difunde el contenido narrativo a través de múltiples medios y la transficcionalidad que construye mundos narrativos a través de múltiples textos basándose en una serie de operaciones básicas:

- Expansión. Agrega nuevas historias al mundo ficcional al tiempo que respeta los hechos establecidos por el original. Un ejemplo de esto es la expansión de la franquicia de *Star Wars* tras la compra de Disney, que ha incluido nuevas trilogías, series animadas y películas que enriquecen el universo sin alterar los eventos fundamentales de las historias originales.
- Modificación. Cambia la trama de la narración original, por ejemplo, dándole un final diferente. Un ejemplo de modificación es la serie *Foundation* de Apple TV, que, aunque se basa en la obra de Isaac Asimov, introduce cambios significativos en la narrativa y en el desarrollo de personajes, así como un enfoque diferente en la resolución de conflictos en comparación con los libros.
- Transposición. Transporta una trama a un entorno temporal o espacial diferente, como cuando el musical *West Side Story* establece la trama de Romeo y Julieta en la ciudad de Nueva York en los años 50 del siglo pasado.

A este catálogo básico de operaciones transicionales, M.-L. Ryan añade dos más:

- Cruce. Permite que los personajes importados de diferentes narraciones coexistan dentro del mismo mundo ficcional, y que los mundos narrativos genéricos se contaminen con elementos extraños. Por ejemplo, el mundo aristocrático de Jane Austen es invadido por criaturas del género de terror en la novela *Pride and Prejudice and Zombies* de Seth Grahame-Smith.
- Inclusión. Una operación mediante la cual un mundo ficcional existe en otro mundo ficcional como ficción, no como parte de la realidad. Por ejemplo, los personajes de la serie de televisión *Futurama* pueden ver *Los Simpson* en la televisión, y viceversa.

---

[34] R. Saint-Gelais, *Fictions transfuges*, 7.

De las tres primeras operaciones (frecuentes en la ficción posmoderna), solo la expansión respeta la integridad del mundo ficcional, ya que los nombres de los personajes se refieren a los mismos individuos, se respetan los hechos establecidos por los otros textos y el mundo ficcional no presenta contradicciones. Por el contrario, la operación de modificación crea versiones contradictorias que desafían la coherencia lógica del mundo ficcional, y solo puede considerarse como una forma legítima de construir mundos ficcionales si se adopta una concepción amplia e imaginativa del mundo. De hecho, para luchar contra posibles contradicciones y controlar el crecimiento de los mundos narrativos, los productores de grandes franquicias han creado 'Biblias' (compilaciones de hechos conocidos) que los autores deben respetar. En cuanto a la transposición, crea un mundo ficcional completamente diferente, lo que a menudo entra en conflicto con la popularidad de las franquicias transmedia debido a la lealtad del público a un mundo dado y sus personajes, y su deseo de obtener más información sobre ellos.

LA TIPOLOGÍA DE LOS MUNDOS FICCIONALES

Ryan ha abordado la tipología de los géneros literarios en varios de sus artículos, pero su contribución más significativa se encuentra en el capítulo II de su renombrado libro *Possible Worlds: Artificial Intelligence and Narrative Theory*. En este capítulo, divide el universo textual en dos dominios: uno externo que vincula el MA con el MAT, y determina el grado de semejanza entre el sistema textual (el mundo ficcional) y nuestro propio sistema de realidad (nuestro mundo efectivo), y otro interno que conecta el MAT con sus propios MP alternativos y determina la configuración interna del universo textual.

Ryan se apoya en Doležel, quien propone una taxonomía basada en los diferentes sistemas de la lógica modal: alética en los cuentos de hadas y lo fantástico centradas en las habilidades de los diferentes tipos de personajes; deóntica en las tragedias centradas en las nociones de obligación, violación y permiso; epistémica en las historias de misterio basadas en la adquisición de conocimiento, y axiológica cuando se busca adquirir objetos deseables y evitar un destino nefasto. Doreen Maître, en *Literature and Possible Worlds*, al desarrollar las relaciones de accesibilidad de la lógica modal, distingue también cuatro tipos semánticos de mundos ficcionales basados en su distancia con el mundo real: 1) las obras que incluyen relatos de eventos históricos reales; 2) las obras que se ocupan de estados de cosas que podrían ser reales; 3) las obras que oscilan entre los mundos que podrían ser reales y los que nunca podrían ser reales, y 4) las obras que tratan con estados de cosas que nunca podrían ser reales. Ryan lo retomará para su estudio de la distancia entre el MA y el MAT.

Ryan desarrolla una tipología de mundos basada en la distancia entre el MA y el MAT que he representado en la tabla 2. Los tipos 1, 2 y 3 se parecen mucho a los modelos de mundos descritos por T. Albaladejo Mayordomo en su obra *Teoría de los mundos posibles y macroestructura narrativa: análisis de las novelas cortas de Clarín*, de 1998.

Tabla 2. La tipología semántica de la ficción de Ryan			
1.º	**2.º**	**3.º**	**4.º**
Verificado en el MA	Podría ocurrir en el MA	No puede ocurrir en el MA, pero es lógicamente consistente	No puede ocurrir en el MA y es lógicamente inconsistente
Diferencia: la ficcionalidad		Diferencia: la imposibilidad	
MA: mundo actual.			

En el primer grupo, los textos consisten en instrucciones que pertenecen al mundo real efectivo y, por lo tanto, se verifican en él (todas las relaciones de accesibilidad se mantienen). Estos suelen ser textos de lengua común, así como textos periodísticos, históricos o científicos, entre otros. En el segundo grupo, los textos contienen instrucciones que no pertenecen al mundo real efectivo, pero están construidos de acuerdo con el funcionamiento de la realidad (la mayoría de las relaciones de accesibilidad se dan). Se distinguen por su ficcionalidad, ya que añaden seres, estados, procesos, acciones e ideas ficcionales, reales solo en el texto creado por el autor que les da vida. En el tercer grupo, los textos ficcionales se alejan del mundo real objetivo quebrantando sus normas. Las instrucciones no corresponden al mundo real efectivo ni están establecidas de acuerdo con dicho mundo (relaciones de accesibilidad más tenues).

La figura 5 proporciona una síntesis más precisa. Las líneas discontinuas de guiones representan los saltos ontológicos entre los círculos 1 y 2 (no-ficción/ficción) y entre los círculos 3 y 4 (lógico/no lógico). Transversalmente, he añadido el nivel de relaciones de accesibilidad (de + a −). Para que un mundo sea posible, debe estar vinculado al MA mediante una o varias relaciones de accesibilidad que analizaré con detenimiento posteriormente. Dependiendo de esas relaciones, el MAT estará más o menos cerca del MA. Por ejemplo, los mundos de la ficción realista (círculo 2) están cerca porque respetan las leyes del mundo real, mientras que los mundos de los cuentos fantásticos (círculo 3) están más alejados porque están gobernados por leyes diferentes.

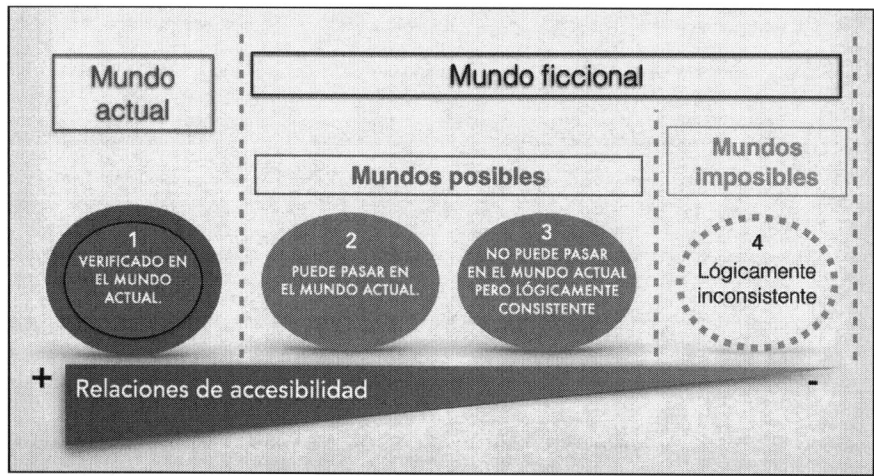

Figura 5. La distancia entre el mundo actual y el mundo actual textual.

¿Puede existir un MAT que no tenga ninguna relación de accesibilidad con el MA? Marie-Laure Ryan y Umberto Eco argumentan que no. Siempre se mantiene al menos una relación de accesibilidad para que pueda existir un MP. Siguiendo el modelo de la lógica modal, esa relación de accesibilidad suele ser la lógica. Se supone que también se respeta la relación de compatibilidad lingüística sin la cual el texto sería incomprensible. ¿Qué sucede entonces con los mundos actuales textuales que no respetan las leyes de la lógica, los mundos salidos de la literatura experimental que no satisfacen las leyes básicas de la no contradicción y el tercio excluso? ¿Dónde ubicar los textos que construyen mundos ficcionales imposibles? Ryan introduce el círculo 4 para estos textos que presentan varios tipos de imposibilidad.[35]

Ryan distingue entre lo pragmáticamente imposible y lo lógicamente imposible. En la primera categoría (pragmática) se encuentran las paradojas temporales, las metalepsis ontológicas, entre otros elementos que generan agujeros lógicos en la trama de los mundos narrativos, pero estas inconsistencias se limitan a ciertas áreas y no contaminan todo el *storyworld*. Los lectores resuelven estas contradicciones utilizando lo que Ryan llama 'una estrategia de quesos suizos', donde procesan el resto del texto de acuerdo con los procedimientos de inferencia normales. Estas contradicciones aún permiten la construcción e inmersión en el mundo ficcional. En la segunda categoría (lógica), el objetivo explícito es 'liberar' la novela de las convenciones de la narrativa del siglo XIX, esquivando la inmersión y forzando una

---

[35] M.-L. Ryan, «Impossible Worlds and Aesthetic Illusion» y «Impossible Worlds».

lectura metaficcional o metanarrativa. Doležel también señala en *Heterocosmica* que la escritura de mundos imposibles cancela todo el proyecto de creación de mundos, aunque al diseñar mundos imposibles, plantea a la imaginación un reto no menos intrigante que la cuadratura del círculo.

- La imposibilidad lógica. Es la más evidente. Se manifiesta en las contradicciones dentro de un texto (por ejemplo, afirmaciones como 'p y ~p') y puede afectar a unidades de diversos tamaños. Ryan destaca los dos últimos capítulos de *The French Lieutenant's Woman* de John Fowles, que contienen finales diferentes: en uno, los amantes Charles y Sarah se comprometen después de una larga separación, y en el otro, Sarah rechaza a Charles. Los dos desenlaces no pueden ser verdaderos simultáneamente, aunque individualmente cada uno es perfectamente consistente. Ryan argumenta que el autor no está pidiendo al lector que construya un mundo imposible, sino que reflexione sobre las dos versiones.

  A menor escala, las contradicciones pueden surgir entre segmentos narrativos relativamente cortos. Ryan propone la historia corta *The Babysitter* de Robert Coover, donde el texto presenta diferentes versiones de lo que puede suceder cuando una pareja deja a sus hijos al cuidado de una niñera adolescente. A pesar de que el texto completo es la suma de varias historias, resulta imposible para el lector ordenar los párrafos en historias separadas y desentrañar los diversos escenarios.

  Un tercer nivel de contradicción enfrenta oraciones individuales en un mundo tan lleno de inestabilidad ontológica que los lectores no pueden decir qué existe y qué no. En *Dans le labyrinthe* de Alain Robbe-Grillet, las palabras se contradicen, pero muchos lectores no lo notan porque las contradicciones operan entre oraciones textualmente distantes.

  Las subrayo en el texto como lo indica Ryan:

  > Estoy solo aquí, ahora, bien abrigado. <u>Fuera llueve</u>, fuera caminas bajo la lluvia, agachando la cabeza, protegiéndote los ojos con una mano y sin dejar de mirar al frente, unos metros más adelante, unos metros de <u>asfalto mojado</u>; fuera hace frío; el viento sopla entre <u>las ramas negras y desnudas</u>; el viento sopla <u>entre las hojas</u>, haciendo que las ramas enteras se balanceen, se balanceen, se balanceen, proyectando su sombra sobre el yeso blanco de las paredes. *Fuera hace sol, no hay ni un árbol ni un arbusto* que dé sombra, y tú caminas <u>a pleno sol</u>, protegiéndote los ojos con una mano mientras miras al frente, a pocos metros delante de ti, unos metros de <u>asfalto polvoriento</u> donde el viento dibuja paralelas, bifurcaciones y espirales.

En la historia corta *Here We Aren't, so Quickly* de Jonathan Safran Foer, aparecen oraciones que expresan hechos que no están relacionados, ya sea en oraciones consecutivas («Nunca estaba contento a menos que le cogieran en brazos. Me encantaba clavar cosas en las paredes») o en la misma oración («No tenías el pulgar verde, pero no te conformabas con no conformarte»). Incluso se encuentran oraciones que contienen graves fallas lógicas, por ejemplo: «Siempre estaba destruyendo mi pasaporte en el lavabo». El adverbio 'siempre' se opone al mismo acto de destrucción. «Siempre luchaba por ser natural con mis manos» es abiertamente contradictorio, ya que ser natural es comportarse sin un esfuerzo deliberado. Estas inverosimilitudes obligan al lector a realizar un análisis detenido que, según M.-L. Ryan, hace al lector más inteligente desde el punto de vista lógico y semántico.

- La imposibilidad ontológica. Sus manifestaciones se conocen en narratología como la metalepsis. Esta ocurre cuando hay una fusión de mundos ontológicamente distintos, cuando los personajes de un mundo de nivel superior invaden el mundo de un nivel inferior, u horizontalmente cuando se importan caracteres de diferentes textos literarios para que se encuentren en el mismo mundo. En la historia de Julio Cortázar, *Continuidad de los parques*, la metalepsis muestra un lector tan inmerso en una novela que los personajes cobran vida y lo asesinan. En este ejemplo (y en todos), los límites transgredidos por la metalepsis separan distintos niveles de ficción, pues solamente en una novela, un lector puede ser asesinado por un personaje. Su presencia, por lo tanto, es una marca obvia de ficcionalidad.

- La imposibilidad espacial. Para crear objetos espacialmente imposibles se suelen yuxtaponer términos mutuamente excluyentes, como 'cuadrado redondo' o 'esfera plana', pero no es fácil hacer girar una historia interesante en torno a tales entidades. Esta es la razón por la cual el espacio imposible es bastante raro en la literatura, al contrario de la pintura (*trompe-l'œil*). Ryan propone un ejemplo de un relato centrado en un objeto espacialmente imposible: *House of Leaves*, de Mark Z. Danielewski. El objeto imposible es una casa que es más grande por dentro que por fuera. El interior se expande en un pasillo y luego en un laberinto de infinitas dimensiones. La imposibilidad también afecta la estructura narrativa del texto.

- La imposibilidad temporal. El tiempo es un concepto mucho más abstracto que el espacio, pero existen creencias intuitivas razonablemente firmes sobre sus propiedades cuya transgresión conduce a imposibilidades o paradojas temporales. La intuición más fundamental indica que el tiempo fluye en una dirección fija: del futuro al pasado si consideramos que los momentos futuros se hacen presentes y luego pasan; del pasado al futuro, si el futuro está delante y avanzamos hacia él. Ryan presenta el ejemplo de *Counter clock World* de Philip K. Dick, donde los personajes mueren antes de nacer, las conversaciones comienzan por el final, las personas sanas se enferman después de una visita al médico, etc. Las causas ya no preceden a los efectos, como ocurre normalmente. Sin embargo, para preservar la tensión narrativa, las narrativas invertidas generalmente limitan su inversión a la historia y la biología. En la novela de P. K. Dick, por ejemplo, los personajes no conocen su futuro y hacen planes como si vivieran en un tiempo normal. Otra creencia fundamental sobre el tiempo nos dice que el futuro está abierto, mientras que el pasado está escrito definitivamente: las acciones pueden afectar el futuro, pero no podemos deshacer el pasado. En la novela *La moustache*, Emmanuel Carrère explora el trauma de una persona cuyo pasado cambia mientras se mantiene estable para todos los demás.

- La imposibilidad textual. Los textos imposibles son textos que no pueden existir, aunque algunos textos imposibles pueden ser imaginados y por lo tanto descritos con el lenguaje. Según M.-L. Ryan, ningún autor ha sido más productivo que Jorge Luis Borges cuando se trata de inventar textos que no se pueden escribir. Por ejemplo, el *Libro de arena* no tiene principio ni fin, de modo que una lectura completa y secuencial se vuelve imposible. En *Magias parciales del Quijote*, el texto crea una recursión infinita. En *El jardín de senderos que se bifurcan*, la imposibilidad no solo tiene que ver con la infinidad de posibilidades que hay que abarcar, sino con la representación temporal a través de una metáfora espacial, la imagen del laberinto o de caminos que bifurcan (algunos salen de un punto común y nunca se vuelven a encontrar, otros convergen) que conducen a contradicciones lógicas.

Para M.-L. Ryan, estos textos tienen cierta potencialidad, desafían a los lectores a idear nuevas estrategias para darles sentido, aunque es mucho más fácil escribir *colorless green ideas sleep furiously* que elaborar una trama con tales entidades. Sin embargo, Ryan duda de que se pueda construir un mundo cuando los textos usan contradicciones y el lector no puede elaborar una representación mental compatible con todo el texto, ni siquiera una representación mental que construya un área sólida continua alrededor de unos vacíos lógicos. Cuando un texto afirma abiertamente p y $\sim p$, todo lo que la imaginación puede hacer es contemplar un submundo donde p y luego un submundo donde $\sim p$, sin llegar a una síntesis. Concluyo con el siguiente texto de M.-L. Ryan del artículo «Impossible Worlds and Aesthetic Illusion»:

El poder creador de mundo de las obras literarias puede representarse en un eje que conecta dos polos. Uno de estos polos lo ocupan los textos que construyen un mundo coherente, un mundo que puede albergar todo lo que el texto describe y donde, por consiguiente, la imaginación puede sentirse como en casa. Son los textos que crean la ilusión estética. El polo opuesto lo ocupan los textos que no crean mundo alguno: textos como la poesía conceptual, los collages aleatorios de palabras, los textos en un lenguaje inventado e incomprensible como la poesía sonora de Hugo Ball, o incluso los textos imposibles imaginados por Borges.[36]

La distancia entre mundos indica que la literatura de CF entraría en el círculo 3 de los MP lógicamente consistentes. Al estudiar las obras, verificaré este punto.

LAS RELACIONES DE ACCESIBILIDAD

SISTEMA DE CLASIFICACIÓN

Ryan explora los diferentes tipos de relaciones de accesibilidad que conectan el MA y los MP, creando así un sistema de clasificación semántica que sienta las bases para una teoría del género. Desde la perspectiva de Kripke, quien asocia la 'posibilidad' con la 'accesibilidad' ('es posible' es sinónimo de 'es accesible desde el mundo que ocupa el centro del sistema'), la relación de accesibilidad principal suele ser la relación lógica. Por lo tanto, un mundo en el que Napoleón muere en Santa Elena y escapa con éxito no es posible, ya que implica que Napoleón murió y no murió en Santa Elena, aunque individualmente no hay inconsistencia en ninguno de estos hechos y ambos pueden verificarse en algún mundo lógicamente posible. Sin embargo, la interpretación lógica de la relación de accesibilidad no es suficiente para una teoría de los géneros. Las novelas históricas presentan relaciones más cercanas con el MA que los cuentos de hadas o la CF, pero todos obedecen a la ley de no contradicción. Se necesitan más relaciones, nos dice Ryan, para determinar, por ejemplo, los textos como las rimas sin sentido, los poemas surrealistas, el teatro del absurdo o la ficción posmodernista.[37]

Marie-Laure Ryan propone las siguientes relaciones de accesibilidad entre el MA y el MAT de los universos ficcionales:

---

[36] M.-L. Ryan, «Impossible Worlds and Aesthetic Illusion», 142.

[37] M.-L. Ryan, *Possible worlds. Artificial intelligence and narrative theory*, 32.

- Identidad de propiedades A. Si los objetos comunes de ambos comparten las mismas propiedades.
- Identidad de inventario B. Si ambos están compuestos por los mismos objetos.
- Compatibilidad de inventario C. Si el inventario del MAT incluye todos los miembros del MA junto con algunos miembros nativos.
- Compatibilidad cronológica D. Si, al contemplar la historia completa del MAT, ningún miembro de MA se ve obligado a una nueva colocación temporal.
- Compatibilidad física E. Si ambos comparten las mismas leyes naturales.
- Compatibilidad taxonómica F. Si ambos mundos contienen las mismas especies que se caracterizan por las mismas propiedades.
- Compatibilidad lógica G. Si ambos mundos respetan los principios de no contradicción y del tercio excluso.
- Compatibilidad analítica H. Si comparten verdades analíticas, es decir, si los objetos designados por las mismas palabras tienen las mismas propiedades esenciales.
- Compatibilidad lingüística I. Si el lenguaje en el que se describe el MAT puede entenderse en MA.

A partir de esta clasificación, indica en *Possible worlds. Artificial intelligence and narrative theory* diferentes asociaciones:

- La literatura realista. La combinación de las relaciones A/prioridades y B/mismo inventario acerca mucho los universos textuales a nuestro propio sistema de realidad. Siempre difiere al menos en una propiedad: producir una ficción es un hecho del MA, pero no del MAT.
- Las historias imaginarias acerca de gente real. Se obtienen eliminando A/propiedades, pero manteniendo B/mismo inventario. Un ejemplo de esta categoría es *La leyenda de George Washington y el cerezo*.
- Las novelas realistas e históricas. A/propiedades se mantiene hasta el extremo lógicamente posible, pero B/mismo inventario es reemplazado por C/inventario expandido porque el MAT contiene algunos individuos que no tienen equivalente en el MA. Cuando se respetan A/propiedades y C/inventario expandido, las únicas diferencias entre los miembros del MA y sus contrapuntos residen en la interacción con los miembros nativos del MAT. Presenta el mismo inventario y la misma geografía que el MA en el mismo intervalo temporal y los elementos comunes de ambos mundos comparten las mismas propiedades. Todas las proposiciones verdaderas en el MA son igualmente verdaderas en el MAT, pero las proposiciones que conciernen a los individuos específicos del MAT son indeterminadas en el MA.

- La fabulación histórica. Se infringen mucho más las A/propiedades que en la clase precedente porque las propiedades de los miembros comunes a ambos mundos, además de su implicación con los miembros ficcionales, difieren más. Napoleón escapa a Nueva Orleans y Hitler gana la guerra. En esta situación, alguna proposición será verdadera en el MAT y falsa en el MA.

- La novela de anticipación. El propósito de las novelas de anticipación es mostrar lo que podría ocurrir en el mundo real, dado su estado presente y su historia pasada, rompiendo la relación D/cronología. Para que la demostración sea convincente, todas las demás relaciones fuera de B/mismo inventario deben estar en vigor. En el caso del libro *1984* de Orwell, la historia de Inglaterra sigue un curso común hasta 1950, cuando se divide en el MA de Margaret Thatcher y el MAT de *Big Brother*. Desde el punto de vista de hoy, estrictamente hablando, *1984* ya no es una anticipación, sino un producto de la historia imaginaria.

- La fantasía realista. Se separan E/leyes naturales y F/taxonomía. Por ejemplo, en *La metamorfosis* de Kafka o en *Le passe-muraille* de Marcel Aymé. En estas obras, el MAT está poblado por las mismas especies que el MA, pero las leyes de la naturaleza se han roto. Los héroes no son caballeros, dragones y princesas, sino gente normal enfrascada en las búsquedas rutinarias del día a día. Sin embargo, esta gente corriente puede atravesar paredes o descubrir una mañana sin excesiva sorpresa que se ha metamorfoseado en una especie de insecto.

- La fantasía. El MAT se relaciona con el MA por G/lógica, H/analítica e I/lingüística, y opcionalmente D/cronológica. Revocar F/taxonomía introduce las hadas, los fantasmas, los dragones, los unicornios y las brujas dentro del mundo textual. Revocar E/leyes naturales hace posible que los animales hablen, que las personas vuelen y que los príncipes se conviertan en ranas. Cuando D/cronología está todavía en vigor, el MAT se localiza en un pasado mítico, y su similitud taxonómica se limitará a las clases de objetos característicos de las sociedades preindustriales: casas de campo más que condominios, espadas más que pistolas y caballos como modo primario de transporte. Si D/cronología se revoca también, el MAT incluirá ordenadores y viajes en el tiempo, robots y naves interplanetarias, y sus héroes serán Spiderman y Wonder Woman más que caballeros y princesas. Cuando E/leyes naturales y F/taxonomía se revocan, suele sucederle también a C/inventario expandido: los cuentos de hadas tienen su propia geografía y población. Una excepción sería la leyenda: los seres sobrenaturales pululan y los milagros acontecen comúnmente, pero los principales personajes o referencias espaciales tienen contrapuntos en el MA.

Ryan también presenta un caso especial: la literatura cuyas transgresiones de G/lógica abren las puertas al reino del absurdo, como en *Le libera* de Robert Pinget, donde un personaje está simultáneamente muerto y vivo. Otros tipos de absurdo son producidos por transgresiones de H/analítica cuando los textos se basan en una negación sistemática de algunas de las propiedades esenciales que definen un concepto, por ejemplo, el poema absurdo siguiente que recoge Ryan[38].

Texto original	Traducción personal
Un jeune vieillard, assis sur une pierre en bois.	Un joven viejo, sentado en una piedra de madera.
Lisait son journal plié dans sa poche à *la lueur d'un* réverbère éteint	Leía un periódico doblado en su bolsillo a la luz de un farol apagado.

Este texto inhabilita la propiedad 'viejo' de *vieillard*, la propiedad 'mineral' de *pierre* y la propiedad 'oscuro' del *réverbère éteint*. Cada una de estas propiedades pertenecen a la definición de la palabra, pero otras propiedades permanecen intactas: por *vieillard* entendemos todavía un ser humano, y no una máquina; por *pierre* un objeto sólido, y no líquido. Una transgresión completa de H/analítica llevaría a borrar I/lingüística, por ejemplo, si la entidad denominada 'caballo' pudiera tener todas las propiedades de un ordenador en el MAT que, entonces, permanecería tan inaccesible para el lector como el universo de un texto escrito en una lengua extranjera. La incompatibilidad lingüística puede venir también de una falta de correspondencia entre el repertorio taxonómico del MA y del MAT. Si las especies del MAT difieren radicalmente de las del MA, sus nombres quedan privados de contenido semántico, a menos que el texto ofrezca sus propias definiciones léxicas (como pasa en la CF).

DIFICULTADES

Las relaciones de accesibilidad dependen de modelos explicativos que evolucionan. Un texto puede ser juzgado conforme a E/leyes naturales en algún momento histórico y en ruptura con él en un punto posterior, o viceversa. Por ejemplo, la novela *20 000 leguas de viaje submarino* de Jules Verne rompió la relación D/cronología y F/taxonomía para el lector del siglo xix, pero con el paso del tiempo y el invento del

[38] M.-L. Ryan, *Possible worlds. Artificial intelligence and narrative theory*, 38.

submarino es totalmente compatible con estas relaciones para el lector moderno. Desde una perspectiva contemporánea, el tipo semántico del texto de Verne se parece más al género de aventuras que al género de CF. Sin embargo, M.-L. Ryan admite que, en cuanto se recuerde el origen de *20 000 leguas de viaje submarino*, el lector lo relacionará con la CF (al igual que *1984* será por siempre una novela de anticipación).

Para establecer relaciones de accesibilidad entre el MA y el MAT se necesita la voluntad o la autoridad implícita del narrador, quien determina los hechos del mundo ficcional. Cuando este niega el acceso epistémico a estos hechos, el MA no logra solidificarse y las relaciones de accesibilidad se vuelven total o parcialmente indecidibles. Ryan presenta varios casos salidos principalmente de la literatura posmoderna:

- El centro vacío. El texto limita sus afirmaciones a los mundos de la periferia evitando la representación de un mundo real. Este efecto se logra al 'modalizar' las proposiciones con adverbios de posibilidad ('quizás') o al vincularlas con el operador 'o', para dejar en duda cuáles de ellas son ciertas en el MAT.
- El centro incognoscible. El texto difumina las distinciones entre MAT y los mundos de la periferia (es decir, los mundos privados de los personajes) al no dejar claro quién está hablando o al impedir que el lector identifique el mundo de referencia. En *Dans le labyrinthe* de Robbe-Grillet, nunca se sabe con certeza si el texto describe una realidad objetiva o el mundo de los sueños de un personaje o una alucinación.
- La falta radical de autoridad. El narrador menoscaba su autoridad al descartar declaraciones anteriores (mentiras) sin dar razones válidas para creer en la negación o en la declaración original. El discurso del narrador se convierte en una intriga incoherente que expresa un mundo interno de percepciones transitorias.

Ryan muestra cómo las relaciones de accesibilidad son limitadas y no siempre funcionan para definir la tipología de la obra ficcional. Las relaciones de accesibilidad no siempre son suficientes para categorizar el MAT. El texto puede presentar lo que Thomas Pavel llama una ontología 'dual' o 'estratificada' cuando el dominio de lo real se divide en dominios claramente distintos que obedecen a leyes diferentes, como lo sagrado y lo profano en las representaciones de misterio medieval, o como el mundo visible *versus* el mundo de lo invisible en *El Castillo* de Kafka. Pozuelo Yvancos prefiere hablar de mundos híbridos y no de mundos duales, tal como explica a partir de la obra *Cien años de soledad* de García Márquez: «Lo que caracteriza al dual, en dicha tipología, es que no hay homogeneidad entre lo natural y lo sobrenatural, de modo que, como ocurre en la mitología, se transfiere un campo al otro. Comúnmente se ha interpretado la novela de ese modo, como si su estructura fuese, desde la modalidad alética, dual, heterogénea».[39]

Incluso, las relaciones de accesibilidad no son infalibles para determinar si un texto es ficcional o no, pues algunos creen en los fantasmas y los ovnis, mientras que otros no creen en los milagros, etc. Incluso si los lectores excluyen estas entidades de su representación personal de la realidad, queda la posibilidad de que el emisor las considere reales, y así su aparición en un texto no constituya un signo absoluto de ficcionalidad. Ryan se sirve de un parámetro pragmático para distinguir la ficción de la no-ficción. Lo ejemplifica con cierto sentido del humor: lo que parece un poema surrealista que rompe la ley lógica de no contradicción podría formar parte de una entrada del diario de un paciente esquizofrénico; lo que parece una descripción fantástica podría ser la autobiografía de una actriz famosa, o lo que parecen las genuinas cartas de amor de una monja portuguesa podrían ser invención de un autor francés del siglo XVII.

Para ella, la cuestión de la ficcionalidad no se decide por las propiedades semánticas del universo textual ni por las propiedades estilísticas del texto, sino que se establece *a priori* como parte de las expectativas genéricas. Un texto es ficcional cuando se conoce su género y se sabe que el género está gobernado por las reglas del juego ficcional.

LOS FACTORES ADICIONALES: LAS ETIQUETAS

Las relaciones de accesibilidad son una herramienta fundamental para distinguir entre los géneros literarios, pero su combinación no siempre es suficiente. Por ejemplo, en los casos de *Ana Karenina* de Tolstoi y *La celosía* de Robbe-Grillet, ambos pueden considerarse 'realistas', pero difieren en su aplicación de estas relaciones. Mientras que *Ana Karenina* hace referencia a individuos y lugares del MA, *La celosía* no tiene conexión con la realidad externa. Otro ejemplo, las novelas pastoriles, a pesar de ser todo menos realistas, comparten un sistema de realidad que puede ser analizado a través de las mismas relaciones de accesibilidad que el universo de *La celosía*.

Para refinar estas categorías, M.-L. Ryan propone introducir tres factores adicionales de diversificación semántica: el foco temático, el filtro estilístico y el énfasis en la probabilidad. Por ejemplo, la novela pastoril lleva el foco temático 'bucólico' y el filtro estilístico 'idílico'.

---

[39] J. M. Pozuelo Yvancos en *Poética de la ficción*, 167.

- El foco temático. Guía la selección de lo que se va a mostrar (lugares, personajes y sucesos) en el inventario del universo textual para conformar una trama o un mensaje.
- El foco estilístico. Determina bajo qué prisma se presentan estos objetos o la impresión que crearán en el lector (cómico, trágico o idílico).
- El énfasis de probabilidad. Mide si el texto se sitúa en lo cotidiano o lo marginal dentro del horizonte de posibilidades determinado por las relaciones de accesibilidad relevantes. Permite, por ejemplo, diferenciar las novelas de aventuras o las históricas de las novelas realistas de Zola o Flaubert, aunque ambos tipos respetan el mismo conjunto de relaciones de accesibilidad.

Ryan también reconoce la ambigüedad de algunas etiquetas, como 'realista' y 'fantástico'.

Para algunos, un texto es realista si respeta todas las relaciones comenzando por E/leyes naturales y si los hechos descritos son económica y psicológicamente posibles en el MA. Para otros, los sucesos descritos en el texto realista deben entrar dentro de lo estadísticamente probable y concentrarse en la vida cotidiana. La etiqueta 'fantástico' es otro ejemplo de polivalencia semántica potencial. En su uso más amplio e intuitivo, fantástico es sinónimo de transgresión de E/leyes naturales, pero en la definición más restringida propuesta por Todorov, esa transgresión no se considera condición suficiente. El texto fantástico debe crear una incertidumbre epistémica haciendo que la relación MA/MAT sea al menos temporalmente indeterminada con respecto a E/leyes naturales. Si aceptamos esa definición, entonces la etiqueta 'maravilloso' sustituye a la de 'fantástico' para aquellos textos en los que la transgresión de E/leyes naturales viene asumida *a priori*, como en las leyendas y los cuentos de hadas.

Además, Ryan propone otros factores para enriquecer el modelo, como la coherencia histórica, la credibilidad psicológica, la compatibilidad socioeconómica y la compatibilidad categorial. Estas relaciones permiten una mejor comprensión de la diferencia semántica entre diferentes tipos de mundos textuales y cómo se relacionan con el MA:

- La coherencia histórica. El MAT es accesible desde el MA si no solo incluye la población de MA, sino que no contiene anacronismos. Mediante esta relación se hace posible distinguir las narraciones históricas estándar de las obras de fantasía que permiten el encuentro de personajes, objetos y preocupaciones de diferentes períodos: Juana de Arco volviendo al mundo moderno y abanderando una guerra contra el sexismo, o al hombre prehistórico viendo culebrones en la televisión.

- La credibilidad psicológica. El MAT es psicológicamente accesible desde el MA si creemos que las propiedades mentales de los personajes podrían ser aquellas de los miembros del MA. Esto significa que consideramos a los personajes como seres humanos completos, como personas. La relación de credibilidad psicológica puede romperse de varias formas: por ejemplo, por medio de la vida interior de las criaturas marginales que pueblan el teatro del absurdo o por la locura que debe generalizarse a todos los miembros del MAT.
- La compatibilidad socioeconómica. El MAT es accesible desde el MA si ambos mundos comparten las leyes económicas y la estructura social. Añadiendo esta relación al catálogo, se hace posible distinguir el mundo 'realista' de *La celosía* —donde al menos algunas personas trabajan para ganarse la vida— del paisaje idílico de la novela pastoril, donde la disponibilidad de bienes está previamente asumida.
- La compatibilidad categorial. Mediante esta relación es posible explicar la diferencia semántica entre el MAT que contiene personajes alegóricos como la Muerte y la Belleza, y los mundos actuales textuales que excluyen dichas entidades.

En conclusión, las relaciones de accesibilidad son esenciales para comprender cómo los mundos textuales se relacionan con el MA y entre sí, y nos permiten clasificar y analizar diferentes tipos de narrativas literarias.

EL PRINCIPIO DE 'DESVIACIÓN MÍNIMA'

LOS CONTRAFACTUALES

Ryan se inspira en unos trabajos de David Lewis sobre las condiciones de verdad de los contrafactuales y la descripción e interpretación de los discursos ficcionales para desarrollar lo que llama el 'principio de desviación mínima'. En su primer artículo relacionado con los MP, «Fiction, non-factual, and the principle of minimal departure», Ryan parte de las primeras teorías de condicionales en el marco de la semántica de los MP redactadas por David Lewis en «Completeness and decidability of three logics of counterfactual conditionals», «Counterfactuals and comparative possibility» y en su libro ya citado *Counterfactuals*. Lewis explica que un condicional contrafáctico se compone de un antecedente y un consecuente en la forma 'si …, entonces'.

Si Napoleón no hubiera atacado Inglaterra, entonces:

1) Habría reinado mucho tiempo en paz.
2) Habría sido derrocado por los monárquicos.
3) Habría sido asesinado por los republicanos.

Para cada una de estas tres oraciones contrafactuales, existe un MP. Para decidir sobre la verdad o de la falsedad de una oración contrafactual, no es suficiente conocer el valor individual de su antecedente y su consecuente, se debe además evaluar la 'similitud relativa' del MP en relación con el mundo real. La investigación histórica puede mostrar, por ejemplo, que una de estas oraciones corresponde más al mundo real que las otras y, por lo tanto, esa será la verdadera. Gómez Torrente transcribe así el principio de Lewis: el valor de verdad de un contrafáctico $A \square \rightarrow B$ no depende del valor de verdad de B en todos los mundos de un cierto tipo en que vale A, sino del valor de B en los mundos más parecidos al actual en que vale A. Extiende este análisis a la ficción, pues concibe, al igual que T. Pavel, que el razonamiento sobre lo que es verdadero en una obra de ficción es muy similar al razonamiento contrafáctico, aunque los contrafactuales expresan verdades sobre el MA y las ficciones sobre los MP.[40]

Ryan, siguiendo esta línea, aplica el principio a la ficción mediante ejemplos como el caso de Nixon y Watergate.

Si Nixon no hubiera intentado ocultar el caso Watergate, entonces:

1) No habría renunciado.
2) Habría renunciado de todas formas.

Argumenta que el contrafactual que mejor se ajusta a la realidad es aquel en el que Nixon no intenta ocultar el caso Watergate y no renuncia (el n.° 1), ya que es más cercano a lo que realmente sucedió.

Este enfoque se extiende al análisis de la ficción, donde Ryan sostiene que, si una obra corresponde a un MP, se puede evaluar la verdad de sus proposiciones seleccionando el MP que mejor se adapte. En este caso, la verdad que se verifica es una verdad ficcional, es decir, un hecho del mundo ficcional.[41] Ryan propone este ejemplo en «Fiction, non-factuals, and the principle of minimal departure»:

---

[40] T. Pavel, «Univers de fiction: un parcours personnel», 307-313.

[41] Ese tipo de verdad, fundamental para construir el universo ficcional, no es el único que me interesa porque, si bien es indispensable para la comprensión del sentido del texto, no es suficiente para llevar lo comprendido a la propia vida. Lo desarrollaré más adelante.

Ni la proposición |1| «Sherlock Holmes era un donjuán» ni la |2| «Sherlock Holmes no se interesaba por las mujeres» se afirman en las historias de Sherlock Holmes, pero la mayoría de los lectores estarán de acuerdo en que la segunda es exacta mientras que la primera no lo es. Para evaluar el valor de verdad de este tipo de afirmaciones, Lewis propone un análisis que se acerca mucho a su tratamiento de los contrafactuales.[42]

Para juzgar el valor de verdad de estos dos enunciados, se deben considerar dos MP:

- Un mundo A, donde todos los enunciados de Conan Doyle son verdaderos y 1 (Holmes es un mujeriego) es verdadero y 2 (Holmes ignora a las mujeres) es falso.
- Un mundo B, donde todos los enunciados de Conan Doyle son verdaderos y 1 (Holmes es un mujeriego) es falso y 2 (Holmes ignora a las mujeres) es verdadero.

El mundo B es el verdadero porque es el mundo que más se parece al mundo real, pues M.-L. Ryan supone que es más verosímil elegir el mundo donde los hombres como Holmes no hacen mucho caso a las mujeres.

EL PRINCIPIO DE DESVIACIÓN MÍNIMA: EL MUNDO ACTUAL COMO MARCO DE REFERENCIA

En la propuesta anterior, influida por la semántica de la lógica modal, parece que la referencia solo funciona en los mundos ficcionales que son compatibles con el mundo real, es decir, cuando la posibilidad en la ficción corresponde a una posibilidad en el mundo real efectivo. Sin embargo, a medida que la teoría literaria de los MP se aparta del modelo lógico, evoluciona hacia un principio más refinado que ha sido reconocido como fundamental en la fenomenología de la lectura, y que M.-L. Ryan denomina *the principle of minimal departure* en inglés o *le principe d'écart minimal* en francés, que he traducido como 'el principio de desviación mínima'. Ryan me comentó en un correo del 17 de mayo del año 2018 que para 'departure' sugería algo que signifique diferencia. 'Desviación' se usa en ese sentido. Walton lo llama *the reality principle* o *the principle of mutual belief*. Lewis ya había señalado que si lo que sucede en la ficción no ocurre en este mundo, la lectura generalmente se hace sobre un fondo de hechos conocidos.

---

[42] M.-L. Ryan, «Fiction, non-factuals, and the principle of minimal departure», 406.

Este principio indica que, al reconstruir el mundo ficcional, el lector llena los vacíos dejados por el texto asumiendo su semejanza con el MA. Solamente la autoridad del texto revoca su experiencia de la realidad. Escribe Ryan en «Criticism, Pleasure, and Truth» que este principio establece que reconstruimos el mundo de ficción como lo más parecido posible a la realidad que conocemos. Esto significa que proyectamos sobre el universo ficcional el mayor número posible de proposiciones que consideramos verdaderas para el mundo real, y que solo hacemos los ajustes que no podamos evitar.[43] Por ejemplo, si en un cuento aparece un caballo azul volando, lo interpretamos como un animal que tiene todas las características de un caballo, excepto el color y su capacidad de volar. Para Ryan, este principio permite reconciliar la visión mimética de Aristóteles y la doctrina moderna de la autonomía radical del texto literario: el mundo ficcional difiere del mundo real, pero aún mantiene conexiones con la realidad.

Ryan señala que, aunque este principio puede parecer evidente, su formulación exacta y su aplicación han planteado dificultades. ¿Qué concepción del MA debería ser determinante en la aplicación de este principio? ¿Debería prevalecer la versión del emisor o la del receptor? ¿Implica este principio un sesgo naturalista o es igualmente aplicable a textos fantásticos?

En una conversación, me comentaba que el principio de desviación mínima ha tenido bastantes críticas porque algunos dicen que introduce demasiadas cosas. Replica a esta objeción que se puede imaginar *trop peu*, pero no *pas assez*. A pesar de estas observaciones, muchos defensores de la teoría literaria de los MP reconocen la importancia de un principio regulador que utilice un mundo de referencia estable para la reconstrucción del mundo ficcional. Ryan justifica este principio con el ejemplo de un cuento francés en *Possible worlds. Artificial intelligence and narrative theory*:

> Es en virtud del principio de desviación mínima que los lectores son capaces de formarse representaciones razonablemente completas de los mundos ajenos creados a través del discurso, aunque la representación verbal de estos mundos sea siempre incompleta. […] El lector de una ficción que contenga la frase «Babar, el rey de los elefantes, fue a un restaurante» tendría derecho a reconstruir la proposición «en ese momento Babar estaba en un restaurante», pero no a extraer la inferencia pragmática: «Babar tenía hambre y fue al restaurante a comer». Para llegar a esta conclusión, debemos suponer que, en el mundo antropomórfico de Babar, en el que los elefantes tienen reyes y pueden hablar, se sienten

[43] M.-L. Ryan, «Criticism, Pleasure, and Truth: A Typology of Critical Statements», 57.

atraídos por los restaurantes por la misma razón que nosotros.[44]

OTRO MUNDO FICCIONAL COMO MARCO DE REFERENCIA

El principio de 'desviación mínima' permite seleccionar otro universo textual como marco de referencia. Esto ocurre cada vez que un autor expande, reescribe o parodia una ficción preexistente o cuando una ficción incluye el universo de otra ficción en su sistema de realidad. Ryan comenta que esto sucede, por ejemplo, cuando leemos las historias de Sherlock Holmes escritas por el hijo de Conan Doyle, ya que reconstruimos el universo textual como lo más parecido posible al universo de las historias originales de Sherlock Holmes, que se supone que ya ha sido construido como lo más parecido posible al MA. Incluso es posible seleccionar varios universos textuales como marco de referencia, lo que permite la migración de personajes ficcionales fuera de su entorno nativo. En algunos sistemas, Sherlock Holmes combina el ingenio de Arsene Lupin, Drácula conoce a Frankenstein y a Fausto, y se enamora de Helena de Troya. La intertextualidad, al igual que el principio de 'desviación mínima', muestra que los universos textuales no se crean *ex nihilo*.

El estudio de los cuentos de hadas ofrece un ejemplo perfecto de cómo la investigadora suiza combina la teoría literaria de los MP con su formación en ingeniería informática. Ryan explica que, al leer un cuento de hadas, nos situamos gracias al principio de desviación mínima en el marco de referencia de los cuentos. Sabemos de inmediato que podemos encontrar dragones y caballos que vuelan, animales que hablan (zorros, ranas, búhos, peces dorados, ciervos) y otros que no (vacas, moscas). Igualmente, admitimos la posibilidad de metamorfosis: un personaje puede convertirse en piedra. Estos paisajes genéricos se procesan mediante el filtrado de un determinado corpus que se crea a partir de sus temas y objetos característicos.

Ryan analiza el personaje de la princesa en los cuentos de hadas para mostrar que en la aplicación del principio de desviación mínima no se considera toda la gama de propiedades inherentes al género. Es evidente la ausencia de ciertas características en la descripción de algunos objetos:

> Introducimos a las princesas como [+ humanas], [+ femeninas], [+ bellas] en la base de datos intertextual, pero ¿qué hacemos con su sexualidad? El principio de desviación mínima nos dice que algún tipo de impulso sexual, ya sea alto o bajo, forma parte de la

---

[44] M.-L. Ryan, *Possible worlds. Artificial intelligence and narrative theory*, 52.

> naturaleza humana, pero el comportamiento de las princesas en los cuentos de hadas típicos no muestra ningún rastro de este impulso.[45]

La princesa prototípica de los cuentos de hadas es una entidad incompleta en cuanto a su sexualidad, pero las princesas de los cuentos de hadas individuales son seres humanos ontológicamente normales que simplemente no revelan nada de su sexualidad en los eventos mostrados en el texto. Del mismo modo, el caballero prototípico errante de las novelas de caballerías no se preocupa por cuestiones financieras, a pesar de que el dinero exista en su mundo genérico.

DOS DESAFÍOS AL PRINCIPIO DE DESVIACIÓN MÍNIMA

Al igual que con las relaciones de accesibilidad, el principio de desviación mínima encuentra dificultades para aplicarse en algunos contextos.

Analizaremos ahora los diferentes modos de existencia. Cada texto cae bajo la autoridad del principio de desviación mínima, pero existe el riesgo de tratar del mismo modo los personajes de novelas realistas, por ejemplo, Emma Bovary y Stephen Dedalus, que se consideran seres humanos completamente individualizados y lógicamente completos, y los personajes de los cuentos (la bella durmiente) que no participan del mismo modo de existencia. Incluso, las alegorías (la alegoría de la belleza en una novela medieval) se resisten a su asimilación a seres humanos normales debido a su imposibilidad categorial.

Podemos asimismo malinterpretar *Alicia en el país de las maravillas* si esperamos que la Reina de Corazones juegue al croquet con las mismas reglas que los miembros del Croquet Club de Wimbledon, Inglaterra. Ryan añade el ejemplo del estudio que ha hecho Doležel de la obra de Kafka *El proceso*, donde ha demostrado que el MAT se divide en dos ámbitos claramente distintos, uno ordinario, bien conocido y visible, el otro invisible, epistemológicamente inaccesible e impenetrable para los miembros del mundo visible. El principio de desviación mínima está plenamente operativo en el mundo visible, pero parece vacío en el mundo de la Corte.

Otra forma de desafiar el principio es subvertirlo de manera sistemática con la inversión o la contradicción. Los mundos de los sueños y de la locura o de los sinsentidos pueden modelarse de acuerdo con lo que T. Pavel llama un principio de

---

[45] M.-L. Ryan, *Possible worlds. Artificial intelligence and narrative theory*, 56.

'desviación máxima'. Por ejemplo, el lector de *Alicia en el país de las maravillas* rápidamente se da cuenta de la inutilidad de su conocimiento del mundo real:

> En un juego de croquet, las bolas son erizos, los mazos son flamencos, los arcos se mueven y los jugadores pueden golpear la 'bola' que deseen en el momento que quieran. En un juicio celebrado por el Rey y la Reina de Corazones, los testigos son acusados y las sentencias preceden a los veredictos. Se crean reglas sobre la marcha para que nadie las cumpla, se emiten órdenes que nunca se ejecutan, las conversaciones violan constantemente los principios de cooperación de Grice, y lo único que queda por esperar es lo inesperado.[46]

Examinaremos si el principio de desviación mínima se aplica a la CF y de qué manera.

LAS VERDADES FICCIONALES Y LITERARIAS

EL NUEVO ESTATUS DE LA ENTIDAD FICCIONAL

Una de las contribuciones más significativas de la aplicación de la lógica modal a la literatura radica en la redefinición del concepto de verdad en el ámbito de la ficción. Ryan se basa en los trabajos de D. Lewis, quien en *Truth in fiction*, propone una perspectiva alternativa a las teorías tradicionales de la ficción que se fundamentan en la dicotomía entre lo real y lo ficticio. Lewis desplaza la cuestión sobre el estatus de los 'objetos' de ficción hacia los 'mundos' de ficción, considerando las ficciones literarias como MP. Según esta perspectiva, una entidad ficcional no es un objeto inexistente, sino más bien un objeto existente en un mundo ficcional. Para evitar ambigüedades, Lewis sugiere añadir el operador «en la ficción f...» (*in the fiction f...*) al comienzo de cualquier enunciado sobre entidades ficcionales. Por ejemplo, cuando se dice que «Sherlock Holmes vive en el 221B de Baker Street», esto debe entenderse como una abreviación de la proposición verdadera: «En las historias de Sherlock Holmes, Sherlock Holmes vive en el 221B de Baker Street». Este prefijo proporciona un valor de verdad a las proposiciones sobre entidades ficcionales, evitando así dejarlas sin referencia o considerarlas como objetos inexistentes, porque, según Lewis, todas las proposiciones ficcionales citadas son falsas si se toman como no prefijadas, simplemente porque Holmes no existió realmente. Para Lewis, la verdad en la ficción

---

[46] M.-L. Ryan, *Possible worlds. Artificial intelligence and narrative theory*, 58.

es una verdad modal (es decir, un posible) y la dicotomía entre realidad y ficción se sustituye por la oposición entre mundo 'actual' y mundo 'posible'. Este enfoque conserva la no existencia de la entidad ficcional en el mundo real efectivo, pero le otorga una referencia en un MP. Por lo tanto, «ser verdad en el mundo ficcional» equivale a «existir en el mundo ficcional».

Marie-Laure Ryan adopta este modelo y asigna valores de verdad a las frases dependiendo del mundo de referencia: por ejemplo, «Sherlock Holmes vivió en Londres» es falso en el mundo real, pero verdadero en el mundo de la ficción. Del mismo modo, «Madame Bovary es una persona» es verdadero en el mundo de la novela, pero en el mundo real es un personaje ficcional. Este cambio de enfoque, del modelo de Frege-Russel al modelo de M.-L. Ryan, representa una evolución significativa en la comprensión de la verdad en el contexto de la ficción, aunque Ryan y Lewis difieren en cuanto al estatus del MA (figura 6). Para Ryan, el MA es el centro del sistema modal, para Lewis es un MP como otro.

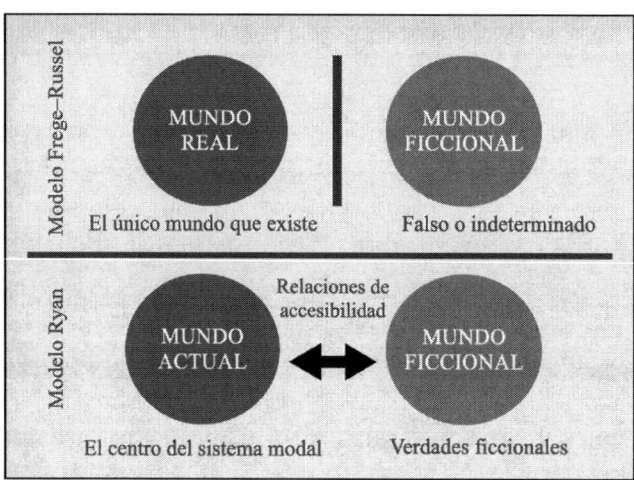

Figura 6. Los dos modelos: Frege-Russel y Ryan.

En el modelo de Frege-Russel, se establece que el único mundo que existe es el mundo real, y toda proposición ficcional carece de valor de verdad. Ryan, por su parte, transforma la ficción en un MP alternativo que, de acuerdo con las leyes de la semántica de la lógica modal de Kripke, se conecta a través de las relaciones de accesibilidad con el centro del sistema modal, es decir, el MA.

En «Truth Without Scare Quotes: Post-Sokalian Genre Theory», M.-L. Ryan aborda los conceptos de verdad y validez en diferentes tipos de textos para establecer los fundamentos de una taxonomía de géneros literarios. Completa su investigación en otro artículo de 2019, «Truth of fiction versus truth in fiction», donde subraya que el problema de la verdad de la ficción ha sido debatido por los filósofos al menos desde el advenimiento de la filosofía analítica. Pero mientras la deconstrucción reinó en la teoría literaria, este tema fue ampliamente ignorado por los narratólogos y críticos literarios, que consideraban que el concepto de verdad no era un problema porque se suponía que la literatura tenía que ver con el lenguaje, y no con referentes externos. Este estudio se circunscribirá a la diferencia entre lo que M.-L. Ryan denomina verdades ficcionales (en la ficción f...) y verdades literarias:

- Verdades ficcionales. Todo texto es potencialmente verdadero o falso en términos de su correspondencia con una realidad externa. Sin embargo, dado que el texto de ficción es la única fuente de información del lector sobre su mundo referencial, resulta imposible diferenciar lo verdadero de lo falso. El lector debe pretender creerlo todo y construir una imagen mental del mundo ficcional tomando las declaraciones del narrador al pie de la letra, pues como discurso creador del mundo, el discurso ficcional tiene un valor declarativo o performativo.

  Esas afirmaciones del narrador son verdaderas en el mundo ficcional, y estas 'verdades ficcionales' no pueden ser refutadas sin violar las convenciones del género que estipulan que el texto de ficción constituye el único modo de acceso a su mundo de referencia. Ahora, las verdades ficcionales son hechos del mundo ficcional, no suelen tomar en cuenta la significación y el valor estético del texto, ni transmitir ideas poderosas, ni revelaciones inspiradoras, ni ideas audaces o alimento para el pensamiento. Son simplemente 'hechos' que debemos aceptar para construir una representación personal del mundo ficcional. Por ejemplo, «Charles Bovary es un médico rural» es una verdad ficcional en el mundo de *Madame Bovary*.

- Verdades literarias. La famosa afirmación del inicio de la obra de Tolstoi *Anna Karenina*: «Todas las familias felices se parecen unas a otras; pero cada familia infeliz tiene un motivo especial para sentirse desgraciada», no es un hecho del mundo ficcional (no es una verdad ficcional). El lector puede rechazarla y aun así sumergirse en la historia. De hecho, la gran mayoría de las verdades ficcionales no son mensajes significativos, y los mensajes significativos transmitidos por la ficción no son necesariamente verdades ficcionales. A diferencia de las verdades ficcionales, las verdades literarias tienen un valor más allá del mundo de la ficción. Representan conocimientos que, con suerte, pueden guiar al lector en su vida y transmitir ideas poderosas.

Verdades ficcionales	Verdades literarias
Se refieren al mundo ficcional	Son transportables al mundo real
Tratan de las acciones y propiedades de los personajes	Son un conocimiento que (con suerte) enriquece al lector y lo guía en su vida
Son literales	Son figurativas
Son un concepto técnico relativamente directo	Son una idea tan elusiva que resulta a veces difícil capturar su esencia

Mientras que todas las ficciones transmiten verdades ficcionales, solo algunas alcanzan el nivel de verdades literarias que son significativas y trascienden el ámbito de la ficción. Estas verdades literarias abordan temas universales y abstractos que tienen un impacto profundo en la comprensión de la experiencia humana: el amor, la muerte, el sentido de la vida, la lucha del bien contra el mal, la responsabilidad moral y, especialmente destacados en los tiempos actuales, la naturaleza del lenguaje, la verdad, el conocimiento y el arte.

En «Truth of Fiction versus Truth in Fiction», M.-L. Ryan presenta tres niveles de verdades, todos abordados desde un enfoque lógico. Los dos primeros tratan de la verdad ficcional (*truth in fiction*), mientras que el tercero aborda la verdad literaria (*truth of fiction*):

- Primer nivel. Se refiere a declaraciones individuales presentes en el texto sobre entidades específicas. Estos enunciados se modifican por el cuantificador existencial, 'para un cierto x, p', en lugar de por el cuantificador universal, 'para todo x, p'.
- Segundo nivel. Son declaraciones generales expresadas directamente en el texto y que transmiten proposiciones específicas. Estas proposiciones se cuantifican mediante el operador universal de la lógica: 'todo x' en lugar de 'algo x'.
- Tercer nivel. Representa las verdades que surgen de la interpretación del lector y que no están explícitamente indicadas en el texto. Obviamente, aunque

no se expresen explícitamente en una proposición, esas verdades no provienen únicamente de la interpretación del lector. El autor ha dejado indicios en el texto.

Mientras las declaraciones del primer nivel siempre son verdaderas en el mundo ficcional (son hechos del mundo ficcional), las del segundo nivel deben verificarse en la trama de la novela, y si la trama lo respalda de manera convincente, deben considerarse verdaderas en el mundo ficcional.

Pongamos un ejemplo de *El hombre en el castillo* de K. Dick:

- Primer nivel (declaraciones individuales): «El cansancio se adueñó de él, lo tomó en brazos como una corriente marina en cuyas aguas se hundía con lentitud».[47]
- Segundo nivel (declaraciones generales): «Una mente consciente debe ser parte del total, intencionada y cuidadosamente, igual que la roca es parte inconsciente del todo».[48]
- Tercer Nivel (interpretación): la importancia vital del cuidado del medio ambiente y la ecología para el equilibrio del planeta.

En el contexto de las obras de CF, me interesan especialmente las verdades del tercer nivel, que expresan los mensajes significativos de las novelas y a menudo abordan temas relevantes para la reflexión sobre lo humano y la realidad experimentada humanamente.

LAS APLICACIONES

Ryan ha aplicado su modelo a diversas realidades, pero me enfocaré en tres áreas específicas que resultan pertinentes para mi estudio de las novelas de CF: la narrativa, la teoría de los personajes y la literatura posmoderna.

LA NARRATIVA

---

[47] U. Le Guin, *La rueda celeste*, Posición en Kindle 2944-2945.
[48] U. Le Guin, *La rueda celeste*, Posición en Kindle 2783-2784.

El trabajo de M.-L. Ryan en el ámbito de la narrativa es vasto, de modo que he seleccionado algunos temas que son directamente relevantes para esta investigación. Ryan conceptualiza la narrativa como una historia que se desarrolla en un mundo donde los agentes y procesos provocan cambios.[49] Identifica ciertas formas narrativas, como la narrativa de búsqueda, la narrativa romántica, el triángulo amoroso, la narrativa de crecimiento, la historia de misterio, o la lucha entre el bien y el mal, que perduran en el tiempo debido a que capturan preocupaciones humanas universales y relaciones interpersonales fundamentales.[50] Traduzco de «Toward a definition of narrative» el texto siguiente, que me parece muy esclarecedor:

> La narrativa trata de la resolución de problemas.
> La narrativa trata de conflictos.
> La narrativa trata de las relaciones interpersonales.
> La narrativa trata sobre la experiencia humana.
> La narrativa trata de la temporalidad de la existencia.[51]

La investigadora presenta en «Les Modes de la Narrativité et leurs métaphores visuelles» tres principios que se aplican perfectamente a las novelas de CF:

1) El texto narrativo debe proyectar un mundo, presentándolo como real (aunque sea imaginario) y poblándolo con personajes y objetos.
2) El mundo proyectado por el texto debe situarse en una estructura temporal, es decir, debe tener una historia.
3) El texto debe permitir que el lector reconstruya una red interpretativa que explique y conecte los eventos a través de relaciones causales y reporte eventos mentales, como objetivos, planes, intenciones y reacciones emocionales.

Ryan hace hincapié en la distinción entre lo real-físico/lo posible-virtual y defiende una semántica narrativa que incluya los dominios de los personajes. En su artículo «Embedded narratives and the structure of plans», explica que las tramas narrativas son entidades en capas (*layered entities*) construidas no solo por una secuencia lineal de hechos factuales (lo que ocurre objetivamente), sino también por las proyecciones, deseos, planes e interpretaciones de los personajes sobre sus mundos:

---

[49] Cf. M.-L. Ryan, «Sequence, Linearity, Spatiality or: Why Be Afraid of Fixed Narrative Order», 180.

[50] M.-L. Ryan, M. C. Lasley y B. Creech, «A Forum on Digital Storytelling», 7.

[51] M.-L. Ryan, «Toward a definition of narrative», 188.

Dado que los universos narrativos están habitados por seres inteligentes, se componen no solo de un mundo físico, reino de los acontecimientos fácticos, sino también de numerosos dominios como los conocimientos, deseos, intenciones y obligaciones de los distintos personajes. Las representaciones contenidas en cada uno de estos dominios captan secuencias pasadas o futuras, reales o imaginarias, de estados y acontecimientos. En la medida en que vinculan estados y acontecimientos siguiendo un patrón causal, las representaciones mentales presentan la misma estructura que la historia de la que forman parte, por lo que pueden denominarse *'embedded narratives'*. Es la relación de estas posibilidades contempladas con los hechos reales lo que confiere sentido a la historia en su conjunto.[52]

En «On the Window Structure of Narrative Discourse», insiste en que el atractivo de una trama depende del número de mundos implicados (*embedded narrative*) en los acontecimientos actuales de la historia, y de la habilidad del autor para entrelazar destinos y relacionar eventos provocados por procesos narrativos paralelos. Por lo tanto, las historias que presentan conflictos, engaños, errores y fallos suelen tener mayor seducción narrativa que aquellas que carecen de ellos.

Ryan analiza la imbricación de los diversos mundos y el interés de los hilos narrativos paralelos, aunque reconoce que es muy difícil representar la superposición de mundos y los procesos simultáneos. En el artículo «Narrative as/and Complex Systems/s» presenta varias redes narrativas interesantes, de las cuales señalo dos, una centrada en el protagonista (el héroe) y la otra centrada en el objeto (figura 7).[53]

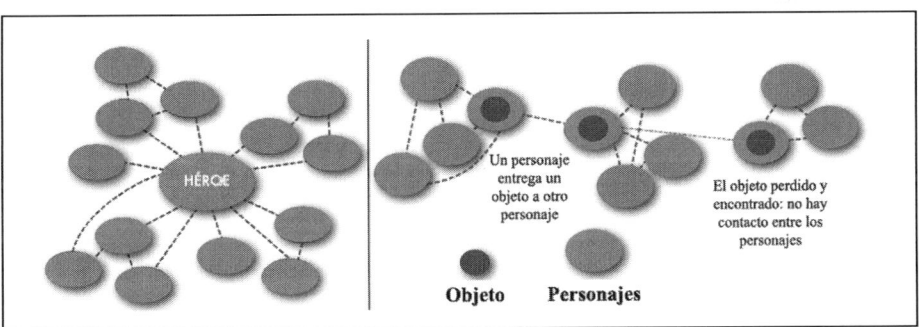

Figura 7. Las redes narrativas.

Ryan propone también segmentar la narrativa en unidades de distintas representaciones delineando una teoría de *window structure*. Ese concepto de 'ventana' se

---

[52] M.-L. Ryan, «Embedded Narratives and the Structure of Plans», 108.
[53] M.-L. Ryan, «Narrative as/and Complex Systems/s», 35-36.

origina en la jerga de los gráficos computacionales y de los procesamientos de texto. Para Ryan, cada 'ventana narrativa' se refiere a la parte de la historia que se muestra sin corte referencial (mismas coordenadas espaciotemporales y mismos personajes). Para dar cuenta de la complejidad de las tramas, Ryan clasifica las unidades narrativas en función de los personajes y del logro de un objetivo.

Unidades narrativas	
El hilo de una trama	Cuando se sigue el destino de un único personaje
La subtrama narrativa	Cuando varios destinos son enlazados en una serie de acciones dirigidas hacia un objetivo específico
La relación secuencial	Cuando la solución de un problema para un personaje crea un problema para otro personaje
La relación jerárquica	Cuando el logro de un objetivo requiere el logro previo de un número de subobjetivos

Además de explorar las unidades narrativas, M.-L. Ryan se sumerge en los distintos modos de realización de la narración, es decir, las diversas formas en que se cuenta una historia o se manifiestan las estructuras narrativas en el texto. En este sentido, propone ocho modos narrativos, algunos de los cuales son compatibles entre sí, mientras que otros se excluyen mutuamente debido a que ciertos modos son binarios (presentes o ausentes), mientras que otros admiten varios grados de manifestación:

- Narrativa simple. Se limita a la resolución de un solo problema o la demostración de un solo punto.
- Narrativa compleja. Presenta dos niveles: el 'macro-dominio', centrado en la intriga global, y el 'micro-dominio', compuesto por numerosas historias pequeñas que no crean mundos narrativos autónomos y que se insertan en la intriga global para enriquecerla con información.
- Narrativa proliferante. Dirige la atención del lector hacia las historias del 'micro-dominio', que constituyen la verdadera razón de ser del texto, mientras que la intriga principal actúa como un pretexto para generar nuevas anécdotas y aventuras.
- Narrativa diluida. Comparte la atención del lector con elementos como descripciones, comentarios metanarrativos, digresiones, intervenciones del narrador y

del autor, consideraciones generales, disertaciones, pasajes moralizantes y otras meditaciones filosóficas.

- Narrativa embrionaria. Satisface la condición más elemental de la narratividad al proyectar un mundo y poblarlo de individuos, aunque carece de la reconstrucción por parte del lector de la red interpretativa de la intriga. Los ejemplos típicos los constituyen las memorias, los diarios íntimos o los monólogos. Los acontecimientos no son contados, sino que son enumerados. No se juntan por relaciones de causalidad ni por motivos psicológicos, sino simplemente por sucesión cronológica.

- Narrativa no mediatizada. Tejida por una conciencia reflexiva en torno a los acontecimientos donde el acto de conciencia se transmite directamente del autor al destinatario sin pasar por el filtro de la conciencia del narrador. Este modo se ilustra en el teatro, en las películas, las novelas formadas de diálogos y, en cierta medida, en las novelas epistolares.

- Narrativa figurativa. Se caracteriza por la ausencia de individuos y la presencia de alegorías y metáforas creadas por la imaginación, estados de ánimo o ideas abstractas, siendo la poesía lírica su principal representante.

- Antinarrativa. Presente en la novela posmoderna, se manifiesta como un *collage* al estilo de la pintura cúbica, con cortos o superposición de intrigas que se presentan simultáneamente bajo diversos ángulos.

Ryan también desarrolla el concepto de espacio narrativo. El espacio constituye un elemento indispensable porque posibilita el acto mental de la (re)construcción del mundo ficcional, ya que la imaginación solo puede representar objetos dentro de una extensión espacial. Para la CF, es esencial. En su obra *Narrating Space/Spatializing Narrative*, Ryan propone una clasificación que va desde lo más preciso a lo más general:[54]

- Marcos espaciales (*spatial frames*). Corresponden al entorno inmediato de los personajes y se organizan jerárquicamente (una habitación es un subespacio de una casa). Sus límites pueden ser claros o difusos, y suelen variar durante la trama.

- Escenario (*setting*). Categoría socio-histórico-geográfica relativamente estable que abarca todo el texto.

- Mapa de la historia (*story space*). Espacio relevante para la trama, mapeado por las acciones y pensamientos de los personajes.

---

[54] M.-L. Ryan, K. E. Foote y M. Azaryahu, *Narrating Space/Spatializing Narrative: Where Narrative Theory and Geography Meet*, 687-718.

- Mundo de la historia (*storyworld*). Espacio completado por la imaginación del lector sobre la base del principio de desviación mínima. En una historia que tiene lugar en paisajes totalmente imaginarios, los lectores asumen que el mundo de la historia se extiende más allá de las ubicaciones mencionadas en el texto y que hay un espacio continuo entre ellos, aunque no se pueda completar ese espacio con características geográficas específicas.

En «L'expérience de l'espace dans les jeux vidéo et les récits numériques», Ryan diferencia entre los conceptos de 'espacio' (*space*) y 'lugar' (*place*), de los cuales he trazado un cuadro comparativo, resaltando sus características y diferencias. *Place* se aplica a los entornos modificados por la acción del hombre, es decir, los ambientes interiores en los cuales viven y actúan los personajes. *Space* es todo lo demás.

Espacio	Lugar
Movimiento: debe atravesarse	Enraizamiento: debe ser habitado
Libertad, aventura, peligro	Seguridad
Contenedor para los objetos	Red de relaciones entre objetos
Abierto e infinito	Limitado por fronteras
Anónimo	Habitado por una comunidad
Intemporal	Formado por la historia
Concepto abstracto	Entorno concreto, objeto de apego emocional

Además, considera dos estructuras narrativas: el viaje (*tour structure*) y el mapa (*map structure*):

- El viaje. cuando se explora el espacio a través del itinerario lineal de un viajero o cuando una historia sigue el recorrido de un héroe solitario que se mueve de un lugar a otro, haciendo encuentros casuales, conociendo gente nueva, recorriendo diversos paisajes, descubriendo nuevas culturas y costumbres, experimentando varias aventuras.

- El mapa. Cuando el espacio se divide en distintas secciones y cada una sigue un orden determinado por un algoritmo formal (de izquierda a derecha, de norte a sur, de delante a atrás), un estilo más experimental y en su mayoría posmoderno.

También analiza el papel de los subespacios comunicativos (puertas, ventanas, puentes, carreteras, túneles y pases) y el de las fronteras o divisiones tanto físicas como políticas. Los límites pueden ser literalmente espaciales, pero también pueden ser sociales (ricos/pobres), ontológicos (dioses/humanos) o biológicos (animales/humanos; vivos/muertos). De hecho, cuando los límites son esencialmente sociales u ontológicos, tienden a asociarse con regiones físicas: por ejemplo, los humanos viven en la tierra y los dioses en el cielo; los vivos habitan la superficie de la tierra y los muertos habitan en el inframundo. Un mapa simbólico del mundo narrativo puede asimismo asociar el castillo con el poder, las cimas de las montañas con la comunicación con lo sagrado, las áreas abiertas con el peligro, las áreas cerradas con la seguridad, etc.[55]

LA TEORÍA DE LOS PERSONAJES

En su trabajo *Possible Worlds in Recent Literary Theory*, M.-L. Ryan resume tres propuestas que han surgido para abordar la naturaleza de los personajes literarios, cada una respaldada por una teoría sobre los significados de los nombres propios. Dado que la teoría literaria de los MP no defiende una concepción rígida de la relación entre los mundos ficcionales y el mundo real, Ryan aboga por adaptar cada propuesta al género del texto y a su grado o calidad de mimetismo, teniendo en cuenta la diversidad de los estados ontológicos de los personajes ficcionales.

- Primera propuesta. Se refiere al enfoque estructuralista de los personajes, donde están estrechamente ligados a un texto particular o incorporados al mundo del texto a través de rasgos semánticos explícitos. Sus propiedades están completamente especificadas por el texto (son creaciones radicalmente incompletas, no son personas) y su representación no requiere información adicional.

  Respuesta de Ryan: Esta propuesta es más adecuada cuando las propiedades de los referentes del nombre propio no forman una personalidad definida

---

[55] M.-L. Ryan, Narrating Space/Spatializing Narrative, Kindle 1005-1006.

y no generan un sentido de sí mismos. Debería reservarse para el mundo más remoto de la posibilidad semántica, es decir, cuando el dominio semántico de los textos no crea ningún sentido de mundo real estable debido a una tendencia de autoanulación (como en la metaficción posmoderna) o cuando las proposiciones textuales se perciben como imágenes y no como descripciones de una realidad ficcional, por ejemplo, en la poesía lírica.

- Segunda propuesta. Los personajes ficcionales están unidos a la trama y mantienen su identidad a lo largo de diferentes versiones de la misma historia. Todas las Antígonas, todas las Cenicientas de la literatura son homólogos de la misma persona siempre que se respeten algunas estructuras básicas de la trama. Las versiones del 'mismo' personaje están relacionadas con las propiedades necesarias expresadas por el nombre del personaje, pero pueden diferir en sus características accidentales.

    Respuesta de Ryan: Esta propuesta se ajusta a personajes planos de textos centrados en la trama con poca personalización psicológica, como la aventura, el suspense y los cuentos de hadas (no se puede pensar a Cenicienta fuera de su trama). Es lo que sucede con la mayoría de los protagonistas en las obras de Asimov. Todos son realmente similares entre sí, desde Hari Seldon hasta Elijah Baley. Cambia el nombre y algunos detalles menores, pero, en lo esencial, es siempre el mismo personaje.

- Tercera propuesta. Los personajes ficcionales tienen su propia vida y se pueden imaginar independientemente del texto o de la trama. Esa posición admite frases hibridas («Ana Karenina es más lúcida que Emma Bovary») que permiten comparaciones entre mundos, migraciones de los personajes de un texto a otro y especulaciones sobre la actuación de los personajes en diferentes circunstancias (¿Emma Bovary se habría suicidado si hubiera vivido en nuestro tiempo?).

    Respuesta de Ryan: Esta propuesta presupone un enfoque realista del texto con personajes definidos. Debería predominar en contextos donde el mundo ficcional respeta las leyes físicas y lógicas y ofrece una explicación psicológica de los personajes.

La solución propuesta por M.-L. Ryan no se limita necesariamente a una de estas tres propuestas, sino que se adapta a las características específicas del texto. Mientras que la posición estructuralista excluye la posibilidad de considerar a los personajes como personas realistas, la teoría de los MP en la literatura puede abarcar las tres posiciones al reconocer su dependencia de la distancia entre el MA y el mundo ficcional.[56]

El análisis de las obras me permitirá clasificar a los personajes de CF dentro de una de estas tres propuestas, según corresponda.

LA POÉTICA DE LA POSMODERNIDAD

Muchos de los estudios realizados por teóricos literarios sobre los MP han surgido de la necesidad de examinar y explicar los experimentos narrativos de la ficción posmoderna, definidos por Bran Nicol en *The Cambridge Introduction to Postmodern Fiction* con las siguientes características:

- Reconocimiento autorreflexivo del propio estatus del texto como artefacto estético construido.
- Crítica implícita (o a veces explícita) de los enfoques realistas tanto de la narrativa como de la representación de un 'mundo' ficcional.
- Tendencia a llamar la atención del lector sobre su propio proceso de interpretación al leer el texto.[57]

Ryan se interesa por la ficción en general y por las formas innovadoras y experimentales creadas por los novelistas posmodernos, como Alain Robbe-Grillet, Italo Calvino, Gabriel García Márquez y John Fowles. Su trabajo abarca la distinción entre ficción y no ficción. Comenta en el capítulo «Fact, Fiction and Media» que la ficción es el uso de signos por parte del productor para invitar al usuario a imaginar, sin creerlos, estados de cosas en un mundo que difieren en algún aspecto del mundo real; la narrativa y la no-narrativa; el estudio de la tipología de los géneros literarios; las operaciones metaficcionales y transficcionales, y los mundos imposibles; la contraposición entre la metáfora del juego posmoderna y la metáfora del mundo.

Inicialmente, Ryan se apoya en los trabajos de McHale, quien se centra en los problemas de la creación del mundo ficcional posmoderno y en su rechazo creciente de la ficción realista. McHale describe el paso de la ficción moderna a la posmoderna como un cambio de enfoque, de un enfoque epistemológico a uno ontológico. En este sentido, mientras el modernismo se enfocaba en lo que podíamos conocer

---

[56] M.-L. Ryan, «Possible Worlds in Recent Literary Theory», 47.
[57] B. Nicol, *The Cambridge Introduction to Postmodern Fiction*, XVI.

sobre nosotros mismos y el mundo, el posmodernismo pregunta qué es un mundo, qué tipos de mundos existen y cómo difieren entre sí. Para el autor americano, el género que mejor ilustra este salto ontológico es la CF. Si bien coincido en la importancia de la noción de 'mundo' en la CF, pienso que el dominante ontológico no convierte automáticamente una obra literaria en una obra posmoderna, ni siquiera es suficiente que incluya temas posmodernos. Por ejemplo, *Neuromancer* de William Gibson, aunque presenta elementos que resuenan con la cultura posmoderna, como el consumismo, el capitalismo tardío y el dominio de lo virtual y lo digital, no se puede considerar posmoderno en su totalidad, ya que su estructura narrativa y su tratamiento de la realidad y la identidad ofrecen un enfoque que, aunque contemporáneo, mantiene vínculos más estrechos con tradiciones literarias anteriores.

La teoría literaria de los MP ofrece herramientas para comprender la novedad de la literatura posmoderna, su comprensión fragmentada de la realidad (se prefieren la pluralidad de los juegos del lenguaje y la diversidad de los pequeños relatos y desaparecen los grandes relatos con pretensión de universalidad) y su lógica múltiple y a veces contradictoria (*cf.* los mundos imposibles). Ryan analiza la literatura posmoderna a partir de la construcción o desconstrucción de mundos que a menudo carecen de propiedades y estabilidad. He resumido su pensamiento en el cuadro siguiente.

Estrategias	Ejemplos
Multiplicación de los mundos dentro del dominio semántico del texto	Abre ventanas en los submundos de la subjetividad, en un incesante movimiento de un mundo a otro y de un universo a otro.
Permeabilidad de las fronteras de los mundos	Las fronteras se vuelven invisibles: los mundos se derraman uno dentro del otro y el lector pierde el sentido de dónde termina lo real y dónde empieza lo virtual.
Negativa en elegir entre alternativas conflictivas	Presenta desarrollos mutuamente incompatibles y desafía la doctrina de la unicidad del MA.
Dificultad para juzgar globalmente la distancia entre el mundo ficcional y el MA	Desafía la posibilidad de medir esa distancia de forma uniforme creando mundos heterogéneos con regiones contaminadas que parecen en el mismo tiempo muy cercanas y lejanas: muy cercanas a causa de las numerosas importaciones del MA y muy lejanas debido a la transgresión de la lógica de las leyes físicas.

Estrategias	Ejemplos
Estatus incierto de los personajes	Los autores se encuentran con sus personajes y los personajes son conscientes de su ficcionalidad. Esa transgresión de la jerarquía ontológica marca una 'ontología desestabilizada' privada de un centro donde cada realidad puede ser desmitificada (real o soñada por otro).
Migración de los personajes a través de un préstamo intertextual	Se establecen relaciones entre los habitantes de los diferentes mundos. Por ejemplo, la *Lolita* de Nabokov aparece en una novela de Gilbert Sorrentino; Pierre Mesnard (Borges) juega a las cartas con el Buendías (García Márquez) en una novela de C. Fuentes.

MA: mundo actual.

El análisis de las obras seleccionadas determinará si las novelas de CF pertenecen a la categoría de literatura posmoderna.

Creo que mi exploración, a pesar de sus limitaciones, me ha permitido comprender suficientemente el pensamiento de M.-L. Ryan para adaptar su teoría al género de la CF (la construcción del mundo ficcional, el modelo de mundos, las relaciones entre el mundo ficcional y el MA, etc.). Aunque, como señala Ryan, no es estrictamente necesario recurrir a la teoría de los MP para entender que la imaginación puede crear mundos y que los lectores pueden sumergirse en ellos:

> …la teoría de los MP, al basarse en un contraste entre un mundo actual o real y muchos otros meramente posibles, explica la inmersión en estos mundos postulando un acontecimiento de «recentralización» imaginativo, o transporte por el cual los usuarios consideran los mundos posibles de la ficción como reales en la ficción, y pretenden ser miembros de estos mundos…[58]

Es importante tener en cuenta al analizar específicamente novelas de CF, que Ryan tiende a aproximarse a la ficción de manera teórica, a través de lo que ella llama '*distant reading*' y no tanto desde el estudio detallado de textos individuales.

---

[58] M.-L. Ryan, «Entrevista a Marie-Laure Ryan; la narratología, acceso privilegiado a lo universal», pregunta 2.

REFERENCIAS BIBLIOGRÁFICAS

Ryan, M.-L. (2015). Entrevista a Marie-Laure Ryan. *Revista LUTHOR*. Disponible en: https://www.revistaluthor.com.ar/ojs/index.php/luthor/article/view/145/150. El original en inglés está solamente disponible en la página web de Marie-Laure Ryan: http://www.marilaur.info/luthor.pdf.

Searle, J. (1975). The Logical Status of Fictional Discourse. *New Literary History*, 6(2), 319-332.

El dominio ontológico

Aristóteles (1974). *Poética* (V. García Yebra, ed.). Madrid: Gredos.

Kripke, S. (2000). Identity and necessity. En R. J. Stainton (Ed.), *Perspectives in the Philosophy of Language: A Concise Anthology* (pp. 93-121). Peterborough, Canadá: Broadview Press.

Loux, M. J. (2002). *Metaphysics: A Contemporary Introduction*. London: Psychology Press.

Ryan, M.-L. (1991). *Possible worlds: Artificial intelligence and narrative theory*. Bloomington, Indiana, Estados Unidos: Indiana University Press. Recibió el «Prize for Independent Scholars from the Modern Language Association» de 1991.

— (2006). From Parallel Universes to Possible Worlds: Ontological Pluralism in Physics, Narratology and Narrative. *Poetics Today*, 27(4), 633-674.

— (2006). Entrevista a Marie-Laure Ryan en una conferencia de la universidad París-Diderot.

— (2013). Impossible Worlds and Aesthetic illusion. En W. Wolf, W. Bernhart, y S (Eds.), *Immersion and Distance: Aesthetic Illusion in Literature and Other Media* (pp. 131-151). Amsterdam: Rodopi.

El dominio fenomenológico o pragmático

Ryan, M.-L. (2016, September). *From Possible Worlds to Storyworlds: On the Worldness of Narrative Representation*. Plenary lecture presented at the conference on «Expanding Universes: Exploring Transmedial and Transfictional Ways of Worldbuilding», Jagellonian University, Krakow, Poland.

Walton, K. L. (1990). *Mimesis as Make-believe: On the Foundations of the Representational Arts*. Cambridge, MA/London: Harvard University Press.

El universo ficcional

Eco, U. (1985). *Lector in fabula*. París: Grasset.

Ryan, M.-L., y Bell, A. (Eds.). (2019). *Possible Worlds Theory and Contemporary Narratology*. Lincoln/London: University of Nebraska Press.

RYAN, M.-L., y Bell, A. (Eds.). (2006). From Parallel Universes to Possible Worlds: Ontological Pluralism in Physics, Narratology and Narrative. *Poetics Today*, *27*(4), 633-674.

— (2015). Narratologie et sciences cognitives: une relation problématique. *Cahiers de Narratologie. Analyse et théorie narratives*, *28*, 1-23.

SAINT-GELAIS, R. (2011). *Fictions transfuges*. París: Editions du Seuil.

VAINA, L. (1977). Les Mondes possibles du texte. *Versus*, *17*, 7-13.

La tipología de los mundos ficcionales

ALBALADEJO, M. T. (1998). *Teoría de los mundos posibles y macroestructura narrativa: Análisis de las novelas cortas de Clarín*. Alicante: Universidad de Alicante.

BORGES, J. L. (1980). Magias parciales del Quijote. En *El Quijote de Cervantes* (pp. 103-105). Madrid: Taurus Ediciones.

— (1993). *El jardín de senderos que se bifurcan*. Madrid: Primera Plana.

— (2011). *El libro de arena*. Madrid: Debolsillo.

CARRÈRE, E. (2014). *La moustache*. París: POL éditeur.

COOVER, R. (2011). *Pricksongs & Descants*. London: Penguin UK.

DANIELEWSKI, M. Z. (2000). *House of Leaves*. New York: Pantheon.

DICK, P. K. (2012). *Counter-Clock World*. Boston: Houghton Mifflin Harcourt.

DOLEEL, L. (1998). *Heterocosmica: Fiction and Possible Worlds*. Baltimore: Johns Hopkins University Press. En su versión española (1999). *Heterocósmica: Ficción y Mundos Posibles*. Madrid: Arco/Libros.

FOWLES, J. (2012). *The French lieutenant's woman*. New York: Little Brown.

FOER, J. S. (2010, 7 de junio). Here We Aren't, So Quickly. *The New Yorker*. Disponible en: https://www.newyorker.com/magazine/2010/06/14/here-we-arent-so-quickly

MAÎTRE, D. (1983). *Literature and Possible Worlds*. London: Middlesex Polytechnic Press.

ROBBE-GRILLET, A., & GENETTE, G. (1959). *Dans le labyrinthe*. París: Éditions de Minuit.

RYAN, M.-L. (1981). On the why, what and how of generic taxonomy. Introduction to a special issue on genre. *Poetics*, *10*(2-3), 109-126.

— (2004). Metaleptic Machines. *Semiotica*, *150*, 439-469.

— (2005). Logique culturelle de la métalepse ou la métalepse dans tous ses états. En J.-M. Schaeffer y J. Pier (Eds.), *Métalepses. Entorses au pacte de la représentation* (pp. 201-224). París: CNRS Éditions.

— (2009). Temporal Paradoxes in Narrative. *Style*, *43*(2), 142-164.

— (2012). Impossible Worlds. En J. Bray, A. Gibbon y B. McHale (Eds.), *The Routledge Companion to Experimental Literature* (pp. 368-379). London: Routledge.

El principio de 'desviación mínima'

GÓMEZ TORRENTE, M. (1993). La teoría semántica de las lógicas condicionales de Stalnaker y Lewis. *Agora*, *12*(2), 57-78.

Lewis, D. (1971). Completeness and Decidability of three Logics of Counterfactual Conditionals. *Theoria*, *37*(1), 74-85.

— (1973). *Counterfactuals and Comparative Possibility*. Dordrecht: Springer.

Pavel, T. (2010). Univers de fiction: un parcours personnel. En F. Lavocat (Ed.), *La théorie littéraire des mondes possibles*. París: CNRS Éditions.

Ryan, M.-L. (1980). Fiction, non-factuals, and the principle of minimal departure. *Poetics*, *9*(4), 403-422.

— (1981). Criticism, Pleasure, and Truth: A Typology of Critical Statements. En P. Hernadi (Ed.), *What Is Criticism* (pp. 52-64). Bloomington: Indiana University Press.

Las verdades ficcionales y literarias

Lewis, D. (1978). Truth in Fiction. *American Philosophical Quarterly*, *15*(1), 37-46.

Ryan, M.-L. (1998). Truth without Scare Quotes: Post-Sokalian Genre Theory. *New Literary History*, *29*(4), 811-830.

— (2019). Truth of fiction versus truth in fiction, Finzioni. Verità, bugie, mondi possibili. *Between*, *IX*(18). Disponible en: https://ojs.unica.it/index.php/between/article/view/3843. [consultado: 8-12-2019].

Simmons, D. (1995). *Hyperion* [Versión Kindle]. New York: Random House Publishing Group. (Edición original publicada en 1989 por Doubleday, New York).

— (2008). *Los cantos de Hyperion* [Versión Kindle]. Barcelona: Ediciones B. (Trad. Carlos Alberto Gardini).

Las aplicaciones

McHale, B. (2003). *Postmodernist Fiction*. London/New York: Routledge.

Nicol, B. (2009). *The Cambridge Introduction to Postmodern Fiction*. Cambridge: Cambridge University Press.

Ryan, M.-L. (1986). Embedded narratives and the structure of plans. *Text - Interdiscip. J. Study Discourse*, *6*(1), 107-142.

— (1987). On the Window Structure of Narrative Discourse. *Semiotica*, *64*(1/2), 59-81.

— (1992). Les Modes de la Narrativité et leurs métaphores visuelles [The Modes of Narrativity and their Visual Metaphors]. En J.-L. Brau & G. Lavergne (Eds.), *La Focalisation. Actes du Colloque International sur la Focalisation Narrative, 12-13-14 juin 1991* (pp. 277-288). Nice: Université de Nice.

— (1995). From Possible Worlds to Virtual Reality - Introduction. *Style*, *29*(2), 173-183.

— (1997). Postmodernism and the Doctrine of Panfictionality. *Narrative*, *5*(2), 165-187.

— (1998). The Text as World versus the Text as Game: Possible Worlds Semantics and Postmodern Theory. *Journal of Literary Semantics*, *27*(3), 137-163.

— (2001). *Narrative as Virtual Reality: Immersion and Interactivity in Literature and Electronic Media*. Baltimore: Johns Hopkins University Press.

Ryan, M.-L. (2004). *La narración como realidad virtual: la inmersión y la interactividad en la literatura y en los medios electrónicos* (Trad. M. F. Soto). Barcelona: Paidós.

— (2007). Toward a Definition of Narrative. En D. Herman (Ed.), *The Cambridge Companion to Narrative* (pp. 22-36). Cambridge: Cambridge University Press.

— (2010). Narrativity and its Modes as culture-transcending Analytical Categories. *Japan Forum, 21*(3), 307-323.

— (2014). L'expérience de L'espace dans les jeux vidéo et les récits numériques [The experience of Space in Video Games and Digital Narratives]. *Cahiers de Narratologie. Analyse et théorie narratives, 27*, 1-14. Disponible en: https://doi.org/10.4000/narratologie.6997

— (2016). Sequence, Linearity, Spatiality or: Why be afraid of Fixed Narrative Order. En R. Baroni & F. Revaz (Eds.), *Narrative Sequence in Contemporary Narratology* (pp. 175-193). Columbus: Ohio State University Press.

— (2019). Narrative as/and Complex Systems/s. En M. Grishakova & M. Poulaki (Eds.), *Narrative Complexity: Cognition, Embodiment, Evolution* (pp. 29-56). Lincoln: University of Nebraska Press.

Ryan, M.-L., Foote, K., & Azaryahu, M. (2016). *Narrating Space, Spatializing Narrative. Where Narrative and Geography Meet*. Columbus: Ohio State University Press.

Ryan, M.-L., Lashley, M. C., & Creech, B. (2017). A Forum on Digital Storytelling| Interview with Marie-Laure Ryan. *International Journal of Communication, 11*, 6-12.

PARTE 2

El método de análisis

Capítulo 3

Adaptación
del modelo de Ryan

¿DE QUÉ IMAGEN DEL MUNDO ACTUAL PARTE EL AUTOR?

El dominio ontológico

Ryan elabora un modelo de mundos que hereda de la filosofía del lenguaje, distinguiendo entre la realidad efectiva (mundo) y la realidad no efectiva (posible), así como de la semántica modal, donde lo 'posible' se interpreta como un operador que indica que el mundo podría adoptar otra configuración. Por consiguiente, examina los mundos desde una perspectiva lógica, considerándolos como objetos de un proceso mental. De esta manera, desde la óptica del mundo actual, el mundo ficcional se presenta como un MP alternativo que surge del texto y forma parte de la realidad (*cf.* el enfoque realista), aunque con una existencia mental en lugar de física.

Ryan defiende un modelo centralizado donde el mundo actual conserva su estatus ontológico privilegiado y se opone a los MP (figura 8). Los círculos verdes (MP) simbolizan los mundos ficcionales que, dependiendo de la dificultad para representarlos, se encuentran más o menos cerca del mundo actual (el círculo rojo). Así, el mundo de la novela realista está más cerca de lo real que el mundo del cuento de hadas porque su actualización no requiere una modificación de las leyes físicas. Esta distancia entre el mundo actual y los MP que se mide a partir de su grado de referencialidad (sus relaciones de accesibilidad) ha sido esencial para diseñar una nueva tipología de los géneros literarios, a pesar de que algunos hayan cuestionado su punto de partida (su adecuación a lo «real o posible»).

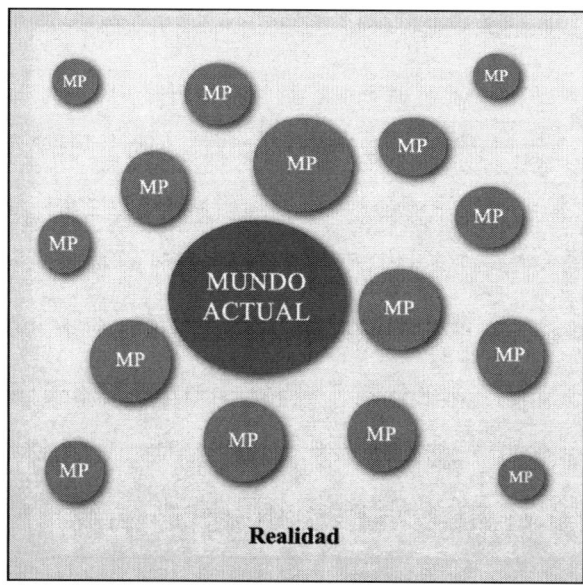

Figura 8. El modelo de mundos de Ryan.

Estoy de acuerdo con Ryan en que la ficción hace variar lo real (puedo incluso adelantar que, en muchos casos, la ciencia-ficción lo anticipa), no obstante, me distancio un poco de su enfoque lógico y prefiero una perspectiva más realista, donde los mundos ficcionales no son MP que 'gravitan alrededor de nuestro mundo', desde una órbita más o menos alejada, sino mundos imaginarios que 'emergen de nuestro mundo'. Para respaldar esta postura, me apoyo en varios escritos de Julián Marías y en el poema *Mitopoeia* de J. R. R. Tolkien,[59] quien escribe en el contexto de un estudio sobre la *fantasy*, pero que podemos aplicar a toda obra de arte. Ambos autores parten de la premisa de una única realidad objetiva, en la que los mundos de la ficción se insertan, convirtiéndose así en parte integral de nuestro mundo, al igual que el lenguaje y el pensamiento que los animan. El mundo ficcional deja de ser una mera construcción lógica para convertirse en una realidad psíquica, producto de la imaginación, cuya esencia radica en la creación de imágenes e ideas en nuestra mente. Podemos imaginar, retomando un ejemplo de Tolkien, un dragón que tiene una forma, un color y un olor, y que susurra una melodía o cuenta una historia. Así, la ficción testimonia la libertad del espíritu humano, un espíritu que no está esclavizado por la percepción de la realidad (aunque, obviamente, parte de ella), un espíritu que nos muestra que el mundo podría

---

[59] J. R. R. Tolkien, *Árbol y hoja y el poema Mitopoeia*, Minotauro, 1997. Todas las citas de Tolkien están tomadas de este libro de la página 22 a la 43.

ser diferente. Escribe Tolkien: «Lo que en verdad sucede es que el inventor de cuentos demuestra ser un atinado 'sub-creador'».[60]

Para ilustrar este concepto, Tolkien denomina al mundo real objetivo (el mundo actual según Ryan) el 'Mundo Primario' (o realidad primaria), mientras que el mundo creado por el autor (la ficción) se convierte en el 'Mundo Secundario' (o realidad secundaria). Aquí, 'Secundario' no denota una connotación negativa de inferioridad o subordinación, sino más bien una cuestión de secuencia (segundo en orden) y dependencia (no principal, sino derivado). Es evidente, como señala D. Salmón, que la experiencia de la realidad precede a la experiencia de la ficción, por eso nadie puede imaginar aquello que no existe y nadie, salvo que sea Dios, puede crear sobre la nada. El texto de Mentxakatorre Odriozola, en su estudio de la subcreación en Tolkien, lo expresa perfectamente: «De acuerdo con la palabra subcreadora, la expresión poética construye un nuevo mundo de significado sobre la realidad dada, como respuesta a su donación y sobreabundancia».[61] Resumo este concepto de la siguiente manera: el artista 1) parte de una profunda comprensión de la realidad (su Mundo Primario); 2) explora sus múltiples significados potenciales para liberarlos, y 3) los presenta como una subcreación en un mundo coherente (Mundo Secundario), es decir, en una construcción literaria. Por lo tanto, esos mundos secundarios, aunque desbordan los datos sensibles que nos proporciona el Mundo Primario, implican siempre lo real, más aún, pueden ser una herramienta para desvelar la realidad.

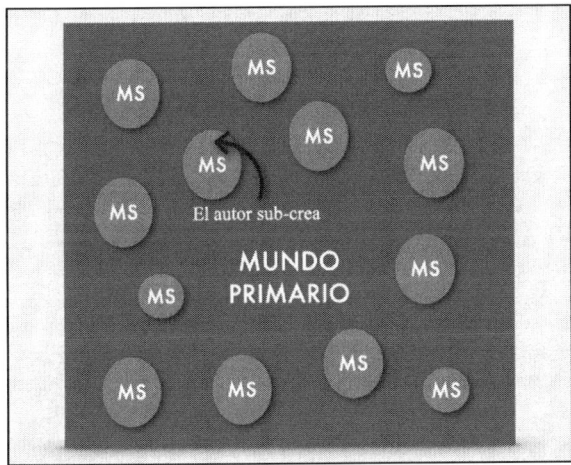

Figura 9. El Mundo Primario y los Mundos Secundarios (MS) de Tolkien.
Elaboración propia.

---

[60] J. R. R. Tolkien, *Árbol y hoja y el poema Mitopoeia*, 39.

[61] J. Mentxakatorre Odriozola, «J. R. R. Tolkien: el fundamento filosófico de la palabra subcreadora», 148.

En mi propuesta, he conservado los conceptos de Mundo Primario y Mundos Secundarios, los cuales me permiten abordar tanto los aspectos ontológicos y pragmáticos, como los literarios y metafóricos (figura 9). Sin embargo, para evitar confusiones entre los Mundos Secundarios y les *mondes seconds* del ámbito literario francés contemporáneo que indican la inserción de una ficción dentro de otra, he optado por referirme simplemente a ellos como 'mundos ficcionales', término que engloba tanto los Mundos Secundarios de Tolkien como los MP de Ryan.

El dominio pragmático

Ryan emplea dos niveles para explicar la dinámica de los textos de ficción y su relación con los mundos del autor y del lector. En el primer nivel (el de la realidad objetiva), un autor del mundo real dirige un texto a un público ubicado en ese mismo contexto. El lector, por su parte, percibe el texto como una representación de un mundo imaginario. En el segundo nivel (el ficcional), un narrador presenta un texto al público como una representación de una realidad autónoma. Porque parte de un modelo donde los objetos que tienen un fundamento objetivo se disocian de los que dependen de un proceso mental, Ryan no establece relaciones entre los objetos del primer nivel, por ejemplo, el libro de ficción como 'objeto de papel', y el segundo nivel, el mundo ficcional construido a partir del texto. La única relación que contempla es de orden pragmático o funcional, y se centra en la vinculación que existe entre el autor-lector y el mundo ficcional.

Gracias a un juego de rol (*faire-semblant de croire* o *make-believe*), el autor y el lector pretenden ser miembros del mundo ficcional que asumen como verdadero. El principio de recentralización convierte el mundo ficcional, que inicialmente es puramente mental, en un mundo-actualizado-para-el lector en el momento de la lectura: «Una vez inmersos en la ficción, los personajes adquieren una sensación de realidad para nosotros, y el mundo en el que viven ocupa temporalmente el lugar del mundo real».[62]

La ficción, producto de la actividad textual y la imaginación poética, se convierte en un hábitat humano. Se observa una evolución en el estatus, modo de ser y de habitar el mundo de los personajes, que pasan de ser meros seres de papel a personas posibles con las cuales el lector se identifica o empatiza. Gracias a esa doble perspectiva, M.-L. Ryan reconcilia la creencia intuitiva del carácter único del mundo real

---

[62] M.-L. Ryan, *Possible worlds. Artificial intelligence and narrative theory*, 21.

efectivo y el hecho de que el lector pretenda que los hechos contados en el mundo ficcional y el mundo que se describe son verdaderos (*make-believe*). Este paso de una calificación ontológica o metafísica a una especificidad más pragmática colma en cierta forma las insuficiencias del giro lingüístico, aunque sigue dejando fuera otros aspectos (el aspecto estético, por ejemplo).

Además, M.-L. Ryan considera la coherencia constructiva de la obra literaria, ya que para que el lector actualice el mundo ficcional durante la lectura, este debe respetar ciertas normas de credibilidad. Así, además de la cuestión pragmática, se agrega la credibilidad formal que implica las condiciones necesarias para que un universo narrativo sea completo, coherente e inmersivo (como la inteligibilidad del relato, la ordenación y la composición, entre otros aspectos). En «Immersion Versus Interactivity: Virtual Reality and Literary Theory», explica que la sensación de inmersión y empatía del lector depende de la eficacia y profundidad de la información. Es obvio que las descripciones detalladas conducen a un mayor sentido de pertenencia que una narración incompleta. Esto explica por qué es más fácil ser atrapado en una historia ficcional que en un artículo de periódico.

Tolkien, por su parte, también argumenta en el poema *Mitopoeia* que el autor, mediante su habilidad artística, construye una nueva realidad independiente, un Mundo Secundario que abre las puertas a otro espacio y tiempo, como se evidencia claramente en la fantasía y la ciencia ficción (CF). Lo ilustra con este ejemplo:

> Jamás me pasó por la imaginación que el dragón fuese de la misma familia que el caballo. Y no era solo porque viera caballos a diario y jamás ni tan solo la huella de un saurio. Era que el dragón llevaba patente sobre su lomo la impronta *de fantasía*. Cualquiera que fuese el mundo en que él viviese se trataba de Otro mundo.[63]

Este enfoque resalta la capacidad poética del autor para crear mundos en obras de ficción.

Para lograr la credibilidad necesaria a la inmersión, el autor debe ser capaz a través del texto de subcrear con acierto, a partir del Mundo Primario, un Mundo Secundario en el que la mente del lector puede entrar, es decir, un mundo que el lector considere real. Para lograr esto, no es necesario que la narrativa se ajuste a la realidad, como señala J. M. Pozuelo Yvancos en *Poética de la ficción*: «Las cosas son o no verdaderas: se hacen verdaderas a los ojos del lector por medio de la composición artística».[64] Ryan y Doležel lo expresan de otra forma: el texto crea su propio

---

[63] J. R. R. Tolkien, *Árbol y hoja y el poema Mitopoeia*, 36.
[64] J. M. Pozuelo Yvancos, *Poética de la ficción*, 49.

referente. Por lo tanto, la verosimilitud se consigue al mantener la coherencia interna de la realidad, no al replicar el Mundo Primario.

El mundo ficcional siempre tiene un fundamento en el Mundo Primario y por lo tanto es en cierta forma mimético, pero la mímesis es un concepto filosófico que ha evolucionado a lo largo de la historia del pensamiento occidental, con diferentes interpretaciones según los contextos filosóficos, estéticos y literarios en los que ha sido utilizado. Tiene su origen en la Antigua Grecia, donde fue desarrollado principalmente por Platón y Aristóteles. Para Platón, la mímesis era entendida como imitación, pero con una connotación negativa por ser una copia de la realidad sensible y alejar al ser humano de las ideas puras,[65] de ahí para muchos el carácter ficticio (no verdadero) de la ficción. Aristóteles, por el contrario, ofrece una reinterpretación más positiva de la mímesis en su obra *Poética*.[66] Según Aristóteles, la mímesis es la imitación de la acción humana, pero no una copia servil de la realidad, sino una representación que tiene el potencial de revelar verdades universales. Durante la Edad Media, el concepto de mímesis fue reinterpretado en el contexto del pensamiento cristiano. La mímesis en este contexto estaba relacionada con la idea de la creación divina como el 'modelo' por excelencia, y las obras humanas como reflejos de esa creación. En este contexto, se entiende mejor el concepto de 'sub-creación' de Tolkien.[67] Tomás Albaladejo, en su obra *Semántica de la narración: la ficción realista*, hace un tratamiento de la mímesis desde un punto de vista semiótico muy valioso, donde explica que, lejos de copiar sin más la realidad:

> …la mímesis es representación literaria que implica por un lado proximidad a la realidad y, a la vez, por otro lado, invención de realidad. […] Esto hace que la mímesis no sea imitación por el hecho de que se trate de reproducción directa de la realidad efectiva, sino porque reproduce constantes de funcionamiento de esta realidad, en medio de las cuales están situados hechos concretos.[68]

De esta forma, Tolkien puede afirmar: «El quid del cuento no está en considerar a las ranas como posibles cónyuges, sino en la necesidad de cumplir las promesas».[69]

---

[65] Platón, *La República*, 144-155; 381-399.

[66] Aristóteles (1999). *Poética*, 55-73.

[67] Erich Auerbach ofrece una interpretación filológica del concepto en su obra *Mimesis: la representación de la realidad en la literatura occidental* (1946). Para él, la mímesis es un proceso dinámico y evolutivo, que varía en cada contexto histórico y literario. Sigue siendo un concepto central para entender la relación entre arte, realidad y verdad.

[68] T. Albaladejo, *Semántica de la narración: la ficción realista*, 33.

[69] J. R. R. Tolkien, *Árbol y hoja y el poema Mitopoeia*, 33.

Julián Marías insiste también en la correcta interpretación de la realidad humana porque «cuando la narración no 'fluye', cuando tropezamos en ella y nos parece inverosímil, es que el autor ha ejercido violencia sobre la condición de la vida humana».[70] Todo depende, pues, del arte del autor para lograr credibilidad y consecuentemente la inmersión del lector en el mundo ficcional. Por ello, será importante la mirada literaria en nuestro estudio de las novelas de CF.

EL MARCO REFERENCIAL

El autor no crea su mundo ficcional desde la nada, como acertadamente señala García-Noblejas en *Comunicación y mundos posibles*: «Toda novela arrastra ineluctablemente algo de su autor: su vida real, su vida posible o su propio pensamiento».[71] El Mundo Primario desempeña un papel activo en la génesis de los mundos ficcionales, no solo en su producción, por ejemplo, cuando numerosos espacios imaginarios surgen de la combinación de datos provenientes de diversos lugares del Mundo Primario que el autor transforma en la geografía de Otros mundos, sino también en su interpretación que se basa en modelos del mundo actual. También señala M.-L. Ryan en «Fiction as a Logical, Ontological, and Illocutionary Issue», que el discurso de ficción no crea un mundo *ex nihilo*, sino que puebla con individuos y sus aventuras un paisaje general cuyos rasgos característicos ya conoce el lector. Este paisaje general está establecido por otros textos del mismo género y deriva en última instancia de la experiencia de la realidad del lector.[72]

El Mundo Primario penetra en los mundos ficcionales proporcionando modelos, y a su vez, los mundos ficcionales toman 'materiales' del Mundo Primario que transforman. Estos materiales extraídos de la realidad primaria los he denominado 'referencias extra-ficcionales'. He destacado en cada novela las más importantes para obtener elementos valiosos en el estudio de la relación entre la realidad y lo imaginario.

La teoría literaria de los MP también explica cómo los mundos ficcionales se convierten en mundos de referencia para acceder a otros mundos ficcionales. Se presentan dos casos: 1) Si se trata de una simple alusión a otra obra ficcional (libro, película, videojuego), que en calidad de objeto pertenece al Mundo Primario, se mantendrá en el ámbito de las referencias extra-ficcionales, y 2) si el mundo ficcional se introduce en otro mundo ficcional como resultado de la intertextualidad

---

[70] J. Marías, *La imagen de la vida humana*, 31.

[71] J. J. García-Noblejas, *Comunicación y mundos posibles*, 116.

[72] M.-L. Ryan, «Fiction as a Logical...», 126-127.

y se establecen conexiones que vinculan las obras literarias, entonces las llamaré 'referencias inter-ficcionales'. Las palabras extra-ficcionales e inter-ficcionales las he tomado del libro de F. Lavocat, *Fait et fiction*.[73]

El grado de inter-ficcionalidad varía desde la simple cita hasta la inserción y utilización de elementos significativos (universos de referencia y datos enciclopédicos) para la construcción del mundo ficcional. Es muy común que las obras de CF incorporen elementos de otros mundos de CF preexistentes, e incluso que una novela de CF se convierta en el mundo ficcional de otra obra posterior, creando así nuevos mundos a partir de otros más antiguos. Por ejemplo, la historia de la detective Brawne Lamia en *Hyperion* de Dan Simmons (1989) se basa en el *novum* de la novela *Neuromancer* de William Gibson (1984).

¿CÓMO EL AUTOR CREA UN NUEVO MUNDO DE CIENCIA-FICCIÓN?

LA IMAGINACIÓN Y LA POSIBILIDAD

En la investigación sobre los mundos de CF, me he centrado en el mundo imaginario que el autor subcrea gracias a su arte, y en el que el lector se sumerge durante la lectura, es decir, el mundo ficcional. De esta manera, la imaginación crea alternativas o nuevas posibilidades a la realidad, una facultad esencial para el desarrollo humano. Mediante el pensamiento y la imaginación, constantemente creamos alternativas contrafácticas en nuestra mente, sin las cuales nuestro mundo cognitivo quedaría empobrecido. Byrne subraya que: «Las personas que no pudieran crear alternativas contrafácticas a la realidad se quedarían estancadas en los hechos. No podrían conjeturar cómo podrían haber sido las cosas de otra manera».[74] Los beneficios de estas alternativas contrafácticas se manifiestan especialmente en la imaginación poética, como lo describe T. Pavel en su conferencia «Comment écouter la littérature». Comenta que la literatura crea un retiro imaginario, lejos del aquí y ahora, sacando a la superficie, por así decirlo, una vida 'diferente' que tiene la ventaja de aliviar la presión y la estrechez de la experiencia vivida, sin competir con el entorno vital.[75]

Julián Marías señala en su obra *España inteligible* que estas situaciones imaginarias, que luchan por liberar el pensamiento de la aparente inflexibilidad de la realidad, responden a una intuición: «No puedo entender lo que hago si no lo pongo

---

[73] F. Lavocat, *Fait et fiction*, 390.

[74] R. M. J. Byrne, *The Rational Imagination*, 97.

[75] T. Pavel, *Comment* écouter la littérature, 29.

sobre el fondo de lo que puedo hacer».[76] Esta anticipación imaginativa necesaria para nuestra vida cotidiana es indispensable cuando se trata de proyectar el futuro, una habilidad exclusivamente humana que desarrolla en su *Antropología metafísica*, porque la persona es alguien orientada hacia el futuro, es *futuriza*. Tiene que pensar su vida, soñarla antes de vivirla y, por lo tanto, la realidad humana (la realidad personal) es algo que es menester imaginar. Lo explica también Marías en otra obra, *Introducción a la filosofía*, donde escribe:

> Ese algo que tengo yo que hacer y que es mi vida, no solo no está hecho, sino que ni siquiera me está dado lo que tengo que hacer; es decir, no se trata de que yo tenga que 'realizar' algo que en principio ya está decidido de antemano, sino que, además de hacer mi vida, tengo que decidir previamente cuál va a ser esta; en otros términos, tengo que *proyectarla*, lanzarla hacia adelante mediante la imaginación o fantasía para poder hacerla.[77]

Sin esta proyección, estaríamos más limitados en nuestra capacidad de concebir nuevas ideas o productos, ya que muchos proyectos han surgido y se han hecho realidad al imaginarlos primero. Además, esta capacidad de imaginar es especialmente útil cuando la experimentación es imposible en las condiciones o circunstancias actuales. Jacques Bouveresse lo precisa en su libro *La connaissance de l'écrivain*. Escribe que el experimento mental es la única forma de experimentación que se puede utilizar cuando las situaciones que nos interesan pueden representarse, pero no realizarse, bien porque corresponden a condiciones límite o ideales (pueden pensarse, pero no hacerse realidad en la práctica), bien porque son intrínsecamente imposibles por razones de diversa índole, por ejemplo, éticas.[78] Esta experiencia de pensamiento hipotético implica imaginar posibilidades y explorar sus consecuencias a través de un proceso de simulación mental, una forma de pensar muy útil para examinar las relaciones de causa y efecto y evaluar los resultados. La CF la ha utilizado desde sus inicios y gracias a esta proyección mental ha preparado, en algunos casos, el terreno para la investigación científica.

LA PLURALIDAD DE MUNDOS DEL UNIVERSO FICCIONAL

Para la descripción interna del universo semántico proyectado por el texto, recurro nuevamente a la teoría literaria de los MP de Ryan. La investigadora suiza distingue

---

[76] J. Marías, *España inteligible. Razón histórica de las Españas*, 44.

[77] J. Marías, *Introducción a la filosofía*, 231.

[78] J. Bouveresse, *La connaissance de l'écrivain. Sur la littérature*, 116.

y separa, basándose en un modelo lógico, diferentes aspectos: los hechos presentados como actuales por el propio texto (el mundo actual textual), lo que existe únicamente en la mente de los personajes (los mundos relativos) y los mundos alternativos (los mundos virtuales, los mundos soñados y el relato dentro del relato). La figura 10 muestra cómo lo diseñé al inicio de la investigación.

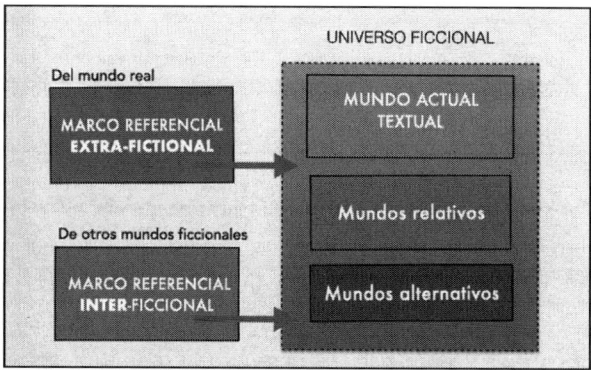

Figura 10. El primer modelo.

Durante la investigación, si bien he conservado la pluralidad de mundos, he tomado en cuenta las relaciones dialógicas que entrelazan la realidad y la imaginación. Por ello, partí de un único Mundo Primario (el mundo del autor/lector) y, en vez de yuxtaponer los mundos, los he colocado uno dentro del otro para resaltar la realidad orgánica (aunque no homogénea) del universo ficcional. He añadido, asimismo, las referencias extra e inter ficcionales (figura 11).

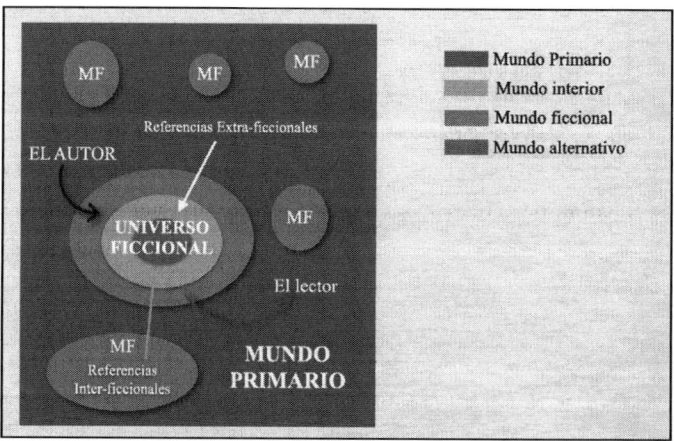

Figura 11. La pluralidad de mundos. MF: mundo ficcional.

El estudio de los mundos interiores ha enriquecido el análisis de la obra con otros elementos del ámbito humanístico. Siguiendo la propuesta de Ryan, en la figura 12 he distinguido entre el mundo ficcional objetivo (representado por el círculo verde), donde cada proposición 'p' posee un valor absoluto al existir independientemente de la mente de los personajes, y las representaciones personales de los personajes (simbolizadas por los círculos amarillos superpuestos), donde cada individuo experimenta conocimientos, creencias, deseos, temores, etc., de manera única.

En un correo del 5 de diciembre de 2019, Ryan me escribía que, obviamente, los mundos subjetivos forman parte de la realidad objetiva si anteponemos a las proposiciones que los constituyen 'x piensa (espera, teme, etc.) que p'. El círculo del mundo objetivo que consiste en las proposiciones 'p' tiene valor absoluto, es decir, no tiene prefijo. Esta distinción entre los mundos es de índole puramente lógica y se fundamenta en la semántica de la lógica modal.

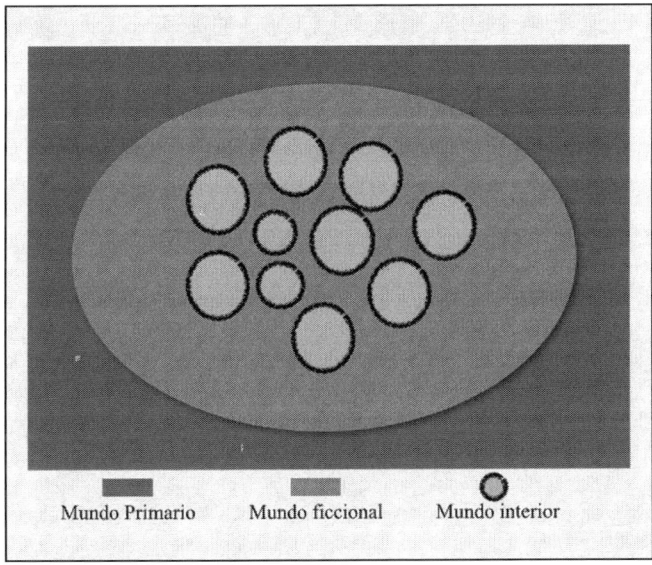

Figura 12. Los mundos interiores.

Amplié la propuesta de Ryan que considera el nivel individual, al agregar otra columna que aborda el nivel colectivo o social.

Mundos interiores	Individual	Colectivo o social
Mundo epistémico	Conocimiento o ignorancia	Ideas y creencias
Mundo modélico	Ideal individual de felicidad	Ideal colectivo de felicidad
Mundo deóntico	*El mundo intencional* Principios morales Libertad personal	*El mundo de las obligaciones* Reglas sociales Posibilidad de libertad
Mundo axiológico	*El mundo de los deseos* Deseos y miedos	*El mundo de los valores morales* Reglas morales

- Mundo epistémico. A nivel individual, se consideran las proposiciones conocidas como verdaderas por el personaje del mundo ficcional. En el ámbito colectivo, se abordan las ideas arraigadas en la sociedad, especialmente las creencias sobre la realidad que fundamentan las conductas del grupo social. José Ortega y Gasset desarrolla este tema en «Ideas y creencias»: las ideas se tienen (son ideas que son) y en las creencias se está (son ideas que somos). Por ejemplo, el concepto de espacio varía dependiendo de si se trata de una sociedad sedentaria, limitada a su entorno circundante, o de una sociedad cuyos miembros exploran los imperios galácticos. Estas concepciones no son objeto de reflexión para los miembros de tales sociedades, sino que son parte integral de su vida cotidiana. De manera similar, la percepción del tiempo difiere entre sociedades más primitivas, donde el pasado se transmite oralmente de generación en generación o en sociedades modernas con mentalidad historicista.
- Mundo modélico. Este concepto aborda la representación idealizada del mundo, tanto a nivel personal como social, donde cada protagonista aspira a un proyecto vital de felicidad, buscando alcanzarlo a pesar de las circunstancias adversas. Julián Marías precisa este aspecto en *La estructura social* al señalar que:

> La pretensión de felicidad de que se parte puede ser mínima —y, por tanto, muy fácil de satisfacer— o altísima e improbable; entre los dos extremos caben todos los grados y múltiples formas concretas. Hay sociedades aburridas, sociedades resignadas, sociedades moderadas, sociedades exaltadas, sociedades delirantes.[79]

[79] J. Marías, *La estructura social*, 197.

¿En qué medida las sociedades de CF contribuyen al logro de las expectativas específicas de felicidad de los personajes? ¿Y en qué medida abren la posibilidad de intentarlo?

- Mundo deóntico: este mundo se define por las obligaciones, siempre de naturaleza grupal, reguladas por un sistema de prohibiciones, permisos, obligaciones, recompensas y castigos. Dependiendo del grado de libertad, puede o no entrar en conflicto con el mundo intencional de los personajes cuando estos persiguen objetivos que difieren de las normas establecidas (conformidad/discrepancia). En una sociedad distópica, la libertad se concibe como la ausencia de restricciones, coacciones o presiones, mientras que en una sociedad utópica, se ve como la posibilidad real de proyectar y realizar la vida. Además de estas, hay otras circunstancias que pueden obstaculizar seriamente la búsqueda de la felicidad, como la escasez de recursos. Sin embargo, incluso la abundancia no garantiza la felicidad. El siguiente cuadro sintetiza el pensamiento de Marías.

Sociedad protectora	Sociedad despreocupada
Protege a sus individuos con un grueso caparazón de dispositivos sociales que les dan seguridad.	Deja a los individuos a la intemperie, en estado de indefensión y abandono.
La vida envuelve un mínimo de riesgos.	Están expuestos a todas las adversidades.
Las posibilidades de buscar la felicidad, sobre todo de inventarla y tratar de realizarla, son muy reducidas.	El hombre se encuentra en franquía para intentar, por su cuenta y riesgo, ser feliz.

- Mundo axiológico (bondad, maldad, indiferencia): este mundo se centra en los valores morales, contemplando la bondad o la maldad para todos los miembros de un grupo específico, mientras que el mundo de los deseos se refiere a lo que es bueno o malo para un personaje en particular.

También he prestado atención a lo que M.-L. Ryan denomina los mundos alternativos: los mundos virtuales, los sueños, las fantasías y las creaciones imaginativas (figura 13). Estos mundos dependen de un mundo ficcional que los incluye o los introduce, pero adquieren cierta autonomía (algunos textos podrían ser leídos de forma independiente), a diferencia de los mundos interiores de los personajes. Suelen presentar un cuadro espaciotemporal diferente, donde incluso pueden surgir otros personajes. Los mundos alternativos, aunque no sean exclusivos de la CF, son frecuentes y constituyen una de las particularidades de este género literario (mundos paralelos).

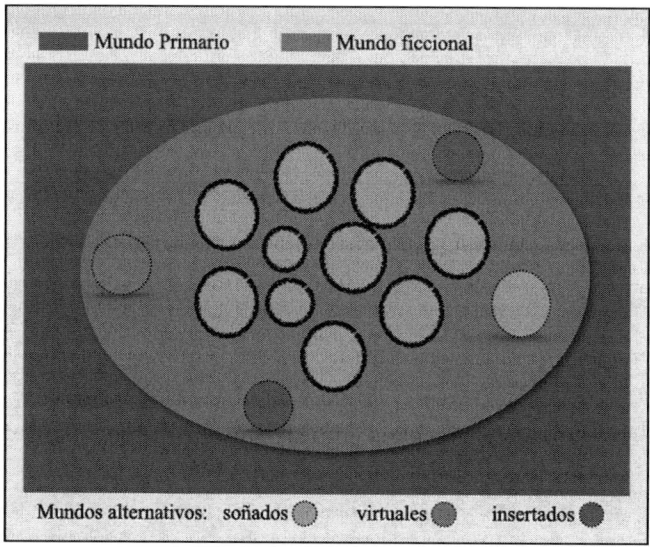

Figura 13. Los mundos alternativos.

Me he centrado en tres tipos:

- Los mundos virtuales que temporalmente ocupan el lugar del mundo real ficcional. Utilizamos el término 'virtual' para referirnos a todo lo experimentado en el ciberespacio, ya que estos mundos surgen de los avances en la ingeniería informática, los ordenadores y la tecnología digital, que tienen la capacidad de crearlos.
- Los mundos soñados construyen mundos separados. Desempeñan un papel relevante en la vida psicológica del individuo y su estudio ayuda a profundizar en el mundo interior de los personajes. Se experimentan como una experiencia del todo real, aunque aíslan de la realidad exterior al crear su propio mundo. En las novelas, los sueños se manifiestan de diversas formas, desde premoniciones (mensaje divino) hasta visiones oníricas (movimiento fisiológico y psíquico).
- Los mundos segundos ficcionales surgen o se insertan dentro de otros mundos ficcionales. Estos dos niveles a menudo se denominan 'ficción primera' y 'ficción segunda' en el mundo de habla francesa, ya que esta última sigue lógica y cronológicamente a la primera.

¿CÓMO AFECTAN ESTOS MUNDOS AL MUNDO DEL LECTOR?

A TRAVÉS DE UNA RELACIÓN DIALÓGICA

El mundo imaginario al que Tolkien denomina Mundo Secundario no se encuentra fuera ni alejado del Mundo Primario, sino que es parte integral de él, ya que se forma en la mente de personas reales, tanto del autor como del lector, de la misma manera que lo hacen sus pensamientos, sueños o fantasías. Desde una perspectiva realista, lo que une ambos ámbitos (Mundo Primario y Mundo Secundario) es una relación dialógica que entrelaza los dos modos en que el ser humano percibe la realidad.

Para explorar esta relación dialógica que la teoría literaria de los MP no aborda, recurro nuevamente a Julián Marías. Según el estudio de J. Pérez Duarte, «La imaginación en el pensamiento de Julián Marías», el filósofo español vincula el mundo real con la imaginación. El primero se despliega en dos perspectivas: la realidad de las cosas y la realidad proyectada por la imaginación. Esto significa que aparecen 'diversos modos de realidad'. La cuestión esencial, sin embargo, es que estas diversas formas de realidad se entrelazan y mezclan muy compleja y misteriosamente.[80]

El entrelazamiento de estos dos 'modos de realidad' también es objeto de estudio de las ciencias cognitivas, que demuestran que todo el tiempo, a todas horas, no solo percibimos nuestro entorno, sino que lo recreamos, lo manipulamos y lo reordenamos en el oscuro interior de nuestros cerebros. Para explicarlo, me he basado en el libro *Leer la mente. El cerebro y el arte de la ficción* de J. Volpi, así como en algunas de sus conferencias. En este libro de divulgación basado en estudios serios de investigación, el escritor mexicano explica las relaciones entre el cerebro y la ficción: cómo funciona nuestro cerebro cuando producimos ficciones y cómo funciona nuestro cerebro cuando consumimos ficciones. Abre perspectivas interesantes, aunque no comparto su explicación de cómo la consciencia (un fenómeno espiritual) puede emerger del cerebro (un órgano material). Por supuesto, mi objetivo no es realizar un estudio exhaustivo sobre el papel de la imaginación y la ficción en la formación de la inteligencia y la vida mental. Solo apuntaré algunas reflexiones sobre la relación entre la realidad de las cosas y la realidad proyectada por la imaginación.

De manera concisa, resumo el proceso mental descrito por Volpi: 1) La información proveniente de nuestros sentidos llega a nuestro cerebro; 2) de inmediato, nuestro cerebro recopila estos datos; 3) convierte esta experiencia sensorial en patrones cada vez más generales. El resto se olvida, ya que el cerebro solo necesita patrones

---

[80] J. Pérez Duarte, «La imaginación en el pensamiento de Julián Marías», 127.

de conducta que puedan ser recuperados fácilmente. Volpi utiliza una metáfora sugestiva para explicar lo que hace el cerebro con todos los recuerdos almacenados: es como si un archivista bibliotecario pudiera modificar el contenido de cada libro al antojo de cada persona que llega a pedirlo sabiendo para qué le va a ser útil. 4) Cuando nos encontramos ante una situación nueva, nuestro cerebro responde comparándola con los miles o millones de patrones acumulados a lo largo del tiempo, es decir, situaciones similares (pero no idénticas) que hemos experimentado. Mientras que para que un robot haga lo mismo, se necesita programarlo con una enorme cantidad de información, el ser humano utiliza los patrones almacenados en su cerebro y es capaz de reaccionar de inmediato ante situaciones incluso inesperadas, recordando e imitando experiencias pasadas. Al combinar estos patrones con la imaginación, el ser humano tiene la capacidad única de predecir lo que sucederá después. En su conferencia «Neuroliteratura», cuenta que gracias a nuestros 80 000 millones de neuronas y todo lo que ocurre en nuestro cerebro, nuestra imaginación es capaz de producir patrones de futuro a partir de los recuerdos del pasado.[81] Por ello, el ser humano está constantemente imaginando e inventando futuros posibles, no solo en la CF, sino también en su vida diaria.

Volpi también explica que el cerebro humano procesa de manera similar una imagen que proviene de la realidad y una imagen que proviene de la ficción. Una vez que estas percepciones llegan a nuestro cerebro durante la lectura, este las codifica y trata de reconstruir el mundo ficcional tal como el escritor lo concibió en la novela, de la misma manera que lo hace con las percepciones del Mundo Primario. El proceso mental que nos permite concebir a una persona real es similar o análogo al proceso mental que nos permite concebir a alguien inexistente y darle vida a través de las palabras. Esto significa que cuando estamos frente a una novela, la 'vivimos' como si fuera real y, por lo tanto, entendemos el mundo ficcional en primera persona. Volpi aclara en *Leer la mente*:

> En una novela o un cuento nunca *vemos* a los personajes, sino que un personaje —o, más bien, las ideas que forman a un personaje— nos invitan, primero, a identificarnos con él y, solo después, a representarlo de manera visual. Al imaginar a un personaje contamos entonces con una libertad inusitada, pues sus ideas se mezclan de maneras radicalmente distintas con las ideas (la experiencia) de cada lector particular.[82]

Los descubrimientos recientes en neurociencia apuntan en la misma dirección que las declaraciones de otras disciplinas más especulativas. Ryan parte de la teoría

---

[81] J. Volpi, Transcripción de la conferencia «Neuroliteratura».

[82] J. Volpi, *Leer la mente…*, 13.

literaria (en concreto de la pragmática) y enuncia dos principios: el principio de *make-believe* (el lector pretende creer que la ficción describe un mundo que es real y actual) y el principio de recentralización (el lector se transporta al mundo ficcional e imagina que pertenece a ese mundo). Tolkien, partiendo de la poética, describe el Mundo Secundario como un mundo en el que la mente puede entrar, considerado real por el lector. Marías, desde la filosofía, explica en *La imagen de la vida humana* cómo la ficción se permite el increíble lujo de duplicar el mundo y crear, junto con el real objetivo, en que tanto nos cuesta vivir, que nos da tantos quebraderos de cabeza, otro mundo.[83]

La pregunta es, ¿por qué los mundos y los personajes de ficción se vuelven tan reales para el lector? Ryan, quien ha tratado las aportaciones de las ciencias cognitivas a la narrativa, señala en «Narratologie et sciences cognitives», que se sabe que la experiencia espacial se localiza en una región y la experiencia de manipular un objeto en otra. Los experimentos de Zacks y Speer nos dicen que se estimulan las mismas regiones cuando leemos que el héroe de una historia se mueve dentro de una casa o agarra un objeto, y cuando realizamos las mismas actividades.[84] Para M.-L. Ryan, es evidente que existe algo en común entre actuar y observar una acción, o aprehender la imagen de un objeto y aprehender su referente. Además, con el descubrimiento de las neuronas espejo, los expertos afirman que cuando leemos una ficción imitamos los gestos y los movimientos del otro en nuestro cerebro (empatía). Aclara Volpi que las neuronas espejo nos permiten acumular patrones desde la imitación de los movimientos de los demás. Se activan viendo lo que hacen los otros, pero también cuando oímos historias en las que alguien se mueve y también cuando simplemente pensamos en alguien que se mueve. Gracias al descubrimiento de las neuronas espejo, se ha corroborado una intuición ancestral: leer una novela es como habitar el mundo. Cuando el lector se introduce con *Guerra y paz* en la Rusia de Alejandro I, o con *En busca del tiempo perdido* en la Francia de principios del siglo xx, su cerebro se comporta igual que cuando recorre las calles de su barrio. Obviamente, el cerebro sabe distinguir la realidad de la ficción; pero, mientras se mantiene allí, en la Rusia de Tolstoi o el París de Proust —mientras lee—, sus neuronas espejo se activan con una intensidad semejante a la que experimentan frente a un escenario auténtico. Entonces, aunque nuestra vida humana sea limitada y nuestra conciencia sea única, podemos con la imaginación vivir otras vidas y penetrar otras conciencias.

Un pensamiento al que se adelantó el filósofo Julián Marías cuando escribió en *La imagen de la vida humana* en 1955: «La ficción imaginativa significa ensayos de

---

[83] J. Marías, *La imagen de la vida humana*, 12.
[84] M.-L. Ryan, «Narratologie et sciences cognitives», 11.

vida, en los cuales el hombre asume y vive imaginariamente vidas distintas de la suya real. La lectura de novelas y relatos, la contemplación de ficciones escénicas o cinematográficas son el medio de adquisición de situaciones vitales o reacciones a ellas».[85] La lectura de ficciones nos transmite patrones que no se diferencian de aquellos que provienen directamente de nuestros sentidos (aunque obviamente el cerebro es capaz de ponerlos en contexto). Así, a través de las ficciones que experimentamos como reales, podemos ver cómo se comportan los demás. Podemos incluso aprender, sufrir y emocionarnos con los seres de ficción al igual que con los seres reales (y a veces más) y crear patrones socialmente relevantes (modos de comportarnos, de actuar y de reaccionar) que nos disponen para el futuro.

Concluyo que las ficciones nos preparan para la vida y nos hacen infinitamente más complejos e infinitamente más humanos. En palabras de la Dra. Romero y el Dr. Vicente Lozano: «La imaginación no nos aleja de la realidad, sino que es la llave que nos da acceso a sus muros interiores».[86] De esta forma, todas las obras literarias, incluidos los cuentos de hadas, que como escribe Tolkien no se ocupan mayormente de lo posible, sino de lo deseable, tienen la capacidad de generar unos patrones que se van pasando de una persona a otra, de una comunidad a otra, de una generación a otra. Esto se aplica también a la CF que, por el contrario, sí se ocupa de lo posible y responde a la lógica del 'si… entonces', construyendo una alternativa creíble del Mundo Primario (lo que podría ocurrir si tal o tal posibilidad existiera). Esta característica ciencia-ficcional nos hace expertos en proyectar futuros más o menos confiables. Consecuentemente, la CF es más propensa a generar un mayor número de planes y modelos que nos ayudan a estar mejor preparados para aprovechar las oportunidades futuras.

A TRAVÉS DE LAS VERDADES FICCIONALES Y LITERARIAS

El interés de la teoría literaria de los MP por el problema de la verdad en la ficción ha permitido un cambio de sensibilidad. Donde antes se oponían los binomios realidad-verdad/ficción-simulacro, ahora se concibe la ficción en términos de variable del Mundo Primario (Mundo Secundario). Solamente los habitantes del Mundo Primario pueden decir absolutamente 'soy real' y decir la verdad. Sin embargo, los personajes ficcionales pueden decir 'soy real' y decir la verdad en sus propios mundos (con el operador f… nos decía Lewis). Así lo expresa M. Renauld en su libro

---

[85] J. Marías, *La imagen de la vida humana*, 31.

[86] C. Romero y V. Lozano, «Literature and Truth in Enrique Vila-Matas», 460.

Philosophie de la fiction:

> Todo sucede como si lo que se dice 'ficcional' estuviera fuera de la realidad o no fuera real y sin embargo poseyera una forma de existencia; o fuera de la verdad o no sincero y sin embargo poseyera una forma de veracidad; o fuera de la sinceridad, o no sincero, y sin embargo poseyera una forma de autenticidad; o fuera de la sociedad o sin exterioridad, y sin embargo poseyera una forma de efecto sobre la vida social y colectiva.[87]

Gracias a la experiencia que formula el principio de recentralización y a la inmersión en el mundo ficcional, aceptamos la existencia de las entidades ficcionales (tras las palabras ficcionales nacen mundos) y la referencialidad de los términos ficcionales (por lo tanto, su valor de verdad). Lo que estaba fuera de la realidad adquiere una existencia en el mundo ficcional y una forma de veracidad, de sinceridad, de autenticidad. «La experiencia *directa* de un Mundo Secundario es brebaje harto fuerte, y le concedemos credibilidad primaria, a pesar de que los hechos sean maravillosos», nos dice Tolkien en el poema *Mitopoeia*.

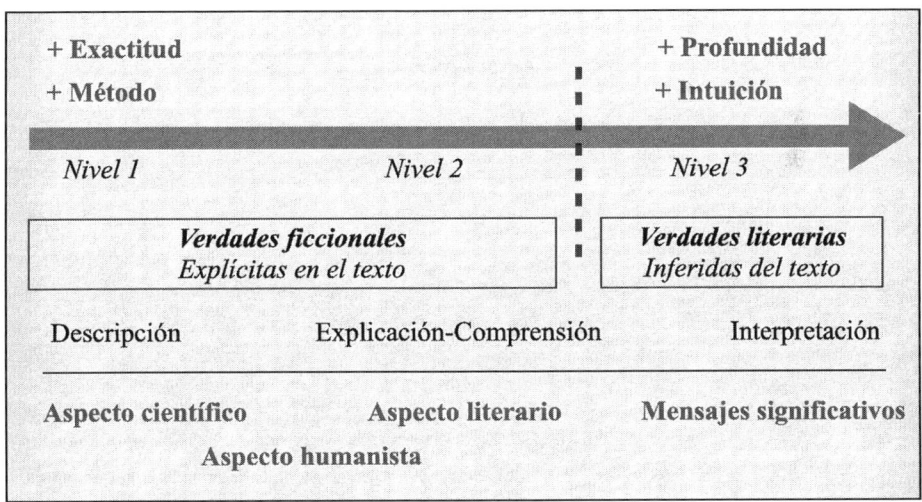

Figura 14. Los tres niveles de verdad en la ficción.

Partiendo de la propuesta de M.-L Ryan, he elaborado la figura 14, que sitúa los tres niveles de verdad a lo largo de una línea continua cuyos polos opuestos los constituyen: exactitud-método y profundidad-intuición. En un primer borrador, había apuntado

---

[87] M. Renauld, *Philosophie de la fiction. Une approche pragmatiste du roman*, 155.

en las dos extremidades: objetividad y subjetividad. Sin embargo, me di cuenta de que había asociado inconscientemente 'más objetivo con más real' y 'más subjetivo con menos real', lo cual no es cierto. Las verdades del nivel 3 son tan o más reales que las verdades del nivel 1, si bien no podemos cuantificarlas y medirlas con exactitud matemática, ya que no están explícitamente descritas en el texto.

He relacionado:

- El nivel 1 con la descripción del mundo ficcional. Describir consiste en poner sobre la mesa los hechos del mundo ficcional insertos en el texto. Los encontraremos especialmente en los aspectos científicos y humanistas de la novela.
- El nivel 2 con la explicación-comprensión. Explicar se relaciona más con el proceso general de la comprensión, y consiste esencialmente en sacar a la luz la estructura del texto y comentar su organización interna. Lo visualizaré sobre todo en los aspectos literarios.
- El nivel 3 con la interpretación (o reflexión) más intuitiva. La interpretación revela las verdades no referenciales que el lector deduce por inferencia. Así, en *Le conflit des interprétations*, Ricœur define que «la interpretación es el trabajo del pensamiento que consiste en descifrar el significado oculto en el significado aparente, en desplegar los niveles de sentido implicados en el significado literal».[88]

Aunque las verdades literarias (nivel 3) necesiten previamente de una descripción rigurosa y de una explicación-comprensión global, no se sustraen lógicamente de las verdades ficcionales que el texto proyecta, ni se accede a ellas por medio técnico alguno. Se encuentran en el entrecruzamiento de la reflexión y de la intuición y, por lo tanto, es significativo que la teoría literaria de los MP no las estudie, ya que considera la ficción desde un punto de vista lógico (*logical category*) y no desde un punto de vista estético. Define lo que es ficción y lo que no lo es, pero no juzga su valor como obra literaria, ni su habilidad *to convey truths-for-the-real-world*. De hecho, Ryan escribe en «Truth of fiction versus truth in fiction», que mientras que el enfoque retórico es mejor para explicar cómo la gente puede extraer conocimiento de la ficción, el enfoque del mundo es mejor para explicar la experiencia imaginativa del lector.

Para acercarme a este tercer nivel que llamaré de ahora en adelante el nivel de los mensajes significativos —porque dicen algo importante acerca de la vida humana— he tenido que recurrir a otros autores, asumiendo que, como precisa A. Abellán-García Barrio en su tesis doctoral, «no es un método —y menos positivista— el que nos acerca

---

[88] P. Ricoeur, *Le conflit des interprétations*, 35.

o aproxima a lo profundo, sino que es lo profundo lo que se expresa y se nos revela en ese modo peculiar de intuición».[89] De esta manera, he podido complementar la teoría literaria de los MP con elementos de la hermenéutica para explicar cómo se despliega el significado de la obra y se revela el pensamiento del artista.

Marcelino Agís Villaverde, en su estudio de Ricœur de su libro *Del símbolo a la metáfora*, proporciona algunas pistas al declarar que lo que hay que interpretar en un texto es: 1) Una 'proposición de mundo', 2) de un mundo tal como yo puedo habitarlo, 3) al proyectar allí mis posibilidades.[90] De esta forma, las grandes obras literarias convierten sus mensajes significativos en una experiencia de aprendizaje, incluso cuando la mayoría de las veces leemos novelas por el placer que sentimos al imaginar el mundo ficcional, su argumento, sus personajes, su estilo, su entorno, y no por la sabiduría que expresan. Pavel también señala en *La pensée du roman* que el interés de cada obra reside en que, según la época, el subgénero y a veces el genio del autor, produce una hipótesis sustancial sobre la naturaleza y la organización del mundo humano.[91] De esta forma, la ficción nos brinda la oportunidad de enfrentar nuestra realidad al exponernos a verdades ficcionales (niveles 1 y 2) que pueden iluminar experiencias latentes en nosotros, pero que quizás no teníamos suficientemente lúcidas para bautizarlas con nombre propio. Además, las verdades literarias (nivel 3), especialmente aquellas en un nivel más profundo, tienen el potencial de enseñarnos valiosas lecciones para nuestras vidas.

Ricœur, en su obra *Le conflit des interprétations*, va un paso más allá al entender que la interpretación de un texto culmina en la autocomprensión de un sujeto que ahora se comprende mejor a sí mismo, se comprende de otra manera o simplemente empieza a comprenderse de verdad a sí mismo.[92] Asocia, pues, la comprensión del texto con la autocomprensión del lector. Ryan también asegura que la creación y la exploración de mundos imaginarios pueden ser una herramienta de autoconocimiento, lo que convierte la interpretación de los textos literarios en un debate interminable y fascinante. Retomando la tesis de A. Abellán-García, los mensajes significativos son las grandes ideas profundas por poseer la clave de todo un mundo de realidad que no solo no nos alejan de lo real, sino que nos lo hacen más íntimo, comprensible, ordenado, cargado de sentido.

---

[89]   A. Abellán-García Barrio, *Crítica, fundamentos y corpus disciplinar para una teoría dialógica de la comunicación*, 154.

[90]   M. Agís Villaverde, *Del símbolo a la metáfora*, 96.

[91]   T. Pavel, *La pensée du roman*, 46.

[92]   P. Ricoeur, *Le conflit des interprétations*, 198.

UNA EXPERIENCIA ÉTICO-PRÁCTICA EN PENSAMIENTO O EN IMAGINACIÓN

Por lo tanto, al leer novelas podemos trabajar cuestiones existenciales problemáticas (no siempre dramáticas) o simplemente situaciones de la vida ordinaria de un modo imaginario, gracias a la experiencia única de la inmersión en un mundo ficcional dentro de un género literario específico, de forma mucho más sensible y concreta que con unos discursos teóricos. Bernard Lahire sintetiza la especificidad de la obra literaria y reúne todos sus elementos:

El carácter literario de la obra reside tanto en su capacidad de hacer vivir experiencias concretas, aunque desvinculadas de la presión social inmediata, como en el género, la composición o el estilo que son los medios indispensables por los que el escritor hace posibles esas experiencias. Nos encontramos en el ámbito de la experiencia ético-práctica en el pensamiento o la imaginación.[93]

Philip K. Dick creía que, al igual que los personajes de *The Man in the High Castle* descubren una verdad inquietante sobre su propia realidad interior, la CF puede revelar verdades ocultas sobre la condición humana. Sin embargo, cuando argumentamos que la novela de CF penetra ciertos aspectos de la realidad, no nos referimos necesariamente a verdades ocultas, sino más bien a un conocimiento que va más allá de la razón o el simple razonamiento, un conocimiento que proviene de una experiencia estética particular. Recogiendo la expresión de B. Lahire, lo he llamado una «experiencia ético-práctica en imaginación».

Jean-Marie Schaeffer estudia cómo se realiza el pasaje de un aprendizaje teórico a una puesta en escena narrativa. Concluye que las ficciones actúan de otro modo y a otro nivel que el discurso filosófico, porque no recurren a abstracciones de conceptos generales, sino a la 'interiorización mimética' producida por la inmersión.[94] El autor francés afirma que el contagio mimético es un tipo de conocimiento diferente (e incluso más importante) que el de la razón dialéctica y el de la persuasión racional. En este punto, concuerda con Todorov, que en *La littérature en péril* escribe que ya sea a través del monólogo poético o de la narrativa, la literatura da vida a experiencias singulares; la filosofía, en cambio, maneja conceptos. Una preserva la riqueza y la diversidad de la experiencia vivida, mientras que la otra favorece la abstracción que le permite formular leyes generales.[95]

---

[93] B. Lahire, *Franz Kafka, éléments pour une théorie de la création littéraire*, 59.

[94] J.-M. Schaeffer, *¿Por qué la ficción?*, 27. Del mismo autor se puede consultar: *Pequeña ecología de los estudios literarios* y *L'expérience esthétique*, donde estudia cómo se realiza el pasaje de un aprendizaje teórico a una puesta en escena narrativa.

[95] T. Todorov, *La littérature en péril*, 73.

En una conferencia sobre 'la persona', Julián Marías añade que con los conceptos generales corremos el riesgo de cosificar al ser humano, mientras que las ficciones permiten una individualización del sujeto.[96] Para responder a «¿quién soy yo?» y «¿qué va a ser de mí?», el pensamiento propiamente racional (la observación y el análisis) no es suficiente, necesitamos de la novela como método de conocimiento. Esta proporciona otro tipo de comprensión de la vida humana, de su carácter dramático y proyectivo, muy evidente en la CF. La ficción imaginativa significa «ensayos de vida», nos dice Marías en *La imagen de la vida humana*. En esos ensayos de vida, el hombre asume y vive imaginariamente vidas distintas de la suya real. La lectura de novelas y relatos son el medio de adquisición de situaciones vitales y reacciones a ellas; y así, una preparación para la vida real.[97] Esos ensayos de vida imaginarios tienen la ventaja de sacarnos de la urgencia de la vida cotidiana, a la vez que no nos distancian de la realidad como lo puede hacer un estudio teórico que recurre a operaciones racionales con reglas explícitas.

En esta cuestión coincide de nuevo T. Pavel, que declara en una conferencia el College de France, que la función principal de la ficción es imitar al mundo para ofrecer a los lectores una multitud de modelos cognitivos. Más concretamente, como lectores, entramos en un universo ciertamente ficcional, pero que, al igual que el mundo real, está regido por costumbres, animado por intereses y atravesado por pasiones que comprendemos y adoptamos casi de inmediato.[98]

De esta forma, la función de los mensajes significativos no se limita a hallar los significados del texto. Traduciendo las palabras de F. Lavocat en *La théorie littéraire des mondes possibles*, permite apropiarse de la intencionalidad de un universo que no es solo un conjunto de objetos definidos por su referencia al mundo real, sino un universo de seres, bienes y normas que hace hincapié en los aspectos axiológicos de nuestra existencia.[99] Según L. Doležel, en *Teorías de la ficción literaria*, ayudan al lector a alcanzar sus anhelos, evadirse de las circunstancias que condicionan su vida cotidiana y tener acceso a experiencias del todo imposibles por otros conductos.[100]

Asimismo, desde la neurociencia, J. Volpi, en su conferencia «Ficción, creatividad y cerebro», afirma que la literatura es una herramienta de conocimiento que nos permite acercarnos a la realidad de una manera que ni la ciencia, ni las ciencias

---

[96] J. Marías, «La Persona». Transcripción de una conferencia dictada por Julián Marías.

[97] J. Marías, *La imagen de la vida humana*, 31.

[98] T. Pavel, *Chaire internationale*, 4.

[99] F. Lavocat, *La théorie littéraire des mondes possibles*, 10.

[100] L. Doležel, *Teorías de la ficción literaria…*, 38.

sociales, ni las humanidades nos lo permiten.[101] Hélios Jaime, en su libro *Le rêve dans la littérature*, detalla que el contacto directo con la obra da acceso a un modo de experiencia específica, y por lo tanto insustituible, que produce un desplazamiento de nuestro universo mental durante la experiencia de la lectura.[102] Subrayo que esta experiencia no es automática, requiere de la inmersión del lector en la obra. Sin inmersión mimética es imposible entrar en una película o que un personaje exista porque, como escribe Tolkien, entonces surge la incredulidad y el hechizo se quiebra.

Esta experiencia no depende de la familiaridad del lector con el espacio o el tiempo, los personajes o las circunstancias de la obra literaria, que pueden ser muy distantes de su mundo. Depende de la especificidad de la obra artística, que permite que el lector vea un espacio cromático que se extiende en tres dimensiones y distinga, más que personajes de ficción, personas que actúan según su personalidad. La especificidad de la obra artística de la que habla H. Jaime nos introduce en un mundo en color tridimensional y nos hace sentir empatía con los personajes. Consiste en lo que llama *l'intelligence émotive* (la inteligencia emotiva), este tipo de inteligencia que combina la reflexión con la emoción y conecta el sistema cortical del lenguaje escrito con el sistema límbico de los estados emocionales.

Analizaré si este tipo de inteligencia que combina la reflexión y la emoción se da en la literatura de CF y qué tipo de experiencia estética única hace el lector al leer una obra de CF.

REFERENCIAS BIBLIOGRÁFICAS

EL DOMINIO ONTOLÓGICO

MARÍAS, J. (1955). *La imagen de la vida humana*. Buenos Aires: Emecé.

MENTXAKATORRE ODRIOZOLA, J. (2019). J. R. R. Tolkien: el fundamento filosófico de la palabra sub-creadora. *Logos: A Journal of Catholic Thought and Culture*, 22(3), 130-155.

RYAN, M.-L. (1994). Immersion Versus Interactivity: Virtual Reality and Literary Theory. *Semiotics*, *(1994)*, 392-401.

— (2003). Immersion Versus Interactivity: Virtual Reality and Literary Theory. En P. Álvaro & J. Ibáñez (Eds.), *Literatura hipertextual y teoría literaria* (pp. 107-119). Madrid: Marenostrum, Colección Estudios y Ensayos (Traducción al español).

SALMÓN ESPEZÚA, D. (2006). Ficcionalidad, mundos posibles y campos de referencia. *Dialogía: revista de lingüística, literatura y cultura*, 1, 69-96.

---

[101] J. Volpi, Conferencia «Ficción, creatividad y cerebro».

[102] H. Jaime, *Le rêve dans la littérature…*, 181.

Tolkien, J. R. R. (1974). *Faërie*. París: Christian Bourgois Éditeur (Trad. F. Ledoux). (Edición original publicada en inglés).

— (1997). *Árbol y hoja y el poema Mitopoeia*. Barcelona: Minotauro (Traducción de *Mythopoeia* por Luis Doménech). (Edición original publicada en inglés).

El dominio pragmático

Albaladejo, M. T. (1992). *Semántica de la Narración la Ficción Realista*. Madrid: Taurus Universitaria.

Aristóteles (1999). *Poética* (Trad. Valentín García Yebra). Madrid: Gredos.

Auerbach, E. (1946). *Mimesis: La representación de la realidad en la literatura occidental*. Princeton: Princeton University Press.

Platón (2003 |375 a. C|). *La República* (Trad. Manuel Fernández-Galiano). Madrid: Alianza Editorial.

Pozuelo Yvancos, J. M. (1993). *Poética de la ficción*. Madrid: Síntesis.

El mundo referencial

García-Noblejas, J. J. (2005). *Comunicación y mundos posibles*. Pamplona: EUNSA.

Pavel, T. (2006). *Comment écouter la littérature*. (Vol. 185). Fayard/Collège de France.

La imaginación y la posibilidad

Bouveresse, J. (2008). *La connaissance de l'écrivain. Sur la littérature, la vérité & la vie*. Marseille: Agone.

Byrne, R. M. J. (2005). *The Rational Imagination*. Cambridge: Massachusetts Institute of Technology.

Marías, J. (1947). *Introducción a la filosofía*. Madrid: Revista de Occidente.

— (1989). *España inteligible. Razón histórica de las Españas*. Madrid: Alianza.

— (1970). *Antropología metafísica. La estructura empírica de la vida humana*. Madrid: Revista de Occidente.

La pluralidad de mundos del universo ficcional

Marías, J. (1955). *La estructura social*. Madrid: Sociedad de Estudios y Publicaciones.

Ortega y Gasset, J. (1964). *Obras completas, tomo V (1933-1941)* (6.ª ed.). Madrid: Revista de Occidente.

A través de una relación dialógica

Pérez Duarte, J. (2016). La imaginación en el pensamiento de Julián Marías. *Scio, (Extra-12)*, 125-143.

Rizzolatti, G., Fogassi, L., & Gallese, V. (1996). Premotor cortex and the recognition of motor actions. *Cognitive Brain Research, 3*(2), 131-141.

Romero Sánchez-Palencia, C., & Lozano Díaz, V. (2015). Actualización docente: la post-modernidad y la película de Matrix. *Opción, 31*(3). Disponible en: http://www.redalyc.org/articulo.oa?id=31045567057 |consultado: 9-06-2019|.

Ryan, M.-L. (2015). Narratologie et sciences cognitives: une relation problématique. *Cahiers de Narratologie, (28)*, 11. Disponible en: http://journals.openedition.org/narratologie/7171 |consultado: 16-07-2020|.

Volpi, J. (2011). *Leer la mente. El cerebro y el arte de la ficción*. México: Alfaguara.

— (2011, octubre 5). Conferencia «Leer la mente». Disponible en: https://www.youtube.com/watch?v=u0SVSCeVuPI [consultado: 12-07-2020].

— (2017, septiembre 21). Conferencia «Ficción, creatividad y cerebro». Disponible en: https://www.youtube.com/watch?v=Dw7ZV4vdu_w |consultado: 12-07-2020|.

— (2019, marzo 10). Conferencia «Ciclo de Conferencias de las Artes 2019: Jorge Volpi, Neuroliteratura». Disponible en: https://www.youtube.com/watch?v=z65Qclz0ylg [consultado: 12-07-2020].

A través de las verdades ficcionales y literarias

Abellán-García Barrio, Á. (2012). *Crítica, fundamentos y corpus disciplinar para una teoría dialógica de la comunicación* (Tesis doctoral). Madrid: Fundación Universitaria Española.

Agís Villaverde, M. (1995). *Del símbolo a la metáfora*. Compostela: Universidad de Santiago de Compostela.

Pavel, T. (2015). *La pensée du roman*. París: Éditions Gallimard.

Renauld, M. (2014). *Philosophie de la fiction. Une approche pragmatiste du roman*. Rennes: Presses Universitaires de Rennes, colección Aesthetica.

Ricoeur, P. (2013). *Le conflit des interprétations* [1969]. París: Editions du Seuil.

Una experiencia ético-practica en pensamiento o en imaginación

Doleel, L., & Domínguez, A. G. (1997). *Teorías de la ficción literaria*. Madrid: Arco/Libros.

Jaime, H. (2016). *Le rêve dans la littérature, la musique et la Science*. París: Fauves Éditions.

Lahire, B. (2018). *Franz Kafka, éléments pour une théorie de la création littéraire*. París: Éditions La Découverte.

Marías, J. (2000). La Persona. Transcripción de una conferencia dictada por Julián Marías. Edición: Ana Lucia C. Fujikura. Disponible en: http://www.hottopos.com/mp2/mariaspers.htm |consultado: 11-01-2020|.

Nussbaum, M. C. (1990). *Love's knowledge: Essays on philosophy and literature*. New York: Oxford University Press.

Pavel, T. (2018). *Chaire internationale, 4*. Disponible en: https://www.college-de-france.fr/media/thomas-pavel/UPL857581721988308557_UPL48717_pavelcours.pdf |consultado: 23-11-2018|.

Schaeffer, J.-M. (1999). *Pour quoi la fiction?*. París: Editions du Seuil.

— (2002). *¿Por qué la ficción?*. Toledo: Lengua de Trapo (Trad. José Luis Sánchez-Silva). (Edición original publicada en francés en 1999).

— (2013). *Pequeña ecología de los estudios literarios*. México: Fondo de Cultura Económica (Trad. Laura Fólica).

— (2015). *L'expérience esthétique*. París: Gallimard.

Todorov, T. (2007). *La littérature en péril*. París: Flammarion.

Capítulo 4
La metodología

EL MODELO DE ANÁLISIS

La teoría de la literatura se ocupa del análisis literario de dos tipos principales de objetos cuyos propósitos se pueden resumir en dos preguntas fundamentales: 1) ¿Cómo se realizan las obras literarias o cuáles son sus propiedades formales?, y 2) ¿qué significan las obras literarias o qué tipo de información transmiten? La tradición formalista se centra en el primer aspecto (en el texto como tal) y la tradición hermenéutica ofrece respuestas al segundo. Mi modelo basado en la teoría literaria de los mundos posibles ha trabajado los dos aspectos porque, a pesar de no detenerse en los elementos formales del texto, incluye la descripción del mundo ficcional desde la teoría literaria de los mundos posibles a la vez que se interesa por la explicación del significado (figura 15). Doležel llama a este ejercicio «un estudio de significado formalmente organizado».[103]

Para ello, he transformado los textos narrativos en mundos narrativos basándome en la noción lógico-semántica de mundos posibles que se introdujo para formalizar la asignación de valores de verdad a las proposiciones en contextos modales. Cada mundo narrativo producido por el texto se convierte en un mundo posible alternativo del mundo primario o, desde una mirada más realista, en una subcreación que se relaciona en muchos aspectos y de diferentes maneras con el mundo primario (las referencias extra-ficcionales e inter-ficcionales).

---

[103] *Cf.* L. Doležel, «Extensional and intensional narrative worlds», 193.

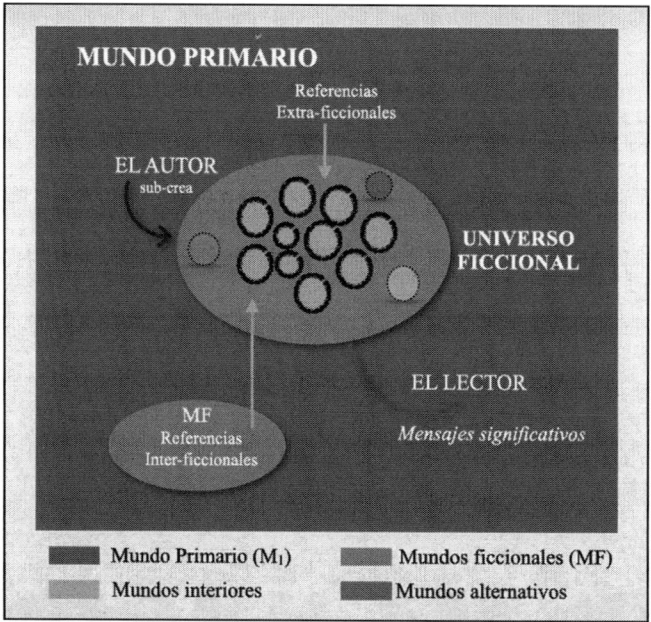

Figura 15. El modelo de análisis de los mundos ficcionales.

Cada texto construye su propio universo ficcional, que he dividido en varios submundos (mundos interiores de los personajes y mundos alternativos) cuyas relaciones enriquecen nuestro estudio:

- Las relaciones causales (causa, intención, efecto). Por ejemplo, cómo el modelo social repercute en el mundo interior de los personajes.
- Las relaciones de copresencia (simple o recíproca, exclusión mutua). Por ejemplo, cómo un tema siempre acompaña a otro (por ejemplo, sobrepoblación y anonimato) o siempre excluye a otro (por ejemplo, amor y odio).
- Las relaciones comparativas (identidad, similitud, oposición).

La palabra 'universo' apunta a la totalidad, la coherencia y la lógica interna del sistema que se disfruta por sí mismo o/y transmite algo importante sobre el mundo primario y lo que significa 'ser humano' (los mensajes significativos). Algunas ficciones ofrecen entretenimiento, otras cumplen un propósito didáctico, pero las mejores (las grandes novelas) logran satisfacer ambos criterios y desarrollar todos los mundos.

EL ESQUEMA

He procedido conforme al siguiente esquema que proporciona medios de observación, de construcción, de organización y de valorización de las obras de ciencia ficción (CF):

- La introducción. A modo de introducción ineludible, he considerado los contextos de la obra: el título, el año de publicación y la vida del autor, aunque no he elaborado una biografía integral de cada autor, sino que he realizado un corte transversal seleccionando algunos episodios importantes y, sobre todo, haciendo hincapié en su producción literaria. Cuando el caso lo amerita, he añadido también una breve presentación de la composición de la novela.
- Las referencias. Toda obra artística se ve afectada por su contexto y lo refleja. Jean-Marle Schaeffer considera en *¿Por qué la ficción?* que cuando un novelista crea un universo ficcional, no se sirve exclusivamente, ni tal vez mayoritariamente, de materiales representacionales inventados *ad hoc*, sino que reutiliza materiales depositados en su memoria (experiencias y situaciones vividas) o en libros de historia, libros científicos, etc., cuyo contenido es factual.[104] Por lo tanto, el mundo ficcional se construye con el poder de la imaginación a partir de los materiales y de las características del mundo primario. Este proceso se aplica igualmente a la CF, que no elabora un imaginario que se evade totalmente de la realidad, sino que, por el contrario, se apoya en ella para, según la expresión de Mabuya, extrapolar un mundo científico-imaginativo, a la vez hipotético, crítico y lúdico.[105]

  He reflexionado sobre las referencias extra-ficcionales e inter-ficcionales, los elementos tanto de la vida del autor y de su mundo primario como de otras obras ficcionales que aparecen en la novela. Al no ser especialista de cada época histórica ni de cada autor de CF, he identificado los contextos que me parecen más demostrados en sus formas biográficas, históricas, socioculturales y científicas.
- El *storyworld*. Es un concepto que sale del estudio de la narrativa desde un enfoque cognitivo y amplía el concepto lógico de mundo posible. Tiene la ventaja de no encerrar las ficciones en un modelo uniforme y, a la vez, de proporcionar una imagen completa del mundo ficcional desde una mirada integradora. El *storyworld* narra la historia realizada por los miembros específicos de ese mundo,

---

[104] *Cf.* J.-M. Schaeffer, *¿Por qué la ficción?*, 208.
[105] *Cf.* F. T. Mabuya, *Les mondes virtuels dans la Science-fiction*, 16.

es decir, los agentes de la acción narrativa. No es solo el escenario espacial donde se desarrolla una historia, sino una totalidad espaciotemporal compleja que experimenta cambios globales. Permite adaptarse a las particularidades de cada novela, que presenta una historia con una trayectoria específica que tendremos que descubrir ayudándonos en la medida de lo posible de los trabajos de M.-L. Ryan. La trama consiste en un número de acontecimientos que capturan la historia del universo textual a lo largo de una secuencia temporal: lo que acontece a un ser existente —personaje u objeto— y lleva a un cambio del estado general del mundo ficcional. La trama puede ser lineal o más compleja.[106]

El contenido de cada novela cuenta una historia que sigue un arco temporal: comienza con un estado inicial para evolucionar hacia una complicación, y termina con una resolución, como lo describe Aristóteles (principio, medio y final). Seguir una historia significa simular mentalmente los cambios que se producen en el *storyworld*, utilizando las pistas que proporciona el texto. Además, para que estos mundos ficcionales digan algo al lector, deben satisfacer otras condiciones básicas: deben ser lógicamente coherentes, deben ser lo suficientemente largos como para estimular la imaginación y deben permitir la inmersión (la experiencia de la complitud del mundo).

- La xeno-enciclopedia. He utilizado un análisis clasificatorio riguroso y preciso para descomponer y ordenar los objetos del universo ciencia-ficcional de cada novela según unos criterios específicos. Este ejercicio me ha proporcionado los elementos necesarios para constituir un conjunto estructurado de categorías analíticas.

- Los mundos interiores. El estudio de los mundos interiores o mentales de los personajes ha enriquecido la construcción y la comprensión del universo ficcional. Sin embargo, el ser humano no puede ser estudiado como un objeto (el personaje tampoco), no se puede descomponer y cosificar como el mundo material. Por su radical libertad y originalidad, por ser un sujeto dador de sentido, es mucho más complejo y siempre va más allá de nuestro conocimiento que, como señala López Quitás, es tanto menos exacto cuanto más rico ontológicamente es su objeto.[107]

- Los mundos alternativos. Si bien los mundos alternativos no son exclusivos de las novelas de CF, su presencia destaca en numerosas novelas de CF.

---

[106] M.-L. Ryan, «Sequence, Linearity, Spatiality», 180.

[107] A. López Quintás, *Metodología de lo suprasensible*, 561.

- Los mensajes significativos. La mayor dificultad consiste en identificar los mensajes significativos, es decir, en pasar de la descripción a la interpretación. Me he inspirado en las ideas de Louis Hébert en su libro *L'Analyse des textes littéraires*, donde propone una metodología completa para el análisis de los textos literarios.[108] Dice que es necesario que la interpretación se desprenda de los datos de la descripción, pero que no puede ser una simple explicación, argumentación o justificación de las afirmaciones presentadas en la descripción, una insuficiencia que he intentado evitar. Herbert precisa que la descripción enfatiza la operación de clasificación y de descomposición, mientras que la interpretación enfatiza la operación de comparación. Por lo tanto, una vez procesado el texto y observado lo que pertenece a cada categoría, he comparado su contenido y he tratado de identificar qué significados se podían extraer de estos resultados.

He buscado una interpretación que siga los consejos de M. Agís Villaverde en su obra *Del símbolo a la metáfora*, donde presenta el pensamiento de P. Ricœur, una interpretación que va de la comprensión del autor, de sus circunstancias y de sus peripecias vitales, a la comprensión del texto, que en el fondo es un comprenderse a uno mismo delante del texto.[109] Por lo cual, me he guiado por: 1) Los elementos que enriquecen al lector porque le permiten hacer una nueva experiencia; 2) los elementos que le ayudan a tomar conciencia de su mundo, y 3) los elementos que aumentan su autoconocimiento, la comprensión de los demás y exploran aspectos importantes de la experiencia moral humana. El pensamiento de Todorov extraído de *La littérature en péril* se adapta perfectamente a mi propósito. Escribe que el lector lee no para dominar un determinado método de lectura, sino para encontrar en ella un sentido que le permita comprender mejor al hombre y al mundo, descubrir en ellos una belleza que enriquezca su existencia: al hacerlo, se comprende mejor a sí mismo.[110]

Además, he encontrado pistas que me han llevado hacia los mensajes significativos de la obra literaria, pues la respuesta que el lector ofrece a la obra siempre da cuenta de las estrategias que el autor ha imprimido en ella. Incluso, muchos temas se repiten a lo largo de la historia de la literatura, mostrando que las actividades ficcionales mantienen unos fuertes lazos con la existencia humana en sus manifestaciones más fundamentales, tal como las describe J.-M. Schaeffer: «el nacimiento, el amor, la muerte, el éxito y el fracaso, el poder y su pérdida, las revoluciones y las guerras, la producción y la distribución de los bienes, el estado social y la moral, lo sagrado y lo

---

[108] L. Hébert, *L'Analyse des textes littéraires*, 132.

[109] M. Agís Villaverde, *Del símbolo a la metáfora*, 115.

[110] T. Todorov, *La littérature en péril*, 4-25.

profano, etc.».[111] A través de estos temas recurrentes, la CF tiene mucho que decir al hombre de nuestro tiempo porque le proporciona claves de inteligibilidad sobre sí mismo, su sociedad y su mundo, y le permiten consiguientemente actuar sobre su propia realidad.

La metodología, además, debe proporcionar las herramientas necesarias para analizar e interpretar los tres puntos de vista: la perspectiva literaria (la narración), la perspectiva científica (la construcción del mundo) y la perspectiva humanista (antropología-ética), así como sus vínculos con el mundo del autor y del lector.

LA MIRADA LITERARIA: NARRAR EL MUNDO

EL STORYWORLD

En la mirada literaria, aunque he explorado algunas particularidades de la novela (etiquetas, subgéneros, estrategia didáctica, etc.), me he enfocado principalmente en su argumento y estructura, derivados de la exploración de los hechos afirmados o insinuados por el texto, ya sean narrativos o descriptivos. Esto lo hice con plena conciencia de que, como indican M. Grishakova y M. Poulaki en *Narrative Complexity*, el todo es más que la suma de las partes, y que pequeños eventos pueden tener grandes consecuencias.[112]

En mi análisis, he evaluado si las novelas de CF cumplen con las exigencias de cualquier obra literaria, basándome en el esquema y la terminología de M.-L. Ryan, que detalla cada uno de los elementos que componen el mundo ficcional en *Narrative Factuality*: la dimensión espacial, el mundo habitado por individuos existentes; la dimensión temporal, el mundo situado en el tiempo que sufre transformaciones significativas; la dimensión mental, la vida interior de los participantes, unos seres inteligentes con unos objetivos; la dimensión formal, la secuencia de acontecimientos que forman una cadena causal unificada y que conducen a un cierre, y la dimensión pragmática, la historia que comunica algo significativo al lector.[113]

LAS ESTRATEGIAS

Para que el lector sea transportado al mundo ficcional e imagine que pertenece a ese mundo, M.-L. Ryan apela al principio de recentralización que le confiere el

---

[111] J.-M. Schaeffer, ¿Por qué la ficción?, 227.

[112] M. Grishakova y M. Poulaki, *Narrative Complexity…*, 1.

[113] M.-L. Ryan, *Narrative Factuality*, 8.

sentimiento de su actualidad. Gracias a él, puede ir con la imaginación a ese mundo y pretender ser uno de sus miembros, es decir, sumergirse en él, darle vida, poblarlo con individuos, situarlo en una historia a través de acontecimientos que afectan a sus miembros.

¿Se requieren habilidades especiales para la recentralización en los mundos de CF? Creo que sí, y coincido con J. Abella Santamaría cuando escribe que el lector debe agregar al placer de la inmersión en el mundo imaginario, el placer del trabajo cognitivo para descubrir progresivamente las características del complejo entramado enciclopédico propuesto por el autor de CF.[114] Como señala Saint-Gelais, acercarse a una historia de CF es atravesar un texto y una red de signos, sin tener antes normalmente el marco de referencia que hace inteligibles esos signos y textos.[115] La alteridad en las novelas de CF no solo afecta a los personajes y los eventos, sino también al espacio, al tiempo, a las leyes naturales, a las propiedades de los seres y objetos, y a las sociedades, es decir, al mundo en su totalidad.

El autor, al construir su mundo imaginario, parte de su propia enciclopedia, su sistema semántico global (según la define Umberto Eco[116]), y lo sustituye mediante diversas técnicas por una xeno-enciclopedia, término que he tomado de R. Saint-Gelais, que corresponde a la enciclopedia de los personajes, pero no a la del lector. Por lo tanto, los autores deben idear estrategias que permitan al lector comprender tanto la xeno-enciclopedia como el relato. Para lograr esto, suelen emplear dos estrategias principales, con múltiples combinaciones: la didáctica y la seudorrealista. Estos conceptos están basados en la obra de Saint-Gelais, la cual he resumido en los siguientes párrafos.

La estrategia didáctica busca facilitar a los lectores el acceso a los datos xeno-enciclopédicos mediante la inclusión de secuencias descriptivas y explicativas que priorizan la comprensión del mundo ficcional sobre su credibilidad. Su principal desventaja radica en la interrupción de la narrativa y la exposición de la metalepsis (el narrador se dirige directamente al lector). Los diferentes enfoques de la estrategia didáctica varían en un espectro que he categorizado de menos a más inmersivo:

- El texto insertado que se dirige directamente al lector, que puede adoptar la forma de analepsis al retroceder en el tiempo para explicar datos desconocidos para el lector.

---

[114] J. Abella Santamaría, «Enfoques recientes sobre la ciencia ficción…».
[115] R. Saint-Gelais, *L'Empire du pseudo*, 213.
[116] U. Eco, *Le rôle du lecteur*.

- La escena pedagógica, en la cual un personaje explica elementos de la xeno-enciclopedia a otro personaje menos informado, mezclando elementos explícitos, didácticos e implícitos.
- La identificación del lector con el personaje, donde el personaje descubre el mundo ficcional al mismo tiempo que el lector. Esto permite la transmisión de la información y a la vez conserva el interés ficcional, evitando una ruptura o un corte en la intriga, ya que los elementos enciclopédicos son absorbidos por la estructura narrativa misma.

La estrategia seudorrealista ha surgido como resultado de la evolución y el desarrollo de la CF, tanto por parte de sus autores en la creación de los mundos ficcionales como por parte de sus lectores en la comprensión del puzle ciencia-ficcional. Se le llama 'seudorrealismo' porque la información xeno-enciclopédica se disuelve en la narración despreocupándose aparentemente del lector, al igual que las obras realistas que no tienen por qué explicar lo que todo el mundo sabe. No incorpora los elementos xeno-enciclopédicos de una forma o de otra, sino que los presupone, aunque logra informar igualmente al lector muchas veces a través de los diálogos de los personajes o de las descripciones. Sin embargo, también dificulta la reconstrucción progresiva del mundo ficcional. Esta estrategia gana en verosimilitud, pero pierde en precisión.

El *NOVUM*

Los universos de CF, aunque se basan en nuestra experiencia previa, desafían a nuestros patrones cognitivos habituales y nuestras formas rutinarias de concebir el mundo, dando lugar a algo nuevo. El concepto de *novum*, introducido por Suvin como característica dominante de la CF, impulsa todo el desarrollo narrativo del texto. Se puede entender el *novum* como un principio innovador desde la perspectiva de la realidad del autor, aunque racional, según lo describe I. Csicsery-Ronay.[117] Este autor explica que los *novum* de la CF son inventos, descubrimientos o relaciones sociales radicalmente nuevos, alrededor de los cuales se reorganizan los elementos ficcionales de manera convincente y plausible desde el punto de vista histórico.

La alteridad de la ciencia ficción

Los otros espacios, los otros tiempos, los otros objetos, los otros seres, etc. de los universos ciencia-ficcionales transportan al lector hacia mundos desconocidos, hacia

[117] I. Csicsery-Ronay Jr., *The Seven Beauties of Science Fiction*, 47.

mundos posibles que forman parte del círculo de «lo que no puede pasar en el mundo actual»: escenarios y eventos que no existen en nuestro mundo actual; escenarios y eventos que no respetan la ciencia del momento (física, informática, genética, etc.) o la naturaleza humana (antropología, psicología, sociología, etc.) (figura 16).

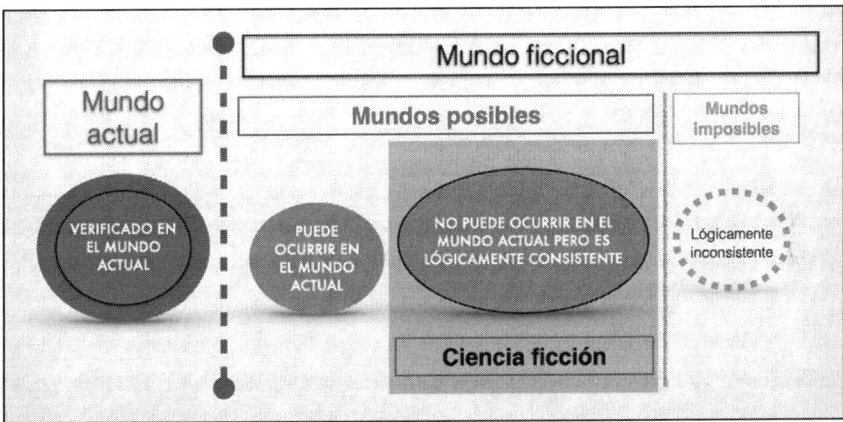

Figura 16. Los mundos alternativos de la ciencia ficción.

La CF nos aleja de nuestro mundo empírico mediante un impedimento físico, espacial o temporal, generalmente vinculado a un avance científico o tecnológico (y no a un elemento puramente fantástico), llevándonos a mundos extraños del futuro o del pasado. ¿Puede la CF concebir también mundos imposibles según la cuarta categoría definida por M.-L. Ryan? Lo imposible en la CF no se traduciría en escenarios o eventos que contradigan abiertamente las reglas de la lógica. Ryan menciona la obra de K. Dick, *Counter-Clock World*, como ejemplo de imposibilidades temporales; sin embargo, esta novela se clasifica como pragmáticamente imposible, no como lógicamente imposible. Las paradojas temporales siguen siendo compatibles con la construcción e inmersión en el mundo ficcional. Por lo tanto, sitúo la CF en el ámbito de lo que «no puede suceder en el mundo actual, pero es lógicamente coherente», a la espera de la confirmación mediante el análisis de las obras.

LA MIRADA CIENTÍFICA: CONSTRUIR EL MUNDO

Con el objetivo de aplicar de manera extensiva los estudios de M.-L. Ryan, he decidido emplear las relaciones de accesibilidad que conectan el mundo primario con los mundos ficcionales para explorar los universos de CF desde una perspectiva científica (incluyendo la física, la biología y la lingüística, entre otros campos). En la tabla 3 se presenta un resumen las relaciones de accesibilidad de Ryan.

Tabla 3. Las relaciones de accesibilidad de Ryan	
Identidad de propiedades A	¿Mismas propiedades de los objetos?
Identidad de inventario B	¿Mismos objetos?
Compatibilidad de inventario C	¿Mismos miembros de nuestro mundo junto con miembros del mundo ficcional?
Compatibilidad cronológica D	¿Misma colocación temporal?
Compatibilidad física E	¿Mismas leyes naturales?
Compatibilidad taxonómica F	¿Mismas especies con las mismas propiedades? ¿Mismos tipos de objetos manufacturados?
Compatibilidad lógica G	¿Mismos principios de no contradicción y del tercio excluso?
Compatibilidad analítica H	¿Mismas verdades analíticas?
Compatibilidad lingüística I	¿Mismo lenguaje?

Retomando el texto de M.-L. Ryan, me he encontrado para la CF con una gran diversidad para la novela de ciencia-ficción:

> Puesto que la tecnología debe respetar las leyes matemáticas y naturales, las relaciones E/leyes naturales, F/taxonomía, G/Lógica, H/analítica, I/lingüística se mantienen, pero todos los demás deben escindirse. El MAT contiene las mismas especies naturales que el MA, pero diferentes objetos manufacturados y diferentes individuos. Cuando los avances tecnológicos conducen al viaje interplanetario, el repertorio taxonómico del planeta Tierra permanece igual a la Tierra del MA, pero los otros planetas pueden contener seres extraterrestres. En ese caso, F/taxonómica ya no está en vigor, aunque el MAT y el MA aún observen las mismas leyes físicas. Incluso, el viaje espacial puede llevar a planetas donde las leyes de la física no sirvan[118].

Excluyendo la compatibilidad lógica G, parece que todas las identidades y compatibilidades pueden ser cuestionadas, lo que las hace relevantes e importantes para nuestro propósito. Incluso, siguiendo la propuesta de M.-L. Ryan, quien reconoce que su lista de relaciones semánticas está lejos de ser definitiva, me planteé la

---

[118] M.-L. Ryan, *Possible worlds. Artificial intelligence and narrative theory*, 36-37. MA: mundo actual; MAT: mundo actual textual.

posibilidad de ampliar la tabla con otras categorías. Introduje una nueva categoría específica para el estudio de las novelas de CF: El tratamiento de las ciencias y de las nuevas tecnologías con sus preguntas correspondientes. ¿Se verifica un tratamiento científico-positivista coherente? ¿Cuáles son las ciencias y tecnología inventadas o extrapoladas?

Al introducir esta nueva categoría, me di cuenta de que no solo me interesaba abordar las obras desde su distancia o grado de mimetismo con el mundo primario. Por lo tanto, transformé las relaciones de accesibilidad en categorías interpretativas que se basaron en elementos xeno-enciclopédicos extraídos de los temas específicamente relacionados con la CF. Este enfoque me permitió alejarme de las relaciones de accesibilidad originadas en la lógica modal y explorar categorías más existenciales que describen mejor el mundo ficcional en sí mismo.

Categorías	Elementos xeno-enciclopédicos
Espacio	Otros objetos, otras propiedades Espacios desconocidos Otras dimensiones
Tiempo	Pasado alternativo y futuro
Naturaleza	Otras leyes naturales Especies desconocidas con otras propiedades
Lógica	Prevalencia de la lógica
Lingüística y verdades analíticas	Lenguas inventadas
Ciencias y tecnologías	Ciencias extrapoladas o inventadas Tecnologías extrapoladas o inventadas

LA PRIMERA FRONTERA DE LA CIENCIA FICCIÓN: EL ESPACIO

Los mundos de la CF, en particular los mundos paralelos, alternativos y ucrónicos, nacieron tanto de la imaginación de sus autores como de los grandes descubrimientos científicos del siglo XX. Las palabras recitadas por William Shatner en la cabecera de la serie original de *Star Trek* reflejan muy bien el concepto que se suele tener del espacio en el imaginario ciencia-ficcional: «El espacio: la última frontera. Estos son los viajes de la nave estelar *Enterprise*, en una misión que durará cinco años, dedicada a la exploración de mundos desconocidos, al descubrimiento de nuevas vidas y civilizaciones, hasta alcanzar lugares donde nadie ha podido llegar».

Dan testimonio de la radical transformación que tuvo lugar en las últimas décadas en nuestra concepción del universo como resultado del extraordinario avance de las técnicas de observación tanto en las infinitamente grandes (galaxias) como en las infinitamente pequeñas (átomos). Así como la física mecanicista desarrollada por Newton condujo a una nueva visión del mundo, la física moderna basada en dos teorías fundamentales, la relatividad y la mecánica cuántica, ha cambiado completamente nuestras ideas sobre el espacio y el tiempo. Por ello, la CF usa el concepto 'espacio' en física, matemáticas, filosofía y lógica, con varios significados figurativos y connotativos. Se puede referir a una extensión (el espacio exterior o las galaxias lejanas) o a una forma (los objetos alienígenas), pero también a la ubicación, la posición, la disposición, la distancia, la dirección, la orientación y el movimiento, etc.:

> Tradicionalmente, el espacio se ha considerado como un telón de fondo de la trama, [… pero] el espacio desempeña otras funciones narrativas: puede ser un foco de atención, un portador de significado simbólico, un objeto de inversión emocional, un medio de planificación estratégica, un principio de organización e incluso un medio de apoyo.[119]

LA SEGUNDA FRONTERA DE LA CIENCIA FICCIÓN: EL TIEMPO

La CF inventa y reinventa incesablemente el tiempo, razón por la cual M.-L Ryan presenta la incompatibilidad cronológica como el primer elemento característico de la literatura de anticipación, para muchos sinónimo de CF, con sus proyecciones hipotéticas del presente. El caso más frecuente de alteración temporal consiste en partir de la actualidad del autor para mirar hacia futuros posibles, lejanos o cercanos. Ya apuntaba R. Scholes en 1977 que la CF solo pudo empezar a existir como forma literaria cuando al ser humano le resultó concebible un futuro diferente, un futuro, concretamente, en el que los nuevos conocimientos, los nuevos hallazgos, las nuevas aventuras y mutaciones, conformarían una vida radicalmente alejada de los esquemas familiares del pasado y del presente.[120]

---

[119] M.-L. Ryan, K. E. Foote y M. Azaryahu, *Narrating Space/Spatializing Narrative*, Kindle, 173-175.

[120] R. E. Scholes, *La ciencia ficción: historia, ciencia, perspectiva*, 17.

Un aspecto significativo de la CF engloba los viajes temporales que transportan a sus crononautas hacia el futuro o el pasado mediante diversos medios como el sueño, drogas, túneles temporales y diversas máquinas, comenzando por la de Wells en 1895. La teoría de la relatividad de Einstein y la teoría cuántica han hecho que los viajes en el tiempo sean cada vez más científicamente plausibles, a pesar de sus evidentes connotaciones fantasiosas. Los viajes temporales al futuro que han predominado desde la época de Wells permiten anticipar lo que está por venir, evitando desastres o aprovechando beneficios potenciales. Sin embargo, pronto los escritores de CF han mostrado una preferencia por los viajes al pasado, más complejos y ricos, que otorgan al protagonista la oportunidad de retroceder en el tiempo como mero observador, revivir momentos felices del pasado e incluso corregir errores y superar fracasos.

La naturaleza

La CF a menudo presenta cambios en las leyes naturales, seres con propiedades distintas e incluso nuevas especies animales o alienígenas inexistentes en el mundo real del autor. Sin embargo, estas modificaciones no exceden los términos de la naturaleza, como señala Simon Bréan al describir la CF como parte de un régimen ontológico específico, el régimen ontológico materialista especulativo.[121] Este régimen se caracteriza por ampliar nuestra realidad añadiendo propiedades que pueden racionalizarse, pero manteniendo estos nuevos elementos tan concretos y coherentes como los del mundo real, utilizando procedimientos similares a los de las narrativas realistas.

Los hechos en la CF son insólitos, pero no rompen ninguna estructura del universo, ya que no implican una visión sobrenatural o extracientífica de la realidad. Fernando Ángel Moreno aplica esto a la obra *Fundación* de Isaac Asimov, donde aparecen elementos extraños, difíciles de comprender e incluso maravillosos, pero ninguno sobrenatural.[122] Si se presenta algún elemento que contradice las leyes naturales, su tratamiento suele ser científico, con explicaciones que lo hacen compatible con nuestra realidad, como el caso de la telepatía.

La lógica y la verosimilitud

Los autores de CF presentan su mundo ficcional con un especial interés en respetar la verosimilitud y la credibilidad que según Pozuelo Ivancos en *Poética de*

---

[121] S. Bréan, «Théories fictionnelles des mondes possibles en sciencefiction», 5.

[122] F. A. Moreno, *Teoría de la literatura de ciencia ficción*, 2.3, párrafo 4.

la ficción se dan, en la obra artística, en dos planos: el formal (sintáctico-semántica), que construye adecuadamente la trama, y el pragmático, que se acuerda con el entendimiento del lector.[123] La CF trabaja los dos como lo señalan los hermanos Bogdanoff, que resaltan dos palabras clave: *posibilidad* en cuanto al tema y *lógica* en cuanto a la estructura de la historia.[124] El proceso creativo combina ingeniosamente la lógica que garantiza la coherencia del mundo ficcional (gracias a la especulación intelectual característica de la CF) con la imaginación que inventa un mundo nuevo y sorprendente. Los cambios producidos por la inclusión de elementos no existentes en el mundo primario en el momento de la escritura se presentan siempre como posibles desde algún ámbito del conocimiento científico: física, matemáticas, genética, informática, sociología, psicología, historia, lingüística, etc. El *novum* (los hechos imposibles tecnológicamente en el momento en que el autor escribe la novela) se explica con gran rigor científico o seudocientífico, pero también con la lógica argumental y la coherencia psicológica de los personajes.

LA ALTERIDAD DEL LENGUAJE

Leer una novela de CF no es solamente descubrir un mundo inexplorado, también implica en muchas ocasiones descifrar un lenguaje desconocido. Las palabras inventadas (los *mots-fictions*), los neologismos puros o los que se apoyan en raíces conocidas, las expresiones extraterrestres y las frases complejas, cuyo sentido se reconstruye gracias a su contexto textual, son manifestaciones de un fenómeno que se extiende a toda la semiótica de la CF y que Myra Barnes llama la exo-lingüística.[125]

En cualquier caso, se plantean dos problemas para el autor: cómo inventar algo nuevo a partir de un idioma de base (aquí el inglés), y cómo evitar que el lector interprete erróneamente palabras que pueden tener varios significados, es decir, cómo se integran esas palabras en el contexto de la obra. La forma más fácil y obvia de superar las barreras lingüísticas cuando los miembros de los diferentes grupos se reúnen es simplemente aprender el idioma de cada uno. Otro proceso consiste en inventar maravillosas máquinas de traducción cuyo funcionamiento sigue siendo plausible, aunque deliberadamente impreciso, y que se utilizan para comunicarse con los extraterrestres o para descifrar las lenguas terrestres del pasado en los viajes en el tiempo.

---

[123] J. M. Pozuelo Yvancos, *Poética de la ficción*, 42.
[124] I. y G. Bogddanoff, *Clefs pour la science-fiction*, 14.
[125] M. Barnes, *Linguistics and Languages in SF- Fantasy*.

EL TRATAMIENTO DE LAS CIENCIAS Y DE LAS NUEVAS TECNOLOGÍAS

El concepto científico se expresa sobre todo en un modelo de análisis y en un tratamiento científico-positivista coherente de la realidad, es decir, en el esfuerzo racional por conocer y comprender la realidad natural, desde la organización del cosmos hasta las actividades y producciones humanas, a partir de estructuras racionales propias de la modernidad.

LA MIRADA HUMANÍSTICA: HABITAR EL MUNDO

La perspectiva científica ha sido fundamental para la construcción del mundo ficcional utilizando las categorías derivadas de las relaciones de accesibilidad de M.-L. Ryan. En la mirada humanista, me he enfocado en quién/cómo habita ese mundo, inspirándome en un texto de F. Lavocat en *Faits et fiction* que sugiere que el hábitat, el entorno y la forma de existencia para los seres ficcionales son similares a los que experimentamos en la realidad.[126] Para ampliar este enfoque, he introducido una categoría general que he denominado 'antropológica-social', desglosada en varias subcategorías basadas en varios capítulos del libro de Julián Marías, *La estructura social*.[127]

Categoría antropológica-social	
La situación socioeconómica	¿Cuál es la situación política, económica, social de esos mundos utópicos o distópicos?
Las relaciones humanas	¿Cómo se tratan las relaciones humanas: el amor, la amistad, el matrimonio y la familia?
La credibilidad psicológica	¿Qué conjunto de características psíquicas poseen los miembros del mundo ficcional: psique, temperamento, carácter, personalidad?
La credibilidad antropológica	¿Cuál es la visión y concepción del ser humano?
La vida y la muerte	¿Qué sentido tiene la vida? ¿Cómo se vive la enfermedad, los fracasos y la muerte?
La trascendencia	¿Existe una trascendencia? ¿Aparecen manifestaciones religiosas?

---

[126] F. Lavocat, *Faits et fiction*, 385.

[127] J. Marías, *La estructura social*, 123-302.

LA SITUACIÓN SOCIOECONÓMICA

Toda novela proyecta un mundo, y dentro de ese mundo, una sociedad en la que el individuo se inserta. La CF imagina mundos futuros (o ucrónicos) y nuevas sociedades.

En torno a:	Los sueños de nuevas sociedades que se benefician del progreso científico y técnico	La concepción totalitaria de la sociedad
Subgénero	Las utopías	Las distopías o contra-utopías
Estado del mundo	Un mundo mejor	Un mundo peor

En una distopía, la humanidad no disfruta de una sociedad perfecta, sino que vive bajo un estado de opresión absoluta, científicamente organizada por un régimen que oprime implacablemente a sus habitantes. Este subgénero de la CF describe un mundo aterrador resultado de un proyecto político que a menudo desplaza el lugar de importancia que tradicionalmente ocupa la ciencia. Sin embargo, los mundos ficcionales que representan futuros sombríos no siempre se centran exclusivamente en su estructura política; por ejemplo, algunas distopías posapocalípticas exploran las causas de la destrucción de la Tierra, mientras que los entornos del *cyberpunk* resaltan los aspectos negativos de la civilización urbana.

LAS RELACIONES HUMANAS

Me he acercado a los personajes de las novelas de CF siguiendo el modelo 3 de Ryan, que considera a los personajes como individuos realistas, y he buscado cuáles son las relaciones humanas más representativas en las obras de CF. A primera vista, el romance, el matrimonio y la familia parecen ser temas poco comunes en la CF especulativa. Sin embargo, resulta interesante explorar el papel del amor en cada universo de CF, los modelos familiares presentados y las normas matrimoniales que se establecen.

LA PSICOLOGÍA Y LA ANTROPOLOGÍA

En el análisis de la CF, especialmente cuando introduce un *novum* actancial en la trama, se busca responder a una pregunta fundamental sobre la naturaleza humana: ¿qué significa ser humano? En este contexto, he examinado el modelo antropológico propuesto por cada obra: cómo se presenta el cuerpo humano y cómo cada ser humano (o equivalente) pone en juego su razón, su voluntad, su afectividad, su memoria, en suma, toda su persona. También he abordado el tema del extraterrestre, el 'Otro' por excelencia.

EL ESTADO EXISTENCIAL

Se plantean numerosos interrogantes que he procurado abordar: ¿Los universos de la CF ofrecen un panorama de desarrollo personal positivo o reflejan un retroceso de la humanidad? ¿Persiste el ser humano en cuestionarse sobre el sentido de la vida (quién soy y qué hago aquí) o ha sido reducido a una mera máquina? ¿Cómo se valora la vida humana en cada sociedad? ¿Se enfrenta la enfermedad como si fuera posible vencerla? ¿Cómo se concibe la muerte? La percepción varía significativamente entre un mundo con una alta tasa de mortalidad, donde la muerte puede acechar en cualquier momento, y otro donde parece más distante, improbable o incluso imposible.

LA TRASCENDENCIA

La CF aborda esta temática desde una gran variedad de enfoques que van desde una visión materialista hasta una perspectiva trascendente, como señala S. R. L. Clark en el capítulo «Science Fiction and Religion», donde destaca que la CF suele abordar lo 'religioso' en un sentido amplio.[128] Algunas historias ofrecen alegorías de doctrinas religiosas conocidas, mientras que otras comentan los efectos sociales de la religión organizada o proponen sus propias cosmologías éticas como alternativas a las antiguas creencias.

---

[128] S. R. L. Clark, «Science Fiction and Religion», 95.

REFERENCIAS BIBLIOGRÁFICAS

EL MODELO DE ANÁLISIS

DOLEEL, L. (1979). Extensional and intensional narrative worlds. *Poetics*, 8(1-2), 193-211.

EL ESQUEMA

HÉBERT, L. (2015). *L'Analyse des textes littéraires*. París: Garnier.

LÓPEZ QUINTÁS, A. (1963). *Metodología de lo suprasensible. Descubrimiento de lo superobjetivo y crisis del objetivismo*. Madrid: Editora Nacional.

MABUYA, F. T. (2010). *Les mondes virtuels dans la Science-fiction*. París: Editions Publibook.

RYAN, M.-L. (2016). Sequence, Linearity, Spatiality or: Why be afraid of Fixed Narrative Order. En R. Baroni & F. Revaz (Eds.), *Narrative Sequence in Contemporary Narratology* (pp. 175-193). Columbus: Ohio State University Press.

— (2019). Narrative as/and Complex Systems/s. En M. Grishakova & M. Poulaki (Eds.), *Narrative Complexity: Cognition, Embodiment, Evolution* (pp. 29-56). Lincoln: University of Nebraska Press.

LA MIRADA LITERARIA: NARRAR EL MUNDO

ABELLA SANTAMARÍA, J. (2008). Enfoques recientes sobre la ciencia ficción procedentes de las universidades francesas. En *Ensayos sobre ciencia ficción y literatura fantástica: 1er Congreso Internacional de Literatura Fantástica y Ciencia Ficción*. Disponible en: https://core.ac.uk/download/pdf/29401504.pdf [consultado: 19-12-2019].

CSICSERY-RONAY Jr., I. (2011). *The Seven Beauties of Science Fiction*. Middletown: Wesleyan University Press.

ECO, U. (1985). *Lector in fabula*. París: Grasset.

RYAN, M.-L. (2017). The Aesthetics of Proliferation. En M. Boni (Ed.), *World Building. Transmedia, Fans, Industries* (pp. 31-46). Amsterdam: Amsterdam University Press.

RYAN, M.-L., & Fludernik, M. (Eds.). (2020). *Narrative Factuality: A Handbook*. Berlín: De Gruyter.

SAINT-GELAIS, R. (1999). *L'empire du pseudo: modernités de la science-fiction*. Québec: Nota Bene.

LA MIRADA CIENTÍFICA: CONSTRUIR EL MUNDO

BARNES, M. (1975). *Linguistics and Languages in SF-Fantasy*. New York: Arno Press.

BOGDANOFF, I., & BOGDANOFF, G. (1976). *Clefs pour la science-fiction*. París: Édition Seghers.

BRÉAN, S. (2017). «Théories fictionnelles des mondes possibles en science fiction». *Fabula / Les colloques, Voyages imaginaires et récits des autres mondes (XIXe-XXIe siècles)*, 1. Disponible en: http://www.fabula.org/colloques/document4815.php |consultado: 22-06-2020|.

CHEYNE, R. (2008). Created languages in science fiction. *Science Fiction Studies*, 35(3), 386-403.

KRUEGER, J. R. (1968). Language and techniques of communication as theme or tool in science-fiction. *Linguistics*, 6(39), 68-86.

MORENO, F. Á. (2015). *Teoría de la literatura de ciencia ficción*. Madrid: Sportula Ediciones EBooks.

SCHOLES, R., & RABKIN, E. (1977). *Science fiction: history, science, vision*. Oxford: Oxford University Press.

— (1982). *La ciencia ficción: historia, ciencia, perspectiva*. Madrid: Taurus. (Versión en castellano).

STOCKWELL, P. (2003). Introduction: science fiction and literary linguistics. *Language and Literature*, 12(3), 195-198.

VILLEN, M. (2019). «Vi un mundo nuevo que se avecinaba velozmente»: estudio de la ucronía en Never Let Me Go de Kazuo Ishiguro. *Castilla. Estudios de Literatura*, 10, 195-222.

WHEATLEYM, B. (1979). Linguistics Through Science Fiction. *Extrapolation*, 20(3), 205-213.

LA MIRADA HUMANÍSTICA: HABITAR EL MUNDO

CLARK, S. R. L. (2008). Science Fiction and Religion. En D. Seed (Ed.), *A Companion to Science Fiction* (pp. 95-110). Hoboken: John Wiley & Sons.

Parte 3

El estudio de dos obras de ciencia ficción

Capítulo 5

The Man in the High Castle de Philip K. Dick

INTRODUCCIÓN

Philip Kindred Dick nació en Chicago el 16 de diciembre de 1928. La pérdida de su hermana gemela a las cinco semanas de edad dejó una profunda huella en su psique y en su escritura a lo largo de toda su vida. Además, tuvo que enfrentar una ruptura familiar cuando sus padres se divorciaron en 1933, así como enfermedades frecuentes durante su adolescencia.

En 1938, comenzó a escribir para el periódico *The Daily Dick*, y luego para *The Truth* en 1943. Durante sus años de secundaria en Berkeley (1943-1947), continuó su pasión por la lectura y la escritura de ciencia ficción y fantasía. Algunas de sus primeras historias, como «The Magician's Box» y «The Slave Race», fueron bien recibidas y publicadas en el *Berk Gazette*, el periódico de su escuela secundaria. Estas primeras obras anuncian claramente sus temas e intereses posteriores.

En 1947, Dick se independizó y trabajó como empleado en una tienda de música llamada Berkeley Art Music, lo que alimentó su amor por la música. En una entrevista, mencionó que a los catorce años ya era capaz de reconocer prácticamente cualquier sinfonía u ópera.[129] En 1949, conoció a Anthony Boucher, un destacado escritor, crítico y editor de novelas de ciencia ficción y misterio. Boucher se convirtió en su amigo y mentor literario, influyendo en sus primeros trabajos.

---

[129] P. K. Dick, «Self Portrait in Sutin, Shifting Realities», 13. De este libro hemos sacado varios datos de la vida de K. Dick.

En 1951, animado por Boucher, Dick envió historias a varias revistas, siendo algunas publicadas en *Fantasy and Science Fiction*, *Planet Stories* y *Fantasy Fiction*. En 1957, Dick escribe *Eye in the sky;* entre 1959 y 1965, *The Man in the High Castle* (1962) y otras novelas no tan bien recibidas, como *We Can Build You* (1962), *Martian Time Slip* (1964) y *Three Stigmata de Palmer Eldritch* (1965).

Do Androids Dream of Electric Sheep? (1969) se convirtió en su obra más conocida, especialmente después de la adaptación cinematográfica *Blade Runner* (1982), dirigida por Ridley Scott. Otros de sus mejores cuentos se han llevado también a la pantalla grande, aunque a veces apenas reconocibles: *Minority Report* (2002), *We Can Remember It for You Wholesale*, filmado como *Total Recall* (1990), y *The Second Variety* como *Screamers* (1995). Además, se produjo una serie de televisión de cuatro temporadas basada en *The Man in the High Castle* (2015-2019).

Philip K. Dick escribió aproximadamente cuarenta y siete novelas, siendo la mayoría de ellas de ciencia ficción, además de una gran cantidad de cuentos cortos. Su obra se caracteriza por ser conmovedora e iluminadora, aunque a veces irregular, pero siempre fascinante. En la introducción de la novela *The Man in the High Castle* de la editorial Penguin Books, E. Brown señala que mientras que gran parte de la ciencia ficción de la época se enfocaba en las ciencias duras, Dick utilizó el género para explorar sus obsesiones metafísicas sobre la naturaleza de la realidad, el bien y el mal, y el abuso de poder. Estaba obsesionado con la idea de que el universo era solo aparentemente real, y que detrás de esta ilusión se escondía la verdad.

LAS REFERENCIAS EXTRA-FICCIONALES

El entorno social de los personajes guarda similitudes notables con el de K. Dick, como señala E. Carrère: «Su entorno preferido nunca sería la universidad ni los cafés donde los estudiantes ruidosos rehacen el mundo, sino la pequeña empresa, la tienda donde se barre la acera por la mañana antes de levantar la persiana y dar la bienvenida a los primeros clientes».[130] Sus protagonistas son personas comunes y corrientes, artesanos, trabajadores, comerciantes, en resumen, individuos cercanos al autor. Incluso se menciona el taller de joyería que su esposa Anne abrió en 1960 y que solía visitar.

> Al fin y al cabo, aquellas eran joyas para mujeres. Juliana hubiera podido ponérselas para ir a la tienda. Frink cerró los ojos y trató de imaginar a Juliana con uno de los brazaletes

---

[130] E. Carrère, *Je suis vivant et vous êtes morts*, 23.

o collares de plata. [...] Tendría que poner una nota explicándole que las había hecho él mismo; que era socio de un nuevo negocio de joyería.[131]

Además, comparte con sus personajes, especialmente con Frank, las dificultades económicas que experimentó desde su infancia. Sus biógrafos relatan que mientras trabajaba en Berkeley Art Music y en sus primeros años como escritor (ya casado con su segunda esposa Kloe), compraba carne de caballo en secreto en una tienda de alimentos para perros. También encontramos otros rasgos personales de Dick, como su adicción a las drogas y su inestabilidad psíquica, manifestada en crisis de ansiedad, alucinaciones y paranoia. Este monólogo de Baynes proviene seguramente de las preocupaciones del autor:

> Vivían en un mundo psicótico. Los locos estaban en el poder. ¿Desde cuándo? ¿Y cuántos se daban cuenta? No Lotze. Si uno tenía conciencia de estar loco ya no estaba loco, quizá. O empezaba a volverse cuerdo, y al fin despertaba. Le parecía a Baynes que solo unos pocos lo entendían así. Gente solitaria, aquí y allá. Pero, ¿y qué pensaban las masas? Todos esos cientos de miles que vivían en esa ciudad, por ejemplo. ¿Imaginaban que vivían en un mundo cuerdo? ¿O vislumbraban, sospechaban la verdad? Pero en verdad era difícil saber qué significaba eso: estar loco. Loco: una definición legal. Lo siento, lo veo, ¿pero qué es?[132]

Entre los elementos que conforman su mundo, se vislumbra claramente el entorno geográfico de Dick, especialmente los Estados Unidos de la década de 1960 y, más específicamente, San Francisco. A finales de los años cincuenta, el centro de la ciudad fue dividido de su bahía por un imponente muro de hormigón: el viaducto de la autopista Embarcadero de doble nivel, un tema que generó fuerte controversia y que aparece claramente en la novela:

> Dios, ¿qué era aquello? El señor Tagomi se detuvo mirando boquiabierto algo espantosamente deforme que cerraba el horizonte. Una nave de pesadilla, suspendida en el cielo; una enorme construcción de metal y cemento que ocultaba el paisaje. El señor Tagomi se volvió a un transeúnte, un hombre flaco de traje arrugado. —¿Qué es eso? —le preguntó apuntando con el dedo. El hombre sonrió mostrando los dientes. —¿Horrible, eh? Es la carretera elevada del Embarcadero. Mucha gente piensa que

---

[131] P. K. Dick, *El hombre en el castillo*, 157; 159.
[132] P. K. Dick, *El hombre en el castillo*, 51.

arruina el paisaje. —Nunca la había visto antes —dijo el señor Tagomi. —Hombre afortunado —repuso el otro y se fue.[133]

A pesar de no ser un experto en cultura oriental, Dick introduce sutilmente elementos de la cultura japonesa, descritos por Childan, un personaje de cultura occidental como él. Además, Dick tenía una inclinación por la lectura de la Biblia y consultaba el *Yi Ching*. Este último, un tratado chino del primer milenio antes de Cristo, introducido en Europa por los jesuitas a finales del siglo xvii, fue especialmente significativo para él. Es notable que uno de los personajes, llamado 'Baynes', recibe este nombre como un homenaje a Carl Gustav Jung, quien escribió el prefacio de la versión alemana más influyente del *Yi Ching* en 1924. Cary F. Baynes, una de sus alumnas, tradujo y publicó esta obra al inglés en 1950, por lo que el uso del *Yi Ching* se hizo popular en la bahía de San Francisco hacia finales de esa década. Dick lo descubrió gracias a un artículo escrito por Jung en 1960.

El *Yi Ching*, con sus 64 hexagramas centrales (sus capítulos), describe los estados del mundo y sus evoluciones. Se puede utilizar como un libro de sabiduría o como una técnica para predecir el futuro. Cuando alguien consulta el *I Ching*, recibe uno de sus 64 hexagramas, unos gráficos de seis líneas generados según un mecanismo aleatorio. La importancia del *Yi Ching* se justifica por la presencia japonesa y contrasta con las citas bíblicas que simbolizan la cultura mayoritariamente cristiana de los Estados Unidos. Por ejemplo, cuando Tagomi se encuentra de repente en el mundo primario (en adelante M_1) del autor, es decir, en el mundo real donde los valores cristianos aún prevalecen, la cultura estadounidense se insinúa en la mente del japonés y logra por un momento eclipsar el *Yi Ching* de la cultura oriental. Así se entiende mejor por qué el japonés cita al profeta Elías o a san Pablo.

LAS REFERENCIAS INTER-FICCIONALES

Dick arroja luz sobre el carácter distintivo de la ucronía como subgénero narrativo ciencia-ficcional:

—Pasó las páginas. —No es una novela policial —opinó Paul—. Al contrario, una forma interesante de la ficción, posiblemente relacionada con la ciencia ficción. —Oh, no —se opuso Betty—. No hay ciencia en la obra. No se trata del futuro. El tema de la ciencia

[133] P. K. Dick, *El hombre en el castillo*, 268-269.

ficción es el futuro, en particular un futuro donde la ciencia ha avanzado todavía más. El libro no tiene esas características. —Pero —expuso Paul— habla de otro presente posible. Hay muchas novelas de ciencia ficción de esa especie.[134]

El autor descubrió la obra *Bring the Jubilee* (1955) de Ward Moore, que estaba leyendo su esposa poco antes de comenzar a escribir su novela, y fue el catalizador de *The Man in the High Castle*. Podemos establecer claramente un paralelo entre *Bring the Jubilee*, donde los sureños ganan la Guerra Civil, y *The Man in the High Castle*, donde los alemanes y los japoneses ganan la Segunda Guerra Mundial.

EL *STORYWORLD*

The Man in the High Castle (1962), traducido al castellano por *El hombre en el castillo*, fue un éxito, tanto por su calidad literaria como por la originalidad de su tema, y recibió el Premio Hugo a la mejor novela de ciencia ficción de ese año.

LA TRAMA

La trama se desenvuelve en un mundo alternativo, una realidad distópica que guarda similitudes con el siglo xx, pero que incorpora elementos desconcertantes para el lector. Las potencias del Eje emergen como vencedoras en la Segunda Guerra Mundial, dividiendo el mundo conquistado en dos esferas de influencia: una bajo dominio japonés y otra bajo el control de los nazis, quienes han implantado sus métodos brutales en todo su territorio. Entretanto, circula un rumor en el país sobre un hombre que reside en un castillo (de ahí el título), un escritor de ciencia ficción que supuestamente ha escrito una novela en la que los Aliados triunfaron en la guerra. Dick manipula la realidad y la percepción, sugiriendo al final de la obra que el mundo ficcional creado por el hombre en el castillo representa la auténtica realidad (aunque diferente al M_1), mientras que los protagonistas viven en una ilusión. Al igual que los personajes, el lector se ve incapaz de confiar en la estabilidad del universo percibido.

---

[134] P. K. Dick, *El hombre en el castillo*, 129.

LA ESTRUCTURA

La obra adopta muchas de las características propias de una novela social, al explorar las interacciones entre hombres y mujeres en una sociedad realista ambientada en 1962. En lugar de enfocarse en un héroe o protagonista privilegiado, la trama sigue la vida de varios personajes a lo largo de los quince capítulos.

Al igual que sus personajes, el propio Dick recurrió al *Yi Ching* en momentos críticos durante el proceso de escritura para conocer el destino de los personajes y el desarrollo de la trama de la novela. Sin embargo, no sabemos cuántos resultados alternativos rechazó y si hizo 'elecciones' personales. Explica el autor cómo utilizó el *I Ching* en *The Man in the High Castle*: al igual que los personajes cuando formulaban una pregunta, K. Dick lanzaba las monedas y anotaba las líneas de los hexagramas. Eso marcaba la dirección del libro.[135] Esta técnica explica por qué la trama no sigue un orden lógico y por qué los personajes parecen surgir de manera casi improvisada, sin conexión aparente (figura 17).

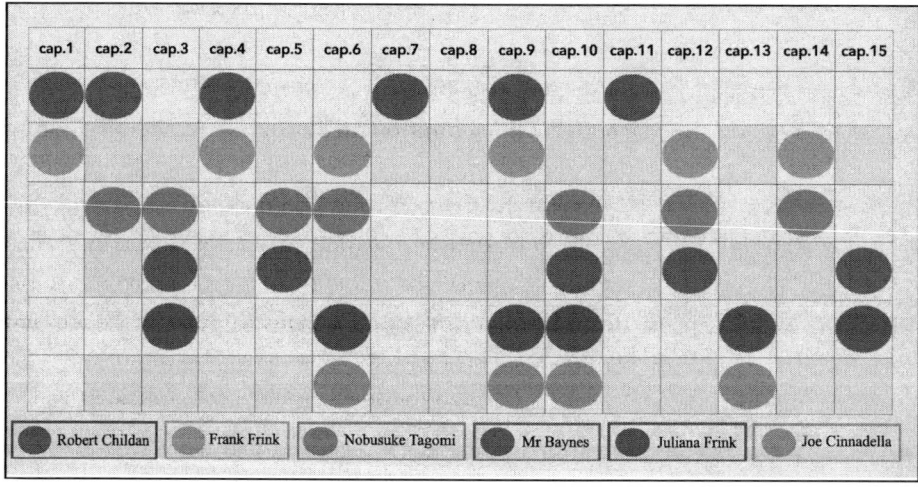

Figura 17. La aparición de los personajes en los quince capítulos.
Elaboración propia

Robert Childan, Frank Frink, Nobusuke Tagomi, Baynes y Juliana Frink consultan doce veces el *Yi Ching* en la novela. Las respuestas obtenidas ilustran las preocupaciones centrales de los protagonistas y también las líneas de destino subyacentes que

---

[135] P. Mountfort, «The I Ching and Philip K. Dick's *The Man in the High Castle*», 291.

conectan a los personajes. La figura 18 se inspira en dos artículos de Marie-Laure Ryan, «The Window Structure of Narrative Discourse» (1987) y «Diagramming narrative» (2007).

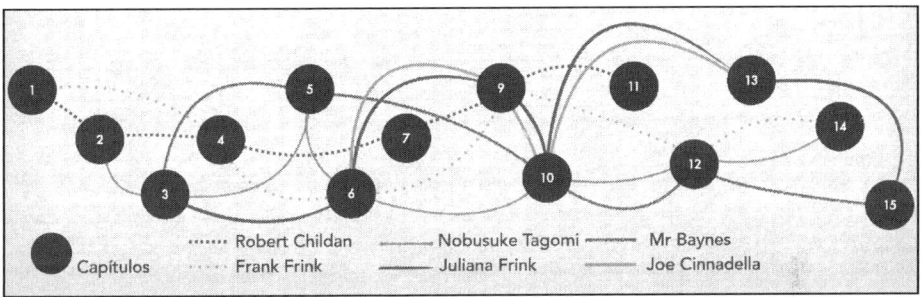

Figura 18. Las líneas de acción de los personajes.

Frink y Tagomi utilizan el oráculo de manera similar, siguiendo un patrón recurrente. Las primeras dos preguntas se centran en concertar una cita con alguien importante (Wyndham-Matson/Childan) y abordan situaciones delicadas de interacción interpersonal, ya sea con un superior o con un visitante destacado. De manera similar, las consultas cinco y seis reflejan una simetría: Frink considera aceptar un negocio arriesgado, mientras que Tagomi se ve envuelto en una trama política cada vez más turbia. Estos resultados estrechamente alineados sugieren que los destinos de ambos hombres están interconectados y, de hecho, sus trayectorias se cruzarán en un momento crucial de la novela (en su desenlace), aunque ninguno de los dos sea consciente de la existencia del otro. Las consultas tres y cuatro exploran la dualidad entre la naturaleza interna de una persona (Juliana/Baynes) y su apariencia externa. Finalmente, las consultas décima (Juliana) y undécima (Tagomi) tienen lugar tras un asesinato.

LA XENO-ENCICLOPEDIA

El espacio

Las primeras líneas de la novela trasladan al lector a San Francisco (California) en 1962, pero muy pronto algunos detalles llaman la atención, pues no coinciden con la imagen de la ciudad americana de esos años:

Childan se detuvo a mirarlo, complacido. Mujeres con largos vestidos de seda de color… […] —La voz encocorada y rápida, era apenas cortés, a punto de traspasar los límites del código—. […] Tagomi había pronunciado mal el nombre, deliberadamente. Un insulto, dentro de los límites del código. Robert Childan, realmente mortificado, sintió que se le enrojecían las orejas. […] Childan saludó espontáneamente con una reverencia.[136]

Se descubre que Dick no está describiendo su M_1, sino un mundo gobernado por dos superpoderes: Alemania, que domina Europa y África con mano de hierro, y Japón, que dirige Asia más benignamente. En cuanto a los Estados Unidos, están fragmentados en tres estados: el Este, bajo el dominio alemán; un estado central autónomo, conocido como el Estado de Rocky Mountain (zona neutral), y la costa del Pacífico, administrada por los japoneses. Se trata de un mundo contrafactual que F. Lavocat describe como un mundo al borde de una tercera guerra mundial, esta vez entre los antiguos vencedores, los alemanes y los japoneses.[137]

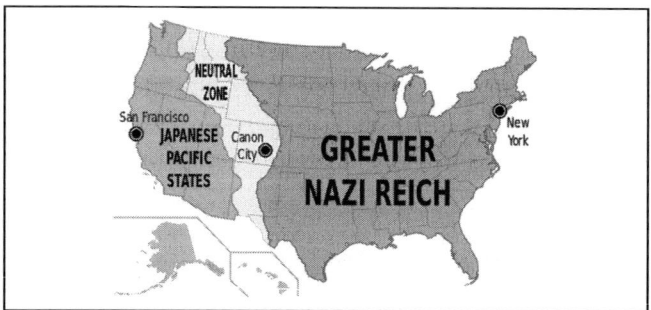

Figura 19. El mapa ficcional de los Estados Unidos.[138]

En ese mundo alternativo, la imaginación choca con la realidad de manera sutil, a veces casi imperceptible, en un juego de escondite donde se recurre constantemente al principio de desviación mínima. Cada vez que el lector contrasta el mundo histórico que conoce con el mundo ficcional, se hace evidente esta colisión. Al igual que en *Bring the Jubilee* de Ward Moore (1955), donde los sudistas en 1863 ganan la guerra de Secesión y por lo tanto su independencia, el lector asume que los Estados Unidos del mundo ficcional son idénticos a los Estados Unidos históricos de esa época, menos en lo que refuta explícitamente el texto.

---

[136] P. K. Dick, *El hombre en el castillo*, 8; 9; 10.

[137] F. Lavocat, *Alternative History and Counterfactual Historical Novel*, 7.

[138] Tomado del artículo: «El hombre en el castillo: Philip K. Dick, versión serie de televisión (23 de noviembre de 2015) del blog Microsiervos.
Disponible en: https://www.microsiervos.com/archivo/peliculas-tv/el-hombre-en-el-castillo-philip-k-dick-version-serie-television.html

EL TIEMPO: LA UCRONÍA

Dentro de las incursiones al pasado, ha surgido más recientemente un subgénero conocido como 'ucronía', derivado del término francófono *uchronie*.[139] En su versión en inglés, a menudo se denomina historia alternativa. A pesar de sus diversas variaciones, se puede describir como la práctica de situar la ficción en el pasado con el fin de reinventar la historia (preferiblemente sus períodos más significativos) y modificarla. Si bien todo viaje en el tiempo implica un viaje en la historia, la ucronía se centra específicamente en seleccionar un momento potencial en la historia en el cual el autor intenta responder a la pregunta: ¿Qué habría pasado si…? Paul Alkon la define como ensayos o narrativas que exploran las consecuencias de una divergencia imaginaria con respecto a eventos históricos específicos.[140] La historia oficial no se descarta, pero toma un rumbo diferente que genera una variante del mundo donde se corrige un error o una injusticia, se plantea un mundo mejor o se inicia una controversia. Según B. Campeis y K. Gobled, la construcción de hipótesis alternativas nos permite analizar las causas de los acontecimientos y comprender el curso de nuestra historia. Incluso, la ucronía, al poner a prueba las hipótesis del pasado, nos permite comprender mejor el presente.[141]

Para conocer mejor este concepto, he retrocedido a sus raíces. El término *uchronie* fue acuñado en 1876 por Charles Renouvier en su libro titulado *Ucronie (l'utopie dans l'histoire)*. Renouvier formó esta palabra combinando las raíces griegas οὐ ('no') y κρόνος ('tiempo'). Inspirado en el neologismo 'utopía' creado por Tomás Moro en 1516, que describe un lugar inexistente, la ucrónica se refiere a un tiempo que nunca existió. Renouvier precisa que la ucronía es una utopía en la historia, una utopía al revés, que se sitúa en el pasado en lugar del futuro. Hasta el momento, después de Leibnitz, nos hemos centrado principalmente en los 'futuros contingentes'. La ucrónica se ocupa de los pasados contingentes.[142] Sin embargo, las historias alternativas no se limitan únicamente a expresar una nostalgia por un pasado mejor; también transmiten miedos y temores retrospectivos. Henriet propone un neologismo siguiendo el ejemplo de Renouvier, utilizando el término *dyschronie* que he traducido al español como 'discronía'. El prefijo griego δυσ-, que significa 'malo', indica que las discronías abarcan las historias alternativas que presentan pasados negativos y narran una versión de la historia catastrófica u horrible para el ser humano.

---

[139] Una parte de este párrafo se encuentra incluida en el artículo de M. Villen titulado «Vi un mundo nuevo que se avecinaba velozmente», 196-205.

[140] P. Alkon, «Alternate History and Postmodern Temporality», 68.

[141] B. Campeis y K. Gobled, *Le Guide de l'uchronie*, 28.

[142] G. Compayré, Review of Uchronie. Bureau de la Critique philosophique, 294-303.

Valoración	Pasado (historia alternativa)	Futuro (historia posible)
Sociedades positivas: un lugar mejor	Ucronía	Utopía
Sociedades negativas: un lugar peor	Discronía	Distopía

El funcionamiento de la ucronía/discronía implica que se separe el M_1 y el mundo ficcional ucrónico/discrónico desde un punto de divergencia conocido como 'un acontecimiento fundador' que debe ser fácilmente identificable, creíble y aceptado en consenso.[143] Este evento modifica de manera leve o radical la historia, e inicia los cambios sociales e históricos que el texto desarrolla. Puede ser obvio, como en casos relacionados con guerras o batallas importantes, o puede estar más difuminado en la narrativa. Dado que se trata de historia, entran en juego parámetros como la cultura, la economía y la política, que exigen ciertos conocimientos. Por lo tanto, la variación ucrónica debe ser no solo universalmente identificable, plausible y creíble, sino también manejable para el autor, quien necesita controlar todas sus ramificaciones.

En la obra de Renouvier, el acontecimiento fundador se presenta como un emperador Marco Aurelio diferente, quien cede el Imperio a un filósofo llamado Avidius Cassius, cambiando así el sistema del Imperio por una República. Esta alteración se mezcla hábilmente con la realidad, dificultando para el lector no especializado distinguir entre la ficción y la realidad. En *West of Eden* de Harry Harrison, el acontecimiento fundador consiste en la no extinción de los dinosaurios, lo que lleva a la evolución de los grandes reptiles y afecta el desarrollo de los mamíferos. En *Ruled Britannia* de Harry Turtledove, el universo alternativo se crea a partir de la victoria de la Armada española sobre los ingleses en 1588, lo que devuelve a Inglaterra al catolicismo.

A partir de estas dos características esenciales, el punto de divergencia y la reescritura de la historia pasada, se forman las ucronías. Las 'ucronías puras' alteran la historia tal como la conocemos y exploran sus consecuencias, sumergiendo a los personajes en un mundo alternativo: «Una narración ambientada en un pasado ficticio que extrapola de forma verosímil el desarrollo alterado de la historia a partir de un punto identificable de divergencia de los acontecimientos de la historia tal y

---

[143] E. Henriet, *L'histoire revisitée: panorama de l'uchronie sous toutes ses formes*, 63-72.

como estos se entienden en el mundo consensuado compartido por el lector».[144] Las 'ucronías impuras' delimitan la historia alternativa a un dominio más restringido o amplían la historia sin preocuparse tanto por la plausibilidad histórica.[145]

Saint-Gelais propone otra clasificación. Por un lado, menciona las 'ucronías historiográficas', donde los personajes son equivalentes a figuras históricas reconocidas y los eventos del mundo real se pueden identificar fácilmente. Estas obras tienden a tener una visión objetiva de la historia, considerándola como conocible y susceptible de cambios. Por otro lado, están las 'ucronías novelescas', que presentan personajes ficcionales cuyas acciones no tienen un impacto significativo en la historia y requieren que el lector reconstruya gradualmente el mundo alternativo a partir de alusiones más o menos explícitas a lo largo del texto. Estos relatos generalmente no exponen el evento fundador, sino que muestran directamente sus consecuencias sin enfocarse en él: «La desviación histórica constituye menos el objeto del texto que el trasfondo sobre el cual se desarrolla una trama novelesca que no tiene nada de ciencia ficción, excepto por su inserción en un mundo extrañamente desconocido».[146]

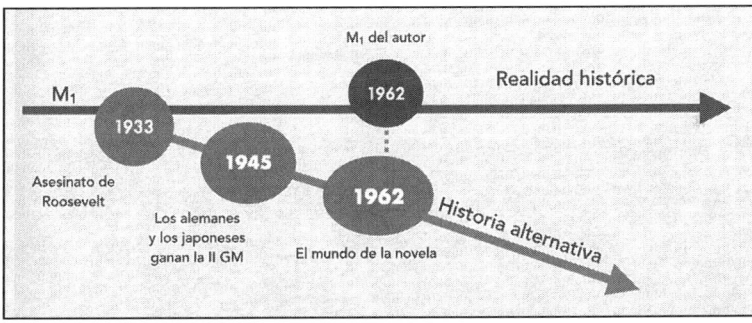

Figura 20. La ucronía. II GM: Segunda Guerra Mundial. M_1: mundo primario.

En resumen, la novela pertenece al subgénero de la ciencia ficción llamado 'ucronía', que reinventa un pasado que nunca ha existido, presentando otra versión de la historia como podría haber sido (figura 20). Forma parte del grupo temático de la Segunda Guerra Mundial que constituye una parte significativa de las ucronías. Introduce directamente al lector en el mundo 'tal como hubiera sido si…', es decir, en la historia contrafactual. El hecho fundador lo constituye el asesinato de Roosevelt, que desencadena una serie de acontecimientos que cambian la historia

---

[144] A. Ransom, «Warping Time», 260.

[145] B. Campeis y K. Gobled, *Le Guide de l'uchronie*, 45-48.

[146] R. Saint-Gelais, *L'Empire du pseudo*, 44-45.

tal como se conoce (las fuerzas del Eje ganan la Segunda Guerra Mundial). El punto de divergencia se sitúa en 1933, y a partir de él se crea la línea de tiempo alternativa.

LA CREDIBILIDAD SOCIOECONÓMICA

La identidad y cultura estadounidenses se ven influenciadas por el *Yi Ching*, el taoísmo y la doctrina nazi en la novela. Los signos del cambio se encuentran difuminados en el texto, dejando que el lector disfrute del doble placer del reconocimiento averiguando lo que forma parte de la historia del M_1 y del alejamiento buscando lo que pertenece exclusivamente al mundo ficcional. Por ejemplo, se visualiza la transformación de los taxis de San Francisco:

> —¡Taxi! —llamó. Un pedetaxi apareció en medio del tránsito. El conductor se detuvo junto al bordillo, volviendo una cara oscura y brillante, el pecho agotado. —Sí señor. —Lléveme al edificio del Nippon Times —ordenó el señor Tagomi. Se subió al asiento y se puso cómodo. Pedaleando furiosamente, el conductor del pedetaxi se movió entre los otros taxis y coches.[147]

En la zona ocupada por el imperio japonés, se establece una dominación y subordinación colonial, prohibiendo que los estadounidenses ocupen puestos de gobierno de alta jerarquía, mientras que los 'pinocs' pueden obtener puestos administrativos inferiores. La jerarquía social, regida por el racismo (alusión al peso que tiene el racismo en la vida social estadounidense en la década de los 60 del siglo XX), invierte el estatus: los blancos, al igual que los afroamericanos, son discriminados. Por otro lado, en el territorio controlado por los alemanes, se segrega o extermina a aquellos que no cumplen con las características impuestas por el régimen nazi:

> Y además el sur tenía una cantidad de lazos económicos, ideológicos, y otros poco conocidos con el Reich. Y Frank Frink era judío. [...] Por supuesto. Los eslavos, los polacos, los portorriqueños no podían leer ni escuchar cualquier cosa. Los anglosajones habían salido mejor del paso. Mandaban a sus niños a las escuelas públicas, iban a los museos, las bibliotecas, los conciertos.[148]

---

[147] P. K. Dick, *El hombre en el castillo*, 273.
[148] P. K. Dick, *El hombre en el castillo*, 15; 103.

Ahora bien, los alemanes permiten a los estadounidenses gobernarse a sí mismos, ya que la mayoría ha adoptado los principios nazis gracias a la manipulación de masas:

> —Me gustan Verdi y Puccini. Todo lo que oyes en Nueva York es una ampulosa pesadez alemana, Wagner y Orff. Todas las semanas teníamos que ir al Madison Square Garden a esos horribles espectáculos dramáticos del Partido Nazi Norteamericano, banderas y tambores y trompetas y antorchas centelleantes. La historia de las tribus góticas o alguna otra tontería pedagógica, cantada en vez de hablada, así podían llamarla arte.[149]

LA CIENCIA Y LA TECNOLOGÍA

La novela no está enfocada en la ciencia y la tecnología. Solo los alemanes las desarrollan con sus aviones hipersónicos, robots y naves espaciales que colonizan Marte:

> —No ridiculicemos este esfuerzo —decía la radio cuando Frink cerró un momento el grifo de agua caliente. No, de ningún modo, pensó Frink con amargura. Sabía muy bien de qué esfuerzo particular hablaba la radio. Sí, al fin y al cabo, la imagen no dejaba de ser humorística: unos alemanes estólidos y gruñones que recorrían Marte, caminando por una arena roja donde ningún ser humano había pisado antes.[150]

Estos elementos no son centrales en la trama, simplemente agregan un toque ciencia-ficcional a la obra.

EL NOVUM

La originalidad de Dick radica en dos aspectos principales: situar la novela en su M_1 en 1962, después de haber alterado la historia previa, y crear una segunda historia alternativa dentro de esa primera historia alternativa, a partir de un mismo punto de divergencia, gracias a dos acontecimientos fundadores diferentes, uno para *The Man in the High Castle* (Roosevelt es asesinado) y otro para *The Grasshopper Lies Heavy* (Roosevelt no es asesinado) (figura 21).

---

[149] P. K. Dick, *El hombre en el castillo*, 183.
[150] P. K. Dick, *El hombre en el castillo*, 16.

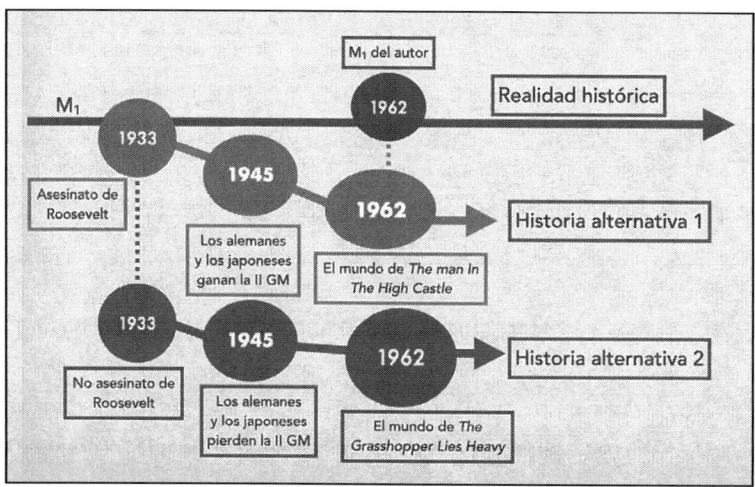

Figura 21. Las tres líneas de tiempo. II GM: Segunda Guerra Mundial. M_1: mundo primario.

El texto solo presenta al lector el acontecimiento fundador y los eventos de *The Grasshopper Lies Heavy* (historia alternativa 2), los cuales, por contraste, permiten inferir los de *The Man in the High Castle* (historia alternativa 1), siempre en relación con el mundo real (la realidad histórica). El texto en negrita de la tabla 4 se extrajo de la novela.

Tabla 4. Los mundos de *The Man in the High Castle*		
Mundo ficcional: *The Grasshopper Lies Heavy*	**Mundo ficcional:** *The Man in the High Castle*	**Mundo real**
Roosevelt no es asesinado en Miami.	Se infiere: Roosevelt fue asesinado (1933) y se eligió a Garner.	Mundo real de 1933 a 1947. Mundo real de 1962.
Continúa su mandato y lo reeligen en 1936, de modo que es presidente hasta 1940, hasta los primeros años de la guerra.	**Garner fue un presidente realmente mediocre.**	
Es testigo de todo eso y prepara el país.	**Podría haber evitado muchas cosas.**	
El libro dice que, en 1940, después de Roosevelt, el presidente habría sido Rexford Tugwell, y no un aislacionista como Bricker.	Se infiere: le sucedió Bricker.	

Tabla 4. Los mundos de *The Man in the High Castle (cont.)*		
Y Tugwell habría continuado la política antinazi de Roosevelt.	Se infiere: Bricker no tuvo una política antinazi.	
Alemania no se habría atrevido a ayudar a Japón en 1941.	Se infiere: los alemanes se aliaron a los japoneses que aparentemente iniciaron el conflicto.	
No habrían cumplido el tratado.	Se infiere: se llevó a cabo la alianza entre Alemania y Japón.	
¡Y Alemania y Japón habrían perdido la guerra!	Se infiere: Alemania y Japón ganaron la guerra.	

La novela presenta varios mundos (figura 22):

- El mundo ficcional de *The Man in the High Castle*, donde los alemanes y los japoneses han ganado la Segunda Guerra Mundial.
- El mundo ficcional de *The Grasshopper Lies Heavy*, donde los aliados han ganado el conflicto, una novela clandestina escrita por Hawthorne Abendsen y leída por varios personajes.
- El M_1 del autor (1962), donde no existe la deferencia esperada de los blancos hacia los japoneses cuando Tagomi desorientado, de alguna manera, se desliza brevemente en él y aparece la autopista Embarcadero de San Francisco construida en 1950.

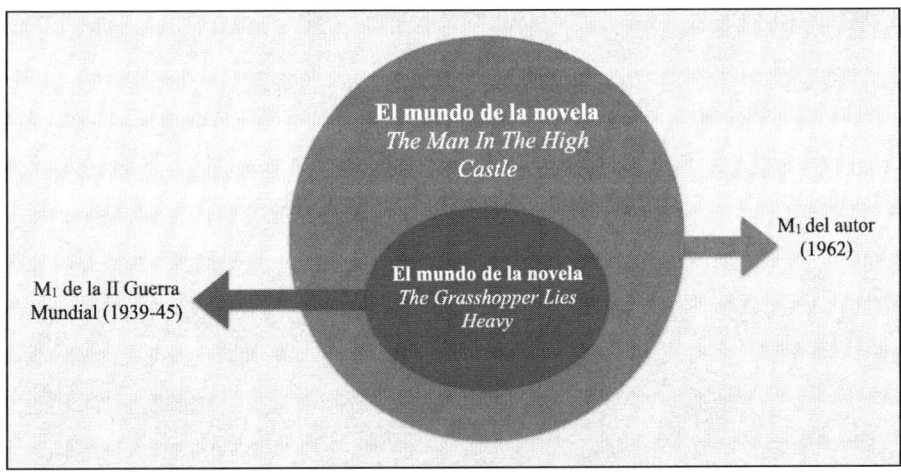

Figura 22. Una ucronía dentro de una discronía. M_1: mundo primario.

La presencia simultánea de los tres mundos no pasa inadvertida para el lector, quien desde la primera página está comparando, de manera más o menos consciente, la historia del mundo ficcional (o de los dos mundos ficcionales, en este caso) con la historia real. Este juego de escondite entre la narración y el lector pone en práctica el principio de desviación mínima de Marie-Laure Ryan. El lector asume que los Estados Unidos del mundo ficcional (específicamente San Francisco) son idénticos a los Estados Unidos históricos de 1962, excepto en lo que el texto refuta explícitamente. Aunque incluye elementos propios del *thriller* con sus espías, *The Man in the High Castle* se puede considerar una discronía historiográfica. La obra mantiene una coherencia y una lógica históricas, presentando los dobles de personas conocidas como Hitler, Bormann, Göring y Goebbels en un contexto diferente, aunque conservan sus rasgos principales, especialmente los negativos:

> Señor Baynes, dicen que herr Bormann está muy enfermo. Que el Partido elegirá un nuevo canciller este otoño. ¿Solo un rumor? Tantos secretos, ay, entre el Pacífico y el Reich. […] El viejo Adolf, de quien se decía que estaba en algún sanatorio, viviendo los últimos años de su vida en una parálisis senil. Sífilis cerebral, adquirida en los días en que era un vagabundo en Viena… un vagabundo de largo abrigo negro, ropa interior sucia y casas en ruinas.[151]

El hombre en el castillo forma parte de las 'ucronías historiográficas', donde los personajes son contrapartes de figuras históricas y los acontecimientos se identifican fácilmente con la historia real. Es una discronía porque retrata una situación global dominada por el totalitarismo y se centra en la confusión de los personajes. Estos, en medio de aventuras a veces absurdas, experimentan momentos de angustia existencial. Suele resultarles imposible distinguir entre lo que realmente ocurre y lo que parece que les está ocurriendo, planteándose con frecuencia el lector el mismo problema.[152]

La política

La novela explora una serie de valores relacionados con el poder, la dominación, la libertad y la individualidad. Presenta un elenco de líderes políticos nazis tomados

---

[151] P. K. Dick, *El hombre en el castillo*, 24; 46.
[152] R. E. Scholes y E. S. Rabkin, *Science fiction…*, 85.

del mundo real, que encarnan un gobierno fascista cuyo principio político principal es la expansión de sus dominios y la limpieza étnica global. Sin embargo, hay cambios significativos: Hitler está recluido en un asilo psiquiátrico y el poder lo detenta el canciller Martin Bormann. Tras la muerte de este último, surgen conflictos entre Hermann Göring, que busca una glorificación personal al estilo de los emperadores romanos, Joseph Goebbels, que ambiciona el poder, y Reinhard Heydrich, de una línea más moderada.

Dick condena con dureza la ideología nazi y sus atrocidades, planteando un dilema moral: ¿Es posible negociar con el mal? ¿Se puede combatir el mal con el mal?: «No puedo creerlo, se dijo. No puedo soportarlo. El mal no es un punto de vista. [...] El mal es un elemento consustanciado con el mundo, se dijo el señor Tagomi. Se derrama sobre nuestra cabeza, entra en nuestro cuerpo, nuestra mente, nuestro corazón, hasta en las piedras de la calle».[153] ¿Es la conveniencia política la que puede determinar cuál de los dos males (el carnicero o el psicópata) sería el 'mejor'? Preguntas que siguen siendo muy pertinentes en la actualidad.

La discronía también critica los ideales capitalistas que priorizan la ganancia en detrimento de los más desfavorecidos, así como la crisis de los principios e instituciones democráticas: «Los dos países son potencias plutocráticas, gobernadas por ricos. Si hubiesen ganado, no habrían tenido otra preocupación que ganar más dinero, esa clase superior. Abendsen está equivocado; no habría reformas sociales, ni planes de bienestar común».[154]

LOS MUNDOS INTERIORES

En la introducción de la novela, Brown menciona: «Uno de los muchos puntos destacados de su obra fue la habilidad con la que escribía sobre personas comunes enfrentando circunstancias extraordinarias».[155] De hecho, gran parte del peso de la trama recae en personajes comunes cuyos mundos internos tienen una relevancia significativa en el texto, un rasgo poco común en la ciencia ficción. Por lo tanto, una de las fortalezas de la obra radica en la empatía con la que el autor retrata a individuos ordinarios. La edición francesa resalta los monólogos interiores con el uso de la cursiva y separa con tres asteriscos (***) cada cambio de personaje dentro de un

---

[153] P. K. Dick, *El hombre en el castillo*, 113.
[154] P. K. Dick, *El hombre en el castillo*, 188.
[155] E. Brown, «Introduction», VII.

mismo capítulo. La versión inglesa los separa con un solo asterisco (*), pero no distingue gráficamente el mundo interior de los personajes.

Me he enfocado en tres personajes que comparten características similares: cada uno consulta el *Yi Ching* en busca de orientación, y cada uno está atrapado en un mundo del que no puede escapar. Los monólogos interiores revelan la falta de conexiones humanas profundas y sinceras entre los personajes, ya que solo interactúan accidentalmente por interés propio. Sin embargo, al final de la novela, se vislumbra una leve señal de esperanza, ya que, a pesar de sus limitaciones y condicionamientos, intentan mejorar su mundo.

He seguido este esquema: 1) La pérdida de libertad frente a los mundos sociales dominantes que los oprimen y limitan; 2) la soledad de estos personajes que buscan un destello de felicidad en la oscuridad, y 3) el anhelo de autenticidad en medio de un entorno ambiguo y confuso.

ROBERT CHILDAN

Las presiones externas, como el mundo social dominante que impone obligaciones, prohibiciones y castigos, reducen la libertad de Robert, así como las creencias sociales que ha interiorizado por completo y que lo determinan: «Mientras, en su propio país, dictaban edictos que… Bueno, al menos la idea era buena. Y por otra parte habían tenido éxito con los judíos, los gitanos y los evangelistas. Y habían empujado a los eslavos dos mil años atrás, al corazón de Asia».[156]

Es un hombre inseguro que ha visto desaparecer su mundo feliz. Por lo tanto, su mundo interior se ha reducido considerablemente. Se siente frustrado bajo la ocupación japonesa y la opresión nazi: «Podría tolerar que quienes estaban arriba se burlaran, se riesen… Al fin y al cabo, lo humillaban todos los días. Pero sentir el desprecio de quienes estaban más abajo…».[157] Sus metas y planes se limitan a vender antigüedades sin valor en su tienda American Artistic Handcrafts Inc. y a ganarse servilmente el favor de los japoneses.

El cambio ocurre cuando finalmente enfrenta su verdad y es capaz de afirmar su propia identidad desafiando a los japoneses: «Había que enfrentar los hechos. Estaba tratando de admitir que estos japoneses y él eran semejantes. Pero aun cuando se mostrara agradecido porque ellos habían ganado la guerra, y su nación

---

[156] P. K. Dick, *El hombre en el castillo*, 32.
[157] P. K. Dick, *El hombre en el castillo*, 32.

había perdido, no había ningún terreno común».[158] Entonces, comienza a construir un nuevo mundo de deseos.

FRANK FRINK

Las restricciones externas lo constriñen terriblemente, y aunque las creencias sociales limitantes no son tan invasivas como las de Robert, también restringen su campo de acción. Su ideal de felicidad se ha desmoronado, primero con su divorcio el año anterior y luego con su despido de la fábrica. Su mundo epistémico y su visión del mundo parece más realista, pero muy pesimista: «Los hombres eran hombres en otro tiempo, antes de la guerra. Pero todo eso había desaparecido».[159]

Su vida cambia cuando le presentan un nuevo proyecto, arriesgado, pero que le permitiría, si funciona, cumplir sus sueños. Deja atrás sus miedos y prejuicios, gracias al apoyo de su compañero, y pasa de un trabajo de copias y falsificaciones de antigüedades estadounidenses a un artesanado creativo y original: «—Haz la prueba. Prepara diseños originales. O trabaja directamente, sin planes previos, como un niño que juega. —No —negó Frink. —No tienes fe —dijo McCarthy—. Has perdido completamente la fe en ti mismo, ¿no es así? Mala cosa. Pues sé que podrías hacerlo».[160]

El mundo de los deseos se expande cuando escapa de las manos de la policía y establece su propia empresa de joyas con la esperanza de reunirse con Juliana: «Toda la vida había esperado esto. Cuando el oráculo decía «algo ha de hacerse hasta el final» se refería a esas circunstancias y a esos momentos, realmente apropiados».[161]

JULIANA FRINK

Juliana está obsesionada por un vacío interior que intentó llenar primero con Frank, sin éxito, y ahora con Joe, pero esa última relación es un callejón sin salida: «El hombre tenía algo especial, pensó Juliana. Respiraba… muerte. La perturbaba, y sin embargo se sentía atraída».[162]

---

[158] P. K. Dick, *El hombre en el castillo*, 133.

[159] P. K. Dick, *El hombre en el castillo*, 65.

[160] P. K. Dick, *El hombre en el castillo*, 60.

[161] P. K. Dick, *El hombre en el castillo*, 64.

[162] P. K. Dick, *El hombre en el castillo*, 46-47.

Sueña con un mundo mejor y en su incansable búsqueda de la verdad descubre *The Grasshopper Lies Heavy*, del cual espera la salvación: «—Qué raro —dijo Juliana—. Nunca hubiese pensado que la verdad la enojaría a usted. —La verdad, pensó, es tan terrible como la muerte, pero más difícil de encontrar. Había sido afortunada—».[163] Entonces, sus planes ya no se reducen a la supervivencia en medio de un mundo hostil que le da miedo. Incluso, se plantea la posibilidad de regresar con Frank, que la ama de verdad:

> —Usted muestra en el libro —observó Juliana— que hay una salida. ¿No es eso lo que quiere decir? —Una salida —repitió Abendsen irónicamente. —Ha hecho usted mucho por mí —dijo Juliana—. Ahora veo que no hay nada que temer, nada que desear, odiar ni evitar, aquí, nada de que huir ni nada que perseguir. Abendsen dijo, observándola, moviendo el hielo en el vaso: —Hay muchas cosas que valen la pena en este mundo, opino.[164]

LOS MENSAJES SIGNIFICATIVOS

La complejidad filosófica (las reflexiones sobre la realidad, las interacciones de la historia, la verdad y la creatividad) eleva la novela más allá del subgénero ciencia-ficcional de las discronías.

LA NOVEDAD

Dick adopta en su novela una actitud que es frecuente en la literatura posmoderna. Plantea preguntas sobre la frontera porosa entre nuestro mundo y sus dobles textuales. De hecho, cuestiona el estatus del mundo real y reactiva la distinción que hace David Lewis entre lo real y lo actual. Los diversos mundos de la novela parecen seguir su teoría de la actualidad indéxica. Ya no existe una realidad absoluta, sino que esta depende del punto de vista de sus habitantes. El mundo real es el mundo donde se encuentra cada uno. Además, la fragmentación de la realidad coincide con la descripción que hace Ryan de la literatura posmoderna.

---

[163] P. K. Dick, *El hombre en el castillo*, 300-301.

[164] P. K. Dick, *El hombre en el castillo*, 295.

La literatura posmoderna	La obra de P. K. Dick
Existencia autónoma	Los mundos paralelos poseen un idéntico estatus ontológico en el texto. Ninguno es más real que los demás, salvo para los que se ven inmersos en uno de ellos en un momento dado.
Abre ventanas en los submundos de la subjetividad.	Cada personaje percibe la realidad desde un punto de vista único en el cual se encuentra encerrado.
Borra las fronteras.	El universo ficcional está constituido de múltiples mundos cuyas fronteras son inciertas y borrosas, y además permeables. Tagomi se encuentra de repente, durante unos minutos, en el mundo primario del autor, saltándose una barrera ontológica.
Presenta un 'collage' narrativo.	Los personajes aparecen y desaparecen sin orden en un mundo narrativo que carece de estructura y de estabilidad.
Cuestiona la realidad.	Los personajes ficcionales se preguntan si el mundo es real o no, manifestando una cierta hostilidad respecto a lo real objetivo.

A través de la conciencia de sus personajes ficcionales, el texto aborda cómo el autor representa la ilusoria naturaleza de la realidad en una sociedad posmoderna, subjetiva, esquiva y enigmática. Los monólogos interiores permiten a los personajes expresar un sentimiento de desencanto característico de la posmodernidad ante una realidad que ha perdido su solidez y profundidad. Se cuestionan con escepticismo sobre su propia existencia, incapaces de encontrar una interpretación coherente o lógica en un mundo que ya no es reconocible y cuyo significado les resulta elusivo. Incluso ponen en duda la capacidad humana para alcanzar la verdad.

El conocimiento del mundo

Aunque los historiadores suelen emplear la ucronía como una herramienta experimental para explorar la historia mediante la construcción de un mundo contrafactual que responde a la pregunta «¿qué hubiera pasado si...?», Dick la utiliza para exponer la naturaleza ambivalente de la historia y poner en tela de juicio su autenticidad.

El tema de la falsificación que se manifiesta repetidamente en la novela (falsificación de objetos, identidades, recuerdos), conduce a una distorsión de la realidad misma. Baynes, el escandinavo, resulta ser un agente alemán de contrainteligencia; Joe, el camionero italiano, se revela un asesino de la Gestapo; Frank Frink oculta su identidad judía; Childan, el estadounidense, adopta las costumbres culturales japonesas, mientras que los japoneses coleccionan fervorosamente artefactos culturales estadounidenses (la mayoría de ellos falsificaciones) y aspiran a vivir como estadounidenses.[165]

Los dos libros, *The Man in the High Castle* y *The Grasshopper Lies Heavy*, al igual que sus narrativas, se presentan como falsas versiones de la realidad. Sin embargo, en medio de la ambigüedad de este entorno gris y turbio, se percibe en los protagonistas una búsqueda de autenticidad y un anhelo por la verdad. Este profundo deseo de encontrar un fundamento verdadero para sus vidas los distingue de sus antagonistas y les permite vislumbrar vagamente un futuro mejor.

El autoconocimiento

La novela expone la dificultad del hombre posmoderno para aceptar no solo una explicación de lo real desde una inteligencia divina trascendente, sino incluso la existencia de una realidad objetiva distinta del propio yo:

> —Me pregunto qué razones llevaron al oráculo a escribir una novela. ¿Pensó en preguntártelo? Y eso de que los japoneses y alemanes perdieron la guerra. ¿Por qué esa historia particular y no alguna otra? ¿Por qué no puede decirlo directamente, como de costumbre? Esto tiene que ser distinto, ¿no creen?[166]

---

[165] B. W. Aldiss y D. Wingrove, *Trillion year spree: the history of science fiction*, 417.
[166] P. K. Dick, *El hombre en el castillo*, 297.

En consecuencia, los personajes no logran comprender racionalmente su mundo dentro de coordenadas espaciotemporales concretas, ni pueden trazar una línea divisoria clara entre lo real y lo irreal:

> Visto a través de un vidrio oscuro no era una metáfora sino una astuta referencia a la distorsión óptica. En realidad, toda visión del mundo era astigmática, en un sentido fundamental. El espacio y el tiempo eran creaciones de la propia psique, y cuando faltaban estos factores... Lo mismo que en las perturbaciones agudas del oído medio.[167]

En este mundo oscuro lleno de injusticias, los personajes se preguntan (y nos preguntan): ¿Hay cosas que son ciertas o todo es cuestionable? ¿Es nuestra vida absurda o debe haber algo que la llene? Algunos encuentran respuestas en la filosofía oriental, que propone caminos y encierra una sabiduría ancestral (muy en boga en esos años), y confían en el *Yi Ching* para descubrir la estructura profunda de la realidad.

Otros se aferran a la experiencia de la belleza y a la creatividad artística. Para E. Carrère, las joyas poseen una capacidad 'espiritual' más allá de su valor estético: están en equilibrio, en reposo, en armonía con el tao; solo es necesario contemplarlas para entrar en contacto con el mundo real, aquel que yace debajo de las apariencias.[168]

Perplejos, otros ponen su esperanza en Hawthorne Abendsen, el hombre cuya visión es contraria a la historia y cuyo mensaje subversivo comienza a revitalizar a unos pocos estadounidenses derrotados. Existe la posibilidad de que solo él vea con claridad, de que su visión sea la verdad, y de que todos los demás vean las cosas a través de un cristal oscuro: «Alzando la cabeza, Hawthorne observó a Juliana un rato. Tenía ahora una expresión casi salvaje en la cara. —Significa que mi libro dice la verdad, ¿no es cierto? —Sí —convino Juliana. Había cólera en la voz de Hawthorne: —¿Alemania y Japón perdieron la guerra? —Sí».[169] Sin embargo, la decepción es grande cuando Abendsen responde a Juliana: «No estoy seguro de nada».

REFERENCIAS BIBLIOGRÁFICAS

ALDISS, B. W., & WINGROVE, D. (1973). *Trillion-year spree: the history of science fiction*. New York: Atheneum.

ALKON, P. (1994). Alternate History and Postmodern Temporality. *Time, Literature and the Arts: Essays in Honor of Samuel L. Macey, English Literary Studies*, 61, 65-85.

---

[167] P. K. Dick, *El hombre en el castillo*, 271.

[168] E. Carrère, *Je suis vivant et vous êtes morts*, 93.

[169] P. K. Dick, *El hombre en el castillo*, 298-299.

Botello, N. A. (2018). History as Reality and Fiction: The Worlds of The Man in the High Castle. *Norteamérica*, *13*(2), 299-318.

Brown, E. (2001). Introduction. En P. K. Dick, *The Man in The High Castle* (pp. V-XII). London: Penguin Books.

Campeis, B., & Gobled, K. (2018). *Le Guide de l'uchronie*. Chambery: ActuSF.

Carrère, E. (1993). *Je suis vivant et vous êtes morts: Philip K. Dick, 1928-1982*. París: Editions du Seuil.

Compayré, G. (1876). Review of Uchronie. Bureau de la Critique philosophique. *Revue Philosophique de la France et de l'Étranger*, *2*, 294-303.

Gomel, E. (2010). *Postmodern Science Fiction and Temporal Imagination*. Edinburgh: A&C Black.

Harrison, H. (2012). *West of Eden*. New York: Tom Doherty Associates.

Henriet, E. (2005). *L'histoire revisitée: panorama de l'uchronie sous toutes ses formes*. Amiens: Encrages.

Kucukalic, L. (2010). *Philip K. Dick: Canonical Writer of the Digital Age*. London: Routledge.

Lavocat, F. (2014). Alternative History and Counterfactual Historical Novel: epistemic stakes. Actes du 7e congrès Narrative Matters: Narrative Knowing/Récit et Savoir (23-27 juin 2014), París. Disponible en: https://hal.archives-ouvertes.fr/hal-01102154/document [consultado: 25-05-2020].

Malmgren, C. D. (1980). Philip Dick's Man in the High Castle and the Nature of Science-Fictional Worlds. En G. Slusser et al. (Eds.), *Bridges to Science Fiction* (pp. 120-130). Carbondale: Southern Illinois University Press.

Moore, W. (2017). *Bring the Jubilee*. New York: Open Road Media.

Mountfort, P. (2016). The I Ching and Philip K. Dick's The Man in the High Castle. *Science Fiction Studies*, *43*(2), 287-309.

Ransom, A. (2010). Warping Time: Alternate History, Historical Fantasy, and the Postmodern uchronie Québécoise. *Extrapolation*, *51*(2), 258-280.

Ryan, M.-L. (2001). *Narrative as Virtual Reality: Immersion and Interactivity in Literature and Electronic Media*. Baltimore: Johns Hopkins University Press.

— (2007). Diagramming Narrative. *Semiotica*, *165*, 11-40.

Turtledove, H. (2013). *Ruled Britannia*. London: Hachette UK.

Umland, S. J. (Ed.). (1995). *Philip K. Dick: Contemporary Critical Interpretations*. Santa Bárbara: Greenwood Publishing Group.

Capítulo 6

The Lathe of Heaven de Ursula K. Le Guin

INTRODUCCIÓN

Ursula Kroeber Le Guin fue una de las autoras más aclamadas por críticos y escritores de fantasía y ciencia ficción durante la última mitad del siglo xx y el inicio del siglo xxi. Nació el 21 de octubre de 1929 en Berkeley, California, siendo la hija menor de Theodora y Alfred Kroeber. Su padre, internacionalmente reconocido por su trabajo antropológico sobre los nativos americanos, especialmente los de California, fundó uno de los principales departamentos de antropología del país en la Universidad de California en Berkeley.

En 1947, Ursula comenzó sus estudios en Radcliffe College, en Cambridge (Massachusetts), donde se graduó en 1951. Posteriormente, obtuvo una maestría en literatura francesa y renacentista en Columbia en 1952 y comenzó su tesis doctoral ese mismo año, aunque no la completó. En 1953, conoció a Charles Le Guin, con quien se casó y comenzó a trabajar como secretaria y a enseñar francés.

En 1959, la familia se mudó a Portland (Oregón), donde un amigo le prestó algunas obras de su colección que incluían una copia de la revista *Fantasy & Science Fiction*. En ese momento, Ursula optó por la ciencia ficción, a la que fue bastante fiel a lo largo de su carrera. Se convirtió en uno de los miembros fundadores de los *Science Fiction Writers of America*, aunque en varias obras mezcló la ciencia ficción con la fantasía.

Ursula K. Le Guin comenzó su carrera escribiendo cuentos. Su primer trabajo, *April in París*, no se publicó hasta 1962 en *Fantastic*. Entre 1966 y 1967, lanzó tres novelas cortas: *Planet of Exile*, *Rocannon's World* y *City of Illusions*. En 1968, vio la luz *The Wizard of Earthsea*, una obra de fantasía que ganó gran popularidad y que tendría varias secuelas. Al año siguiente, en 1969, *The Left Hand of Darkness* recibió los premios Hugo y Nebula, capturando la atención de los críticos literarios.

En 1971, publicó *The Lathe of Heaven*, junto con *Vaster Than Empires and More Slow*, que presenta un mundo dominado por plantas en lugar de animales. En 1972, escribió *The Word for World is Forest*, una alegoría de la guerra de Vietnam que obtuvo un Premio Hugo. Obras como *Nine Lives*, *The Ones who Walk Away from Omelas* y *Winter's King* también fueron muy bien recibidas. *The Dispossessed* (1974) se considera su novela más famosa, ganando nuevamente los premios Hugo y Nebula.[170] Le Guin fue nombrada Gran Maestra por la Asociación de Escritores de Ciencia Ficción en 2003, convirtiéndose en la segunda mujer en unirse a ese grupo selecto, que incluye figuras como Robert A. Heinlein, Isaac Asimov, Ray Bradbury, Clifford Simak, Brian Aldiss y Lester Del Rey.

A lo largo de su longeva carrera (falleció el 22 de enero de 2018), Le Guin escribió más de ciento treinta y cinco obras, incluyendo veintitrés novelas de ciencia ficción y fantasía, así como diez colecciones de cuentos. También incursionó en la poesía con ocho volúmenes, escribió trece libros para niños, y realizó traducciones, ensayos y antologías, entre otros trabajos.[171] En una entrevista de 1995, cuando se le preguntó cómo le gustaría ser recordada, Le Guin respondió que como novelista, escritora de cuentos y poeta, porque escribe en diferentes formas: realismo, ciencia ficción, fantasía, literatura infantil. No quiere que la encasillen.[172]

Originalmente publicada en *Amazing Stories* en 1971, *The Lathe of Heaven* fue lanzada en formato de libro de bolsillo en 1973. La novela recibió nominaciones para el Premio Nebula en 1971 y el Premio Hugo en 1972, y finalmente ganó el Premio Locus en 1973. Su éxito se vio reflejado en la realización de dos películas para televisión. La primera se estrenó en 1980, protagonizada por Bruce Davison, Kevin Conway y Margaret Avery, mientras que la segunda llegó en 2002, con Lukas Haas, James Caan y Lisa Bonet en los papeles principales.[173]

Se puede aplicar a esta obra lo que G. Mann comenta sobre las obras de Le Guin: la novela tiene un aspecto emotivo y humano que le añade profundidad intelectual y

---

[170] Le Guin es el único autor en ganar los premios Hugo y Nebula por la misma obra, por segunda vez. Ganó también el Hugo por *Buffalo Gals* (1988) y el Nebula por *Tehanu* (1990) y *Solitude* (1996).

[171] S. Rogers, «Interview with Ursula K. Le Guin», 112.

[172] W. Walsh y U. Le Guin, «I Am a Woman Writer; I Am a Western Writer», 200.

[173] S. M. Bernardo y G. J. Murphy, *Ursula K. Le Guin: A Critical Companion*, 36.

conexión emocional. La autora muestra valentía al reconocer su perplejidad frente a las contradicciones humanas, y no duda en emplear su ficción para abordar y explorar los problemas.[174]

LAS REFERENCIAS EXTRA-FICCIONALES

La trama de la novela se desarrolla en la ciudad de Portland (figura 23), el entorno cotidiano de la autora. Le Guin aprovecha esta ambientación para criticar la estética estadounidense de los años 70 del siglo xx. En una descripción de la ciudad, hace referencia a una estructura de la antigua autopista que aún permanece en pie, destacando su tamaño, inutilidad y fealdad, sugiriendo que se mantiene en pie porque es tan grande y fea que pasa desapercibida para el ojo americano.

¿Por qué Portland? Le Guin revela en una entrevista que cuando tiene algo importante que comunicar, pero le resulta difícil expresarlo, elige situar la historia en Portland.[175] *The Lathe of Heaven y The New Atlantis*, dos de sus obras más melancólicas y menos optimistas, tienen lugar precisamente en esta ciudad. Aunque la razón tras esta elección no está clara para ella, revela la conexión emocional y simbólica que siente con este lugar.

Figura 23. El monte Hood descrito en la novela.

Tomado de: https://www.usgs.gov/media/images/mount-hood-dominates-skyline-outside-portland-oregon

---

[174] G. Mann, *The Mammoth Encyclopedia of Science Fiction*, 188.
[175] L. McCaffery, *Across the Wounded Galaxies...*, 162.

Le Guin revela que en su hogar no recibió educación religiosa formal, pero su padre leía el *Tao Te Ching*, lo cual despertó su interés por el taoísmo desde una edad temprana (la autora lo descubrió a los doce años). Esta influencia se refleja en varias de sus obras, especialmente en *The Left Hand of Darkness*, *The Lathe of Heaven* y *The Dispossessed*. En su ensayo *The Language of the Night*, Le Guin explica que esta conexión con el taoísmo surge de una actitud fundamental hacia la acción y la creación. Para ella, el mundo taoísta es ordenado, pero no por la imposición de una deidad personal o divina, sino por leyes éticas, estéticas y científicas inherentes a la naturaleza misma. Estas leyes no son impuestas desde arriba por ninguna autoridad, sino que existen en las cosas y deben ser descubiertas por cada individuo.[176]

En 1997, la autora tradujo al inglés *Lao Tzu: Tao Te Ching: A Book about the Way and the Power of the Way*. Lao Tse, un maestro chino que se estima vivió entre los años 604 y 517 a. C., es uno de los principales exponentes del taoísmo filosófico. El concepto central del taoísmo es el Tao, que etimológicamente significa 'ruta' o 'sendero', y representa una fuerza directriz y vital que subyace en toda forma de vida y movimiento.[177] Sus enseñanzas se centran en el *wu wei* (no acción), el desapego y la receptividad, y se simbolizan en el *taijitu*, el símbolo del yin y el yang, que representa el equilibrio y la armonía. El Tao busca guiar hacia un nuevo estado de existencia, caracterizado por la serenidad y la paz interior donde el individuo, siendo indiferente hacia todas las cosas, renuncia a la lucha y a las pasiones violentas. Estos ideales se reflejan en los textos del *Tao Te Ching*.

> Por eso dice el sabio:
> yo practico el no-actuar,
> yo prefiero la quietud,
> yo me ocupo de ningún asunto,
> mi deseo es no tener ningún deseo.[178]

> El que actúa fracasa;
> el que aferra algo lo pierde.
> Por eso el sabio no actúa
> y de ese modo no fracasa;
> nada aferra y de ese modo nada pierde.[179]

Aunque parece que Le Guin no se adhiere religiosamente a las enseñanzas del *Tao Te Ching* (por lo menos así lo expresa en varias entrevistas en las que afirma que el taoísmo es simplemente una parte de la estructura de su mente), se percibe una clara influencia del taoísmo en la obra, sobre todo, según Bernardo y Murphy, en la forma

---

[176] U. K. Le Guin, *The Language of the Night*, 44.

[177] *Cf.* W. Bauer, *Historia de la filosofía china: confucianismo, taoísmo, budismo*, 9.

[178] M. A. Ramos, *Religiones orientales*, 110.

[179] I. Preciado Idoeta *et al.*, *Lao Tse, Tao Te Ching: los libros del Tao*, 14.

de considerar las relaciones entre los seres humanos, la naturaleza y el universo, y la búsqueda de un camino hacia el equilibrio y la armonía.[180]

La obra refleja las preocupaciones políticas y sociales de la autora, evidenciando el malestar cultural y social de la época, con referencias a la revolución de mayo del 68, que marcó una ruptura con las estructuras anteriores. Este rechazo a toda forma de autoridad se manifiesta en el personaje de Haber, quien representa lo que la autora más detesta de su propia cultura: aquellos que buscan controlarlo todo y explotar para obtener beneficios en el sentido más amplio posible. Los temas de la liberación sexual y el feminismo radical también aparecen en la novela, a veces tratados con un toque de humor. Además, se hace referencia al movimiento *hippie* que se extendió por los Estados Unidos y Europa: «Mi padre era negro y mi madre blanca. Es interesante. Él fue militante acérrimo del movimiento Black Power, en los setenta, ya sabe, y ella hippy».[181]

En los Estados Unidos, se añadieron dos cuestiones: el racismo —el 4 de abril del 68 asesinan a Martin Luther King en Memphis— y la guerra. Ciertamente, la amenaza de una guerra mundial en el mundo ficcional responde a las preocupaciones de la sociedad americana, enfrascada en plena guerra de Vietnam. Asimismo, la creación de un nueva república árabe-israelí en uno de los mundos alternativos resulta bastante irónica después de los conflictos en Oriente Medio de esos años (la guerra de los Seis Días de 1967 y el Septiembre Negro de 1970).

Le Guin se nutre también de la psicología que desde sus inicios a mediados del siglo xix ha mantenido estrechos vínculos con la literatura, concentrándose en tres áreas principales: el creador o autor, el lector y los textos literarios junto con sus arquetipos, especialmente después del surgimiento del psicoanálisis. En su ensayo «The child and the shadow»,[182] Le Guin explora cómo la fantasía, los cuentos e incluso los mitos comparten similitudes con los sueños en cuanto a sus símbolos y arquetipos: hablan desde el inconsciente al inconsciente, en el lenguaje del inconsciente.[183] De hecho, algunos han llegado a describir la novela *The Lathe of Heaven* como un estudio psicológico de los sueños,[184] destacando su resonancia

---

[180] S. M. Bernardo y G. J. Murphy, *A Critical Companion*, 4.

[181] U. K. Le Guin, *La rueda celeste*, posición en Kindle 1740-1741.

[182] U. K. Le Guin, *The Language of the Night*, 54-67.

[183] Le Guin se ha basado en varias obras de Carl Gustav Jung. Cita específicamente dos de ellas en las referencias bibliográficas del ensayo: C. G. Jung, *Psychology and Religion*, Pantheon Books, New York, 1958, y J. Jacobi, *The Psychology of C. G. Jung*, Yale University Press, New Haven, 1962.

[184] D. F. Theall, «The Art of Social-Science Fiction: The Ambiguous Utopian Dialectics of Ursula K. Le Guin», 256.

con las ideas de Sigmund Freud en *Die Traumdeutung*, donde propone una de las primeras descripciones del método de interpretación analítica de los sueños: el sueño ya no revela el futuro, sino que es el cumplimiento de un deseo inconsciente que debe ser interpretado:

> Sus ideas son cuerdas y racionales, pero lo que usted se propone utilizar es mi inconsciente, no mi mente racional. Puede que racionalmente pueda concebir que la especie humana no intente aniquilarse dividida en países; de hecho, resulta más sencillo concebir que los motivos de la guerra. Pero usted maneja algo que escapa a la razón. Intenta alcanzar objetivos progresistas, humanitarios, por medio de una herramienta que no es adecuada para el trabajo. ¿Quién tiene sueños humanitarios?[185]

La novela también aborda los avances en los estudios neurológicos sobre los sueños, especialmente en las décadas de los 50 y 60 del siglo xx:

> —Soy especialista en sueños. Literalmente. Un onirólogo. El sueño y los sueños son mi campo. […] —¿Intenta usted, señor Orr, privarse de comida y agua? ¿Ha intentado, últimamente, ver cómo se las apaña sin oxígeno? Mantuvo el tono jovial, y el paciente logró esbozar una sonrisa breve de infelicidad. —Sabe que necesita dormir. Igual que necesita alimentos y agua y oxígeno.[186]

Los neurólogos descubren los ciclos del sueño divididos en sueño no-REM y sueño paradójico o REM, caracterizado por una intensa actividad cortical y movimientos oculares rápidos. Esta última fase, descubierta por Michel Jouvet en 1955, se caracteriza por una intensa actividad cortical y por los movimientos de los ojos.[187] El estudio de las fases del sueño se lleva a cabo mediante instrumentos que registran parámetros electrofisiológicos como el electroencefalograma, el electromiograma y el electrooculograma, los cuales son introducidos por la autora en la novela: «Yo lo observaré mientras sueñe, tanto visualmente como por medio del EEG [electroencefalograma], el electroencefalograma, y lo haré de manera continua».[188]

---

[185] U. K. Le Guin, *La rueda celeste*, posición en Kindle 1453-1456.

[186] U. K. Le Guin, *La rueda celeste*, posición en Kindle 139; 149.

[187] M. Jouvet, *l'explorateur du sommeil*.

[188] U. K. Le Guin, *La rueda celeste*, posición en Kindle 269-270.

LAS REFERENCIAS INTER-FICCIONALES

Con la excepción de una referencia a Los Beatles cuando el alienígena Tiua'k Ennbe ayuda a George y le entrega una copia de *With a little help from my friends*, una canción escrita por John Lennon y Paul McCartney que forma parte del álbum de *The Beatles Sgt. Pepper's lonely hearts club band* de 1967, las otras referencias son literarias y, más precisamente, ciencia-ficcionales.

En una entrevista, Le Guin reconoce no solo la influencia de la obra de Philip K. Dick en su novela, sino que también la escribe a modo de homenaje, adoptando su estilo característico.[189] El mundo de *The Lathe of Heaven* recuerda la historia alternativa de *The Man in the High Castle* de P. K. Dick, aunque trasladada a la ciudad de Portland aproximadamente a finales del siglo xx. Sin embargo, como señala Scholes, Dick expresa más la alienación y la deshumanización, y Le Guin, la integración y la trascendencia.[190]

La referencia a *New brave world* de Aldous Huxley, publicada en 1932, no pasa desapercibida: «Se había criado en un país dirigido por políticos que enviaban a militares a pilotar bombarderos para matar a los bebés, y hacer del mundo un lugar más seguro donde los niños pudieran crecer en paz. Pero eso formaba ahora parte del viejo mundo. No eran así las cosas en el nuevo».[191] La versión original es más impactante: *Not in the brave new one*.

El nombre del protagonista, George Orr, es asimismo una alusión directa al escritor George Orwell. Le Guin relaciona explícitamente su novela, que se sitúa en 1998, con *1984* de Orwell: «Escribí ese libro en los años 70, cuando 1998 estaba muy lejos. A medida que se acerca, empiezo a pensar: espero que lleguemos a abril de 1998. Después de 1998 mi libro será un poco diferente. Como *1984* de Orwell; desde que pasamos 1984 tienes que leer el libro un poco diferente».[192]

EL *STORYWORLD*

LA TRAMA

La historia sigue la vida de George Orr, un hombre ordinario que sufre sueños perturbadores y recurre a las drogas para evitarlos. Después de ser obligado por

---

[189] L. McCaffery, *Across the Wounded* Galaxies, *op. cit.*, 160.

[190] *Cf.* R. E. Scholes y E. S. Rabkin, *Science fiction*, *op. cit.*, 88-89.

[191] U. K. Le Guin, *La rueda celeste*, posición en Kindle 1474-1476.

[192] W. Walsh y U. L. Guin, «I Am a Woman Writer», 196.

el gobierno a someterse a tratamiento por el uso indebido de su tarjeta de medicamentos, busca la ayuda del psiquiatra y onirólogo William Haber. Haber se da cuenta de que los sueños de Orr tienen el poder de alterar la realidad y lo somete a un dispositivo diseñado para controlarlos. En un esfuerzo por liberarse de esta manipulación, Orr busca la ayuda de la abogada Heather Lelache, quien presencia una sesión de sueños efectiva y observa cómo el mundo cambia literalmente a su alrededor. Juntos intentan detener a Haber, pero este continúa alterando la realidad a través de los sueños de Orr, que lo llevan a través de diversas realidades, en algunas de las cuales Lelache es su esposa. Haber, al intentar replicar las habilidades de Orr, termina creando un mundo de pesadillas inesperadas. Como señalan Scholes y Rabkin: «Esa pretensión de una mente consciente de utilizar otra inconsciente con el fin de modificar un universo que es demasiado complicado para que ninguna consciencia pueda controlarlo, se resuelve con una serie de desastres».[193] George restaura el mundo y se cura, pero el experimento deja al Dr. Haber en un estado mental lamentable.

La estructura

Los sueños llamados 'sueños efectivos' se detallan al principio de la novela con precisión, pero a medida que avanza la historia, su descripción se vuelve más difusa en la narrativa, dejando solo sus efectos visibles (figura 24). Estos sueños generan doce realidades alternativas que se alejan cada vez más del mundo original. El lector debe deducir el contenido de los sueños a partir de los cambios en la realidad: desde el póster, el despacho, la ciudad, el país, el planeta, la galaxia entera… Estos cambios afectan no solo lo físico, sino también lo político, lo social, lo climático y lo antropológico, incluyendo razas humanas y alienígenas, e incluso cuestiones ontológicas, desafiando la consistencia de la realidad misma. La disgregación progresiva de la realidad abarca diversos aspectos de la vida, desde lo inorgánico hasta lo orgánico, desde lo psíquico hasta lo espiritual, hasta el punto en que toda la realidad se ve afectada y casi se convierte en algo imposible de concebir: «Estaba allí. Era una zona, o quizá un período de tiempo, de una especie de vacuidad. Era la presencia de la ausencia: una entidad incalculable carente de cualidades, en la cual se precipitaban todas las cosas y de la que nada salía. Era horrible, y no era nada. Era el camino equivocado».[194]

---

[193] R. E. Scholes y E. S. Rabkin, *Science fiction*, 92.
[194] U. K. Le Guin, *La rueda celeste*, posición en Kindle 2860-2862.

Figura 24. Los cambios de los sueños efectivos.

Haber emplea el sueño efectivo para resolver un problema específico, pero el mundo alternativo que se genera da lugar a nuevas situaciones impredecibles y desafíos adicionales. Carl Malmgren señala con mucho atino que estas nuevas soluciones son todas de índole ciencia-ficcional: «La imaginación de Orr [...] está plagada de motivos extraídos de la ciencia ficción».[195] Por ejemplo, cuando se le solicita que sueñe con un mundo sin guerra, inventa la presencia de extraterrestres en la Luna, y cuando se le pide que elimine a los extraterrestres de la Luna, sueña con una invasión extraterrestre en la Tierra.

Problema anterior	Sueño efectivo	Mundo alternativo posterior
Problema del hacinamiento	Haber sugiere que George sueñe con una solución.	Un mundo cuya población ha sido diezmada por una pandemia.

---

[195] C. Malmgren, «Meta-SF: the examples of Dick, Le Guin, and Russ», 27.

Problema anterior	Sueño efectivo	Mundo alternativo posterior
Problema de una guerra mundial inminente	Haber sugiere que George sueñe con el fin de la guerra entre los seres humanos.	Un mundo donde ya no luchan entre sí, porque todos están amenazados por una invasión de extraterrestres que ya han aterrizado en la Luna.
Problemas raciales	Haber sugiere que no haya más problemas de color, de razas.	Un mundo cuya población es de color gris.

LA XENO-ENCICLOPEDIA

El espacio

El mundo inicial se define por la carencia, la escasez y la insuficiencia, como se indica con la repetida frase *did not have*. En este mundo distópico y superpoblado, lo único que evoca la belleza del mundo natural es una fotografía en la pared:

> La consulta del doctor William Haber no tenía vistas al monte Hood. Era una suite situada en la sexagésima tercera planta de la Willamette East Tower, y no tenía vistas a nada. Pero una de las paredes sin ventanas la ocupaba un enorme mural fotográfico del monte Hood, y era esto lo que miraba el doctor Haber cuando se comunicaba con su recepcionista.[196]

El primer sueño inducido por Orr altera la imagen del póster en el despacho de Haber, transformándola en la representación de una especie extinta, el caballo. El texto no explica explícitamente (y, por ende, no queda claro) cómo ocurren estos cambios y cómo los personajes pasan de un mundo a otro. Cada versión del mundo corresponde a una realidad alternativa con su propia línea temporal y espacial. No se sabe si estos mundos coexisten en un espacio real, es decir, si un mismo objeto puede estar en varios estados simultáneamente. Por ejemplo, si existe un mundo donde la imagen en el cuadro del despacho de Haber es un paisaje y otro mundo paralelo donde la imagen es un caballo; o un mundo donde la tía Ethel, después de su divorcio, vive con la familia de Orr y otro mundo alternativo donde su tía muere en un accidente de coche y nunca vive con su familia.[197] El lector intuye más bien que

---

[196] U. K. Le Guin, *La rueda celeste*, posición en Kindle 97-99.

[197] Muchos cosmólogos creen que nuestro universo es solo una pequeña parte de un todo mucho más grande: el multiverso. Según este escenario, habría una multitud de universos, uno de los cuales sería aquel en el que vivimos.

después de cada sueño efectivo (el punto de divergencia), los protagonistas que existen en un solo ejemplar en cada mundo, son transportados a una realidad alternativa cuyas nuevas condiciones forman un nuevo *continuum*, un mundo paralelo donde se han borrado parte de las características del mundo anterior y se han añadido otras inexistentes: «—Dobles líneas temporales, universos alternativos —dijo la señorita Lelache—».[198] Solo se sabe que el mundo alternativo (un mundo nuevo que no existía antes) se crea en el momento preciso del sueño efectivo y que el mundo anterior desaparece de la conciencia de los personajes.

En una conversación con Marie-Laure Ryan el 28 de mayo de 2019 en Madrid, explica que Orr se desplaza de un mundo posible a otro. Se encuentra en un mundo y de repente el sueño lo proyecta a otro mundo donde realmente vive, pero con un pasado diferente. El diagrama de la figura 25, inspirado en el artículo «De Universos Paralelos a Mundos Posibles» de M.-L. Ryan, puede ayudar a comprenderlo. Se ha conservado el diseño original, se han modernizado las figuras y se ha traducido el texto al español.

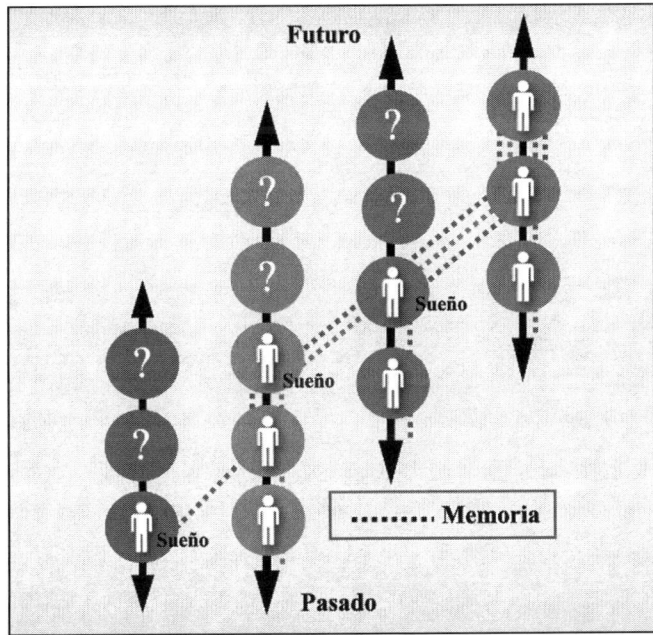

Figura 25. Los mundos alternativos paralelos.

[198] U. K. Le Guin, *La rueda celeste*, posición en Kindle 812.

La única excepción es Orr, que recuerda todos los mundos y sufre un trauma de identidad al sumarse tantas líneas de memoria:

> Cada sueño, cada traslado a un nuevo mundo añade un nuevo hilo a la memoria de George hasta que este se vuelve incapaz de mantener estos hilos separados. En el último mundo, George se libera por fin de la terrible responsabilidad del sueño efectivo, pero la acumulación de recuerdos de vidas anteriores casi no deja espacio en su mente para la formación de una nueva hebra.[199]

Lelache, quien ha sido testigo presencial de un sueño efectivo, también comparte esta visión múltiple del mundo, pero el efecto no es duradero; la memoria del mundo anterior desaparece pronto. Los demás habitantes ni siquiera son conscientes del cambio de un mundo a otro. Haber, gracias a su máquina, también conoce la verdad. Orr se lo explica a la abogada:

> Verá, funciona de la siguiente manera: si él me dice bajo hipnosis que hay un perro de color rosa en la sala, yo lo sueño; pero aparecerá tal perro, aunque esos animales no existen en el orden natural, no forman parte de la realidad. Lo que sucedería es que, o bien logro que aparezca un caniche con el pelo teñido de rosa, y un motivo plausible que justifique su presencia allí, o, si me insiste para que sea un perro rosa de verdad, entonces mi sueño alteraría el orden natural para incluir perros rosas. Por doquier. Desde el Pleistoceno o cuando fuera que aparecieron los primeros perros. Desde entonces, su pelaje sería negro, marrón, amarillo, blanco y también rosa. Y uno de los rosas habría entrado procedente del vestíbulo, o sería su collie, o el pequinés de su recepcionista, o algo parecido. Nada milagroso. Nada antinatural. Todos estos sueños cubren completamente sus huellas. Cuando despertase habría un perro rosa normal y corriente cuya presencia allí estaría justificada. Exceptuándonos a mí y al doctor Haber, nadie percibiría la novedad. Yo conservo ambas memorias, las que pertenecen a ambas realidades. También lo hace el doctor Haber.[200]

En cuanto al lector, se sumerge directamente en los mundos alternativos con los que debe familiarizarse para poder diferenciarlos.

Los entornos en los que viven y actúan los personajes son clave: la ubicación, la posición y la distancia, así como sus características únicas, hacen que los espacios

---

[199] M.-L. Ryan, *From Parallel Universes to Possible Worlds...*, 665.

[200] U. K. Le Guin, *La rueda celeste*, posición en Kindle 806-810.

sean originales, a pesar de su parecido con los de una enciclopedia de los años 70 del siglo xx. La representación espacial también opera como un símbolo del deseo de poder de Haber: a medida que su soberbia crece, su espacio se vuelve más grande y lujoso. Comienza en un miserable y diminuto despacho y termina en un complejo y espacioso centro.

EL TIEMPO

La trama se desarrolla en un futuro próximo a la escritura de la novela, en 1998, según lo dicho por la autora en la ya citada entrevista «I am a woman writer; I am a western writer».

LA NATURALEZA

La xeno-enciclopedia presenta al extraterrestre. Este aparece en un momento inesperado como un invasor de otros mundos, evocando el miedo característico de las novelas de ciencia ficción (desde H. G. Wells). Sin embargo, Le Guin cambia rápidamente de tono y, de manera didáctica, integra a estos alienígenas de manera pacífica. Además, ofrece una descripción, no carente de humor, de su adaptación a la vida terrestre:

> Era agradable contar con alguien distinto a quien mirar. Parecían querer quedarse, si se les permitía hacerlo; algunos ya habían abierto negocios pequeños, porque parecían dárseles bien las ventas y la organización, igual que el viaje espacial, cuyo conocimiento superior habían compartido de inmediato con científicos terrestres. Aún no habían expuesto con claridad qué querían a cambio, por qué habían viajado a la Tierra. Sencillamente parecían estar a gusto ahí. Y siguieron comportándose como gente trabajadora, pacífica y respetuosa con las leyes de la Tierra.[201]

Llama la atención su conexión especial con el protagonista y su comprensión de su poder, al que llama 'iahklu'. Orr lo explica de manera original, haciendo un guiño al poder creativo del escritor:

---

[201] U. K. Le Guin, *La rueda celeste*, posición en Kindle 2211-2214.

Después de todo —pensó mientras caminaba hacia Corbett Avenue—, no sorprende que los alienígenas estén de mi parte. En cierto modo, yo los inventé. No tengo ni idea de cómo, por supuesto. Pero definitivamente no estaban aquí hasta que yo los soñé, hasta que yo los dejé vivir. Así que siempre habrá, siempre hubo, una conexión entre nosotros.[202]

La lingüística

Le Guin introduce elementos lingüísticos acordes a las nuevas realidades. Por ejemplo, después de la colonización e invasión de la Luna, surge una nueva palabra: 'cislunar'. Una de las mayores dificultades para los autores de ciencia ficción radica en la creación de alienígenas que sean genuinamente diferentes, no solo físicamente (esta parte es la más sencilla), sino también en su forma de pensar y de hablar.

La ciencia ficción emplea diversos métodos para la comunicación con seres extraterrestres: 1) Obviar el problema y suponer que todos hablan inglés; 2) utilizar la telepatía; 3) inventar un idioma internacional 'galáctico' que todos comprendan; 4) emplear un ordenador o traductor que interprete los diferentes idiomas, o 5) establecer que el alienígena aprenda el lenguaje local terrestre. En la novela, la autora recurre a la cuarta estrategia. Los alienígenas creados en la octava realidad alternativa se comunican a través de un dispositivo situado en el codo.

La tecnología y la ciencia

Le Guin opta por no desplegar una tecnología elaborada y complicada en sus novelas, como ella misma afirma: «Mi tecnología tiende a ser compleja y en su mayoría invisible». En *La Rueda Celeste*, algo sucede, pero nunca queda del todo claro qué es lo que ocurre en abril de 1998. Pareciera que de alguna manera se desencadena la destrucción del mundo, pero no se puede estar seguro, debido a que el libro está repleto de sueños y visiones, y nunca se sabe cuál es cuál.[203]

La autora no se detiene a explicar científicamente (o seudocientíficamente) la asombrosa capacidad de George para materializar sus sueños, ni el funcionamiento del 'Augmentor' que inventa Haber. Por el contrario, se percibe cierta reticencia hacia el uso de métodos experimentales. La novela alude a numerosos casos tristemente

---

[202] U. K. Le Guin, *La rueda celeste*, posición en Kindle 2570-2572.
[203] W. Walsh y U. L. Guin, «I Am a Woman Writer», 196.

célebres de experimentos en psicología realizados antes de que se establecieran regulaciones éticas en la profesión a mediados de los años 70, por ejemplo, el estudio Monstruo (1939), el experimento de Asch (1951), el experimento de Robber´s Cave (1954) y el experimento de Milgram (1961). Dice Orr: «—¿Entiende que no pretendo meter en un lío al doctor Haber? —preguntó con cara de preocupación—. No quiero eso. Sé que lo hace con buena intención. Es solo que quiero que me curen, no que me utilicen».[204]

El novum

El *novum* radica en la capacidad de Orr para alterar la realidad a través de sus sueños efectivos, los cuales se presentan como un estado superior de conciencia al que aún no ha accedido la totalidad de la especie humana. Esta facultad otorga a Orr poderes que él no puede controlar: «—¡Porque no quiero cambiar las cosas! —respondió Orr, como quien afirma algo muy muy obvio—. ¿Quién soy yo para entrometerme en cómo funcionan las cosas? Y es mi inconsciente lo que las altera, sin la intervención de un control inteligente»,[205] aunque Haber está convencido de que puede dominarlos para alterar el mundo a su favor.

La sociedad

Podemos aplicar a la novela el comentario que M. Thaon hace sobre la ciencia ficción de la *new wave*: la ciencia ficción vuelve de las distantes estrellas y enfoca su atención en las estructuras sociales y los grupos humanos para discernir en el *American way of life* posibles señales de desarrollo o amenazas.[206] La autora presenta un escenario a finales del siglo XX marcado por un gobierno inflexible y graves problemas de contaminación y superpoblación. Los personajes viven en un mundo agobiado por la congestión urbana, la destrucción del paisaje natural y la contaminación del aire y el agua, un mundo donde los recursos no permiten el pleno desarrollo de la existencia humana, un mundo que en palabras de Marías «reduce el radio de acción de cada individuo y elimina de su horizonte un sinnúmero de posibilidades».[207] Advierte

---

[204] U. K. Le Guin, *La rueda celeste*, posición en Kindle 830-831.

[205] U. K. Le Guin, *La rueda celeste*, posición en Kindle 236-237.

[206] M. Thaon, *Science-Fiction et psychanalyse*, 40.

[207] J. Marías, *La estructura social*, 219-220.

sobre la disolución del individuo en la masa, un individuo condenado a convertirse en un hombre invisible incapaz de actuar de manera socialmente significativa:

> Tomó el tren subterráneo de Vancouver de vuelta a Portland. Los vagones ya iban llenos; permaneció de pie lejos de los asideros, y mantenía el equilibrio únicamente por la presión que ejercían los cuerpos a su alrededor, levantado de vez en cuando, flotando mientras la fuerza de la multitud (m) excedía la fuerza de la gravedad (g). A su lado, un hombre que tenía un periódico ni siquiera había sido capaz de bajar los brazos y mantenía el rostro hundido en la sección de deportes.[208]

LA PSICOLOGÍA

La referencia a Sigmund Freud, el fundador del psicoanálisis, parece inevitable cuando Haber explica que su campo lo encabezaron en su momento Dement, Aserinsky, Berger, Oswalf, Hartmann y otros más, pero lo del sofá lo sacó directamente de papá Freud. Sin embargo, lo utiliza para dormir en él, algo a lo que el señor Freud ponía objeciones.[209] Haber, que juzga todo desde las categorías psicológicas, utiliza la interpretación de los sueños para explorar el inconsciente de Orr:

> Permítame explicarme. Emocionalmente ha cargado las tintas en todo este asunto de soñar. Tiene literalmente miedo de soñar porque tiene la sensación de que una parte de sus sueños poseen esa capacidad de afectar a la vida real de modos que no puede usted controlar. Puede que sea una metáfora elaborada, cargada de significado, por medio de la cual su inconsciente intente decirle a la parte consciente de su mente algo relativo a la realidad, a su realidad, a su vida, que no está usted preparado de forma racional a aceptar.[210]

LA ANTROPOLOGÍA

Para Haber, la ciencia es capaz de ofrecer respuestas a todos los problemas. El ser humano ya no es un misterio, reducido a meramente biología y psicología, como se evidencia en el juicio de Haber sobre Orr en su primera entrevista. El psiquiatra confía en los resultados cuantitativos de su máquina, habla continuamente sobre

---

[208] U. K. Le Guin, *La rueda celeste*, posición en Kindle 446-450.
[209] U. K. Le Guin, *La rueda celeste*, posición en Kindle 330.
[210] U. K. Le Guin, *La rueda celeste*, posición en Kindle 258-261.

el cerebro de Orr y explica sus sueños efectivos a partir de un patrón de emisiones sincronizadas. Se percibe que cuanto más se subordina a las máquinas, menos comprende verdaderamente a Orr, ya que se le escapa la complejidad y el misterio de su persona.

Su solución al racismo es un claro ejemplo de las aberraciones de la ciencia cuando olvida el valor y la dignidad de la persona:

> Pero no pasó nadie por ahí de piel morena. Ni negros, ni blancos, ni amarillos ni rojos. Llegaban procedentes de todos los rincones del planeta para trabajar en el Centro de Planificación Mundial o para contemplarlo; de Tailandia, de Argentina, de Ghana, China, Irlanda, Tasmania, Líbano, Etiopía, Vietnam, Honduras, Liechtenstein. Pero todos llevaban la misma ropa: pantalón, túnica, gabardina; y debajo de la ropa eran del mismo color. Todos grises.[211]

El color gris que los convierte en una masa informe, simboliza la cosificación del ser humano, la anulación de su personalidad. Visto a través del filtro de la zoología, el ser humano no es más que otra especie terrestre que se compara con el extraterrestre, el totalmente otro. La llegada del extraterrestre cambia en efecto la medida, como señala Butler, ya que las diferencias físicas que se utilizan para demarcar las razas humanas se vuelven insignificantes en el encuentro con el alienígena.[212]

La muerte y la enfermedad

La novela nos presenta un primer mundo distópico donde las condiciones de vida son extremadamente precarias: sobrepoblación, escasez de recursos, hambre, enfermedades y contaminación. En este mundo, la enfermedad y la muerte son tan comunes que apenas se les da importancia. En contraste, en uno de los mundos paralelos se ha logrado reducir significativamente la mortalidad gracias a la cura de casi todas las enfermedades. La humanidad parece disfrutar de bienestar y salud. Sin embargo, pronto surge una señal de alarma preocupante: todo individuo que padezca una enfermedad incurable debe ser apartado de la sociedad, y si se resiste, debe ser denunciado e incluso eliminado públicamente en lo que se considera un acto de ciudadanía:

---

[211] U. K. Le Guin, *La rueda celeste*, posición en Kindle 2142-2145.
[212] A. M. Butler, *Solar Flares: Science Fiction in the 1970s*, 79.

—¡Esto es un arresto ciudadano. Por favor, transeúnte, repara en ello! —anunciaba el hombre alto con nerviosa voz de tenor—. Este hombre, Harvey T. Gonno, padece un cáncer abdominal maligno, pero ha ocultado sus actividades a las autoridades y continúa viviendo con su mujer. Yo soy Ernest Ringo Marin, del 2624287 South West Eastwood Drive, Subdivisión Sunny Slopes, Greater Portland. ¿Hay diez testigos? —Uno de los testigos lo ayudó a contener al debilitado criminal mientras Ernest Ringo Marin contaba a los presentes. Orr se escabulló, agachando la cabeza a través del gentío, antes de que Marin administrase la eutanasia con la pistola hipodérmica que llevaba todo ciudadano adulto que hubiese adquirido el Certificado de Responsabilidad Cívica. Él mismo tenía una. Era una obligación legal.[213]

La enfermedad ahora es un tabú, e incluso un delito sujeto a la pena de muerte, palabra también tabú reemplazada por 'eutanasia'. Se ocultan, igualmente, todas las manifestaciones de sufrimiento.

LA TRASCENDENCIA

Adam Roberts señala con gran perspicacia que hay algo significativo en la constante exploración de la ciencia ficción sobre temas de expiación y redención. Mientras que muchos escritores de la *new wave* adoptaron, en su mayoría, posturas nihilistas respecto a las perspectivas de la humanidad, Le Guin se mantuvo y continúa siendo una escritora profundamente redentora.[214]

Ciertamente, ese mundo distópico inicial, atrapado en una guerra perpetua principalmente en los países del Tercer Mundo, cuya ecología ha sido trastornada por la contaminación de residuos industriales y militares, un mundo que ha llevado al borde de la extinción a especies animales y ha amontonado a los seres humanos en ciudades superpobladas, necesita desesperadamente salvación. Se enfrentan dos perspectivas de redención: una occidental donde la ciencia se ha convertido en el nuevo dios capaz de salvar al ser humano, y una oriental centrada en el destino (el taoísmo).

El personaje de Orr, en su mayoría apático y pasivo durante la novela, sigue el camino del Tao. No asume ninguna responsabilidad frente al don que ha recibido y no se considera digno de intervenir en la historia del mundo. Se muestra miedoso, ineficaz y renuente a comprometerse. Al principio, un lector occidental

[213] U. K. Le Guin, *La rueda celeste*, posición en Kindle 2236-2242.
[214] A. Roberts, *The History of Science Fiction*, *op. cit.*, 358.

puede comprender mejor la actitud de Haber, quien con su ciencia busca mejorar el mundo. Sin embargo, pronto el lector se da cuenta de que el psiquiatra no tiene reparos en sacrificar la vida de millones de inocentes en favor de su plan ideal de salvación, un hecho lamentablemente observado en el siglo xx en varias dictaduras.

Frente a la soberbia y la lógica del poder, se entiende mejor la pasividad de Orr como un signo de humildad, de respeto y de conformidad, no de cobardía y pusilanimidad. De este modo, Le Guin provoca en el lector un cambio de mirada hacia Orr y lo que simboliza: la paz, la armonía, el orden, el descanso, la tranquilidad y el equilibrio.[215]

LOS MUNDOS INTERIORES

Tomando como base un diagrama propuesto por Ryan,[216] la figura 26 ilustra el estado de los mundos interiores de los dos personajes antagónicos, Orr y Haber, al principio, en el medio y al final de la novela. Mi análisis consistirá en una breve explicación de la figura.

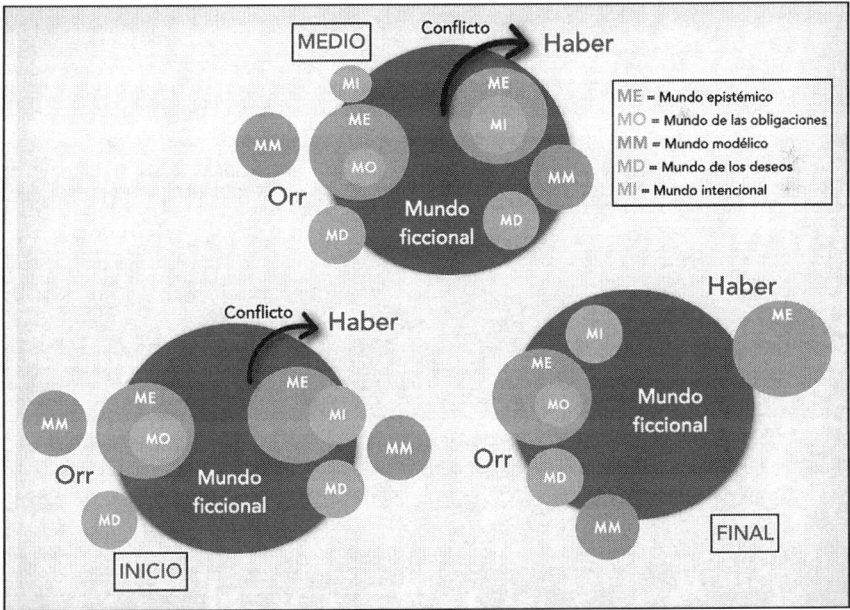

Figura 26. Los mundos interiores de Orr y Haber. MD: mundo de los deseos; ME: mundo epistémico; MI: mundo intencional; MM: mundo modélico; MO: mundo de las obligaciones.

---

[215] *Cf. La rueda celeste* de U. K. L. G., *la filosofía del agua* en Fantífica.
[216] M.-L. Ryan, *From Parallel Universes to Possible Worlds*, 650.

George Orr

Mundo epistémico

- Inicio: Orr no destaca por su intelecto.
- Medio: su comprensión de la realidad es imperfecta debido a la confusión y mezcla de recuerdos de diferentes mundos alternativos en su memoria.
- Final: Orr se vuelve más sólido, cuerdo y seguro de sí mismo. Incluso descubre los engaños de Haber y se opone a su manipulación.

> —Si se lo cuento pensará que estoy loco —dijo el cliente con apenada objetividad.
> —¿Cómo lo sabe? Era imposible sugestionar a la señorita Lelache, excelente cualidad en una abogada, aunque era consciente de llevarla al extremo. —Si le contara —insistió el cliente con el mismo tono— que algunos de mis sueños ejercen una influencia sobre la realidad, y que el doctor Haber lo ha descubierto y está utilizando… este talento mío con fines propios, sin mi consentimiento… me tomaría por loco. ¿Me equivoco?[217]

Mundo modélico

- Inicio: se siente utilizado y manipulado por Haber, lejos de la vida tranquila que desea.
- Medio: pierde a la mujer que ama y se sumerge en la tristeza.
- Final: gran parte de su mundo modélico se hace realidad, mostrando dignidad personal a pesar de las adversidades.

Mundo intencional

- Inicio: Orr carece de planes o metas concretas y es dominado por Haber. Tanto el narrador como el personaje mismo lo reconocen: «Así debía proceder; no tenía elección. Nunca la había tenido. No era más que un soñador. […] —Yo no hago nada —replicó Orr malhumorado—. Nunca he hecho nada. Solo sueño».[218]
- Medio: Haber lo controla y le niega su libertad.
- Final: Orr revela su capacidad de actuar y toma el control de su destino: «Debía actuar, tenía que hacerlo. Negarse a permitir que Haber se sirviera de él como un instrumento. Debía asumir las riendas de su destino».[219]

---

[217] U. K. Le Guin, *La rueda celeste*, posición en Kindle 739-744.
[218] U. K. Le Guin, *La rueda celeste*, posición en Kindle 1391-1392 y Kindle 1713-1714.
[219] U. K. Le Guin, *La rueda celeste*, posición en Kindle 1240-1241.

Mundo de los deseos

- Inicio: Orr reconoce los límites éticos de sus sueños. Hablando de Haber, revela:

> Debes ayudar al prójimo. Pero no es correcto jugar a ser Dios con tantas y tantas personas. Para ser Dios debes saber qué te traes entre manos. Y para hacer el bien, no basta con creer que tienes razón y que tus motivos son buenos. Debes estar… en contacto. Él no lo está. No hay nadie, ni una sola cosa, que tenga existencia propia para él. Contempla el mundo únicamente como un medio para alcanzar su fin. No importa que su fin sea bueno; los medios son lo único que tenemos… No puedo aceptarlo, no puede dejarlo correr. Ha perdido el juicio…[220]

- Medio: se siente incapaz de resistir la dictadura de Haber. No tiene ni los medios ni los resortes interiores.
- Final: todo cambia cuando se enamora de Heather Lelache, que personifica su vínculo con la comunidad humana y le da un sentido y un propósito. Buen parte de su mundo de los deseos se actualiza, principalmente cuando desaparecen sus sueños efectivos y se vuelve a encontrar con una versión alternativa de Lelache.

Mundo de las obligaciones

- Inicio: Orr está sometido a un mundo de las obligaciones rígido y asfixiante, en conflicto con sus deseos.
- Medio: resiste de manera única, ganándose la admiración de Lelache.
- Final: con el apoyo de Lelache y los Otros, encuentra fuerza para enfrentar las adversidades: «—Nadie puede destruirme —replicó, y se le escapó la risa, que le salió del pecho y fue en parte sollozo—, no mientras tenga algo de ayuda de mis amigos. Volveré. No durará mucho más. No estoy preocupado por mí, ya no».[221]

---

[220] U. K. Le Guin, *La rueda celeste*, posición en Kindle 2581-2584.
[221] U. K. Le Guin, *La rueda celeste*, posición en Kindle 2625-2626.

William Haber

William Haber es un científico seguro de sí mismo y aparentemente bien intencionado que utiliza los sueños de George Orr para adaptar el mundo a su visión utópica. Como lo describe M. Cadden, el Dr. Haber requiere el apoyo del discurso indirecto libre. Los tres capítulos en los que Haber es el punto focal se distinguen por el uso extensivo de esta técnica narrativa para dotar al personaje de mayor verosimilitud y evitar que se le perciba como un científico malvado unidimensional.[222]

Mundo epistémico

- Inicio: Haber no experimenta la misma confusión que Orr frente a la realidad.
- Medio: tras un momento de incertidumbre, descubre la 'patología' de Orr y decide utilizarla para su beneficio. Su conocimiento del mundo se basa en hechos científicos, medibles y evaluables.
- Final: después de su última experiencia, casi no queda nada de su mente perdida en el vacío: «Un hombre puede soportar el peso entero de un universo durante ochenta años. Es la irrealidad lo que no soporta. Haber se había extraviado. Había perdido el contacto».[223]

Mundo modélico

- Inicio: su mundo ideal está lejos de hacerse realidad.
- Medio: utiliza el don de Orr para crear un mundo mejor desde su perspectiva. Más aún, quiere duplicar el patrón de los sueños efectivos para eliminar la variable inestable de Orr:

> Cuando un sujeto preparado, adiestrado, adecuado, acceda al estado y bajo estímulo del Aumentador, estará sometido a un estado de absoluto control autohipnótico. No habrá nada en manos del azar, del impulso aleatorio, del capricho irracional y narcisista. No existirá ni un atisbo de esta tensión entre su voluntad de nihilismo y mi voluntad de progreso, sus deseos de nirvana y mi cuidadosa y consciente planificación del bien común. Cuando esté seguro del funcionamiento de mis técnicas podrá usted marcharse. Será totalmente libre. Y puesto que lleva

---

[222] M. Cadden, *Ursula K. Le Guin Beyond Genre: Fiction for Children and Adults*, 23.

[223] U. K. Le Guin, *La rueda celeste*, posición en Kindle 2969-2970.

todo este tiempo asegurando que lo único que quiere es estar libre de toda responsabilidad, ser incapaz de tener sueños efectivos, le prometo entonces que mi primer sueño efectivo incluirá su 'cura' y que jamás volverá a tener un sueño efectivo.[224]

- Final: pierde todo.

Mundo intencional

- Inicio: convencido de su superioridad, su objetivo es claro: usurpar el poder de Orr para modelar el mundo según sus planes: «¿Por qué ese don le había sido dado a un insensato, a un hombre que era un cero a la izquierda? ¿Por qué Orr estaba tan seguro, tenía tanta razón, mientras que alguien positivo, un hombre fuerte y activo estaba indefenso, se veía forzado a intentar usar, incluso a obedecer, a la herramienta más débil?».[225]
- Medio: pretende trabajar para el bien de la humanidad, pero en realidad es impulsado por su ambición personal:

> Todo ese día, desde que había llegado a su puesto de trabajo, ni siquiera había dedicado un pensamiento al hecho de que, una semana atrás, no era director del Instituto Onirológico de Oregón, sencillamente porque no había tal instituto. Desde el viernes pasado, este instituto existía desde hacía dieciocho meses. Y él era su fundador y director. Y por ser esto lo que era para él, para todos los miembros del personal, para sus colegas de la Facultad de Medicina, y para el gobierno que lo había financiado, aceptó sin reservas esa situación, igual que ellos lo hicieron, como si fuera la única realidad posible. Había borrado de su memoria el hecho de que, hasta el viernes pasado, las cosas no habían sido de esa manera.[226]

- Final: experimenta una caída abrupta y solitaria hacia la locura.

Mundo de los deseos

- Inicio: se embriaga con el poder que puede obtener del talento de Orr: «¡Entonces este mundo será como el cielo, y los hombres serán como dioses!».[227]

---

[224] U. K. Le Guin, *La rueda celeste*, posición en Kindle 2474-2480.
[225] U. K. Le Guin, *La rueda celeste*, posición en Kindle 2078-2080.
[226] U. K. Le Guin, *La rueda celeste*, posición en Kindle 1063-1066.
[227] U. K. Le Guin, *La rueda celeste*, posición en Kindle 2492-2493.

- Medio: se considera el mayor benefactor de la humanidad, a pesar de sus acciones. En su utopía planificada donde el fin justifica los medios, se considera capaz de juzgar cuál es el mayor bien para la humanidad.
- Final: pierde toda conciencia.

Mundo de las obligaciones

- Inicio: impone sus leyes al mundo y decide lo que está permitido o prohibido.
- Medio: se siente como el demiurgo de un poder que cree controlar mediante la ciencia y las premisas psicoanalíticas.
- Final: termina en un hospital psiquiátrico dependiendo totalmente de los cuidados de los demás.

LOS MUNDOS ONÍRICOS

Los mundos «oníricos» (término que deriva de la palabra griega 'oneiros', que significa ensueño) están estrechamente ligados al ámbito de los sueños, pero también se utilizan para describir lo irreal, e incluso pueden denotar situaciones y experiencias asociadas a la locura o a estados febriles. Estos mundos se caracterizan por la alteración de la percepción del personaje, quien puede llegar a confundir la fantasía con la realidad, o por la ruptura del orden natural.

Según S. Mine, los mundos oníricos han surgido recientemente en la ciencia ficción siguiendo el legado de autores como Philip K. Dick o Michel Jeury. Estos son entendidos como mundos mentales, oníricos o virtuales que escapan a la realidad material y existen de manera puramente mental o virtual, reflejando los deseos más profundos de la persona que los emite o crea.[228]

En la novela, estos mundos se generan a través del uso de drogas que alteran la mente (como se describe en el primer capítulo) y durante los estados de sueño, específicamente en el subconsciente. No tienen una existencia material, sino que son puramente mentales. Tampoco son coextensivos ni paralelos al mundo principal, sino que constituyen realidades independientes con sus propias leyes, que no se rigen por la lógica y la razón. Además, son propios de cada personaje, como menciona X. Mauméjean: «Cuando estamos despiertos, compartimos un mundo común, pero cuando dormimos, cada uno tiene el suyo propio».[229]

---

[228] S. Mine, «Le rêve entre fiction et métafiction: les mondes intrafictionnels», 251.

[229] X. Mauméjean, «L'effondrement de la sale de Scopas et autres Loci», 264.

LOS MENSAJES SIGNIFICATIVOS

LA NOVEDAD

Al igual que muchos escritores de ciencia ficción, Le Guin lleva hasta el extremo (incluso hasta el absurdo), en un entorno ajeno, algunas de las contradicciones de su realidad para denunciarlas. *The Lathe of Heaven* contiene una crítica evidente a los abusos de algunos científicos que, al igual que Víctor Frankenstein, se obsesionan tanto con su investigación que se vuelven irracionales y megalómanos. Como escribió Rabelais en *Gargantúa y Pantagruel*, «Science sans conscience n'est que ruine de l'âme».[230] La creciente locura de Haber se asemeja a la de los líderes que conducen al mundo (ficcional) a su aniquilación en abril de 1998, con la bomba atómica.

El científico materialista y utilitarista busca ajustar el mundo a su mente, anhelando desesperadamente que sea diferente de lo que es. No encuentra ningún sentido ni propósito en el mundo y, por lo tanto, no se siente su servidor ni su administrador, sino su dueño: «Pero, de hecho, ¿no es ese el propósito del hombre en la Tierra? ¿Hacer cosas, cambiar las cosas, dirigirlas, construir un mundo mejor?».[231]

Le Guin no idealiza la ciencia y se opone al científico que predice la victoria del hombre sobre la naturaleza basándose en criterios seudofilantrópicos, cambiando la vida y su evolución, el espacio y el tiempo, la materia y la energía, en suma, la existencia misma. Sostiene que el intento de dar forma al mundo a través de la fuerza de voluntad humana es inútil y potencialmente destructivo, tanto para el mundo como para aquellos que lo intentan.

EL CONOCIMIENTO DEL MUNDO

Al igual que P. K. Dick, la ficción aborda la degradación de la fachada ilusoria de la realidad, un tema muy presente en la literatura posmoderna: «Que la realidad cambia bajo nuestros pies, sustituida, renovada continuamente, sin que nosotros nos demos cuenta. Solo el soñador lo sabe, y quienes conocen su sueño. Si eso es cierto, supongo que tenemos suerte de no saberlo. Esto ya es bastante confuso».[232] *The Lathe of Heaven* pregunta dónde está lo real si la inexplicable metamorfosis y la continua

---

[230] Rabelais, *Gargantua et Pantagruel*, 159. La ciencia sin conciencia no es más que la ruina del alma.

[231] U. K. Le Guin, *La rueda celeste*, posición en Kindle 1377-1378.

[232] U. K. Le Guin, *La rueda celeste*, posición en Kindle 1193-1194.

multiplicación de los mundos hacen imposible cualquier anclaje a la realidad. La novela no responde a estas preguntas, sino que emplea la cosmología de los mundos alternativos para evitar contradicciones y no recurrir a explicaciones mágicas o a una aceptación implícita de la naturaleza irracional del mundo. Esta estrategia interpretativa mantiene una construcción del mundo ficcional relativamente coherente, lo irracional se limita a áreas estrechamente definidas (los sueños) que perforan la textura de ese mundo.[233]

Los sueños efectivos de Orr, que tienen el poder de cambiar la realidad, invitan al lector a reflexionar sobre el poder de la imaginación. Como señala Roberts, «*The Lathe of Heaven*, en el que el protagonista descubre que sus sueños sobrescriben la realidad de todos los demás, convirtiendo sus fantasías en realidad, puede leerse como un comentario sobre el poder y el peligro de la imaginación creadora».[234] Sin embargo, hay una gran diferencia entre el poder de los sueños efectivos de Orr y el poder de la imaginación. La imaginación, nutriéndose de lo real, partiendo de él y jugando con él, transformándolo, nos permite comprender mejor nuestro mundo y anticipar las infinitas posibilidades que se nos presentan. Así lo concibe la autora, muy en consonancia con las ideas de Julián Marías: «La imaginación es un modo fundamental de pensar, un medio esencial de convertirse en humano y seguir siéndolo. Es una herramienta mental. [...] Todos tenemos que aprender a inventarnos una vida, crearla, imaginarla. [...] Si no lo hacemos nuestras vidas acaban siendo controladas por los demás».[235] El escritor sub-crea nuevas realidades que ayudan a pensar el mundo y la vida de forma diferente gracias al ejercicio de la imaginación, que tiene el poder de demostrar que el estado de las cosas no es siempre permanente, ni universal, ni necesario, lo que la literatura ciencia-ficcional ha entendido desde sus inicios.

A diferencia de la imaginación creadora, los sueños efectivos debilitan o niegan la realidad, la tornan más confusa e insegura: «A medida que el mundo de George se hace y rehace, una y otra vez, las 'realidades' proliferan y, como resultado, el propio tejido de la realidad empieza a perder sustancia».[236] No son más que el reflejo de nuestros deseos y pulsiones (inconsciente), se convierten en sueños inconsistentes y pierden su fuerza creadora. Solo son capaces de construir mundos facticios, mundos paralelos que no tienen contacto con el mundo real y que, incluso, se pueden convertir en caos y destrucción.

---

[233] M.-L. Ryan, *From Parallel Universes to Possible* Worlds, 670.

[234] A. Roberts, *The History of Science Fiction*, 357.

[235] U. K. Le Guin, *Contar es escuchar: Sobre la escritura, la lectura, la imaginación*, 276.

[236] C. Malmgren, «Meta-SF: the examples of Dick, Le Guin, and Russ», 28.

EL AUTOCONOCIMIENTO

La confusión y la desorientación de Orr generan una reflexión sobre la relación entre la memoria y la identidad, cuyos vínculos son innegables pero problemáticos. Si la construcción del yo depende de la interacción de los recuerdos o si, en palabras de Italo Calvino, «somos lo que recordamos y la memoria [es] un espacio en permanente reconstrucción»,[237] ¿qué ocurre cuando esa memoria que es nuestro único acceso al pasado, a la persona que fuimos, está herida o se manipula? ¿Cómo hacer la verdad en nuestra vida y unificar en una sola memoria autobiográfica coherente las memorias sucesivas? ¿Cómo entender que seguimos siendo los mismos, mientras memorizamos gradualmente una gran cantidad de información que nos hace madurar y cambiar, de forma permanente? En otras palabras, ¿cómo podemos explicar que siempre somos iguales mientras nos convertimos constantemente en otros? Ricœur lo considera ampliamente en su obra *La mémoire, l'histoire, l'oubli:* «La causa primera de la fragilidad de la identidad es su difícil relación con el tiempo; una dificultad primera que justifica precisamente el recurso a la memoria, como componente temporal de la identidad, en conjunción con la evaluación del presente y la proyección del futuro. [...] ¿Qué significa seguir siendo el mismo a lo largo del tiempo?».[238]

REFERENCIAS BIBLIOGRÁFICAS

BAUER, W. (2009). *Historia de la filosofía china: confucianismo, taoísmo, budismo*. Barcelona: Herder Editorial.

BERNARDO, S., & MURPHY, G. (2006). *Ursula K. Le Guin: A Critical Companion*. Santa Bárbara: Greenwood Publishing Group.

BUTLER, A. M. (2012). *Solar Flares: Science Fiction in the 1970s*. Liverpool: Liverpool University Press.

CADDEN, M. (2005). *Ursula K. Le Guin Beyond Genre: Fiction for Children and Adults*. London: Routledge.

JACOBI, J. (1962). *The Psychology of C. G. Jung*. New Haven: Yale University Press.

JUNG, C. G. (1958). *Psychology and Religion*. New York: Pantheon Books.

JOUVET, M. (s/f). L'explorateur du sommeil. *CNRS Le journal*. Disponible en: https://lejournal.cnrs.fr/articles/michel-jouvet-lexplorateur-du-sommeil

---

[237] F. Sierra Caballero, «Memoria histórica y periodismo crítico: la construcción de la autonomía», 98.

[238] P. Ricoeur, *La mémoire, l'histoire, l'oubli*, 98.

La rueda celeste, la filosofía del agua. (s/f). En *Fantífica*.

Le Guin, U. K. (1979). *The Language of the Night: Essays on Fantasy and Science Fiction*. New York: Ultramarine Publishing.

— (2017). *Contar es escuchar: Sobre la escritura, la lectura, la imaginación* (Trad. M. Schifino). Madrid: Círculo de Tiza.

Malmgren, C. (2002). Meta-SF: the Examples of Dick, Le Guin, and Russ. *Extrapolation*, *43*(1), 22-35.

Mann, G. (2012). *The Mammoth Encyclopedia of Science Fiction*. London: Hachette UK.

Mauméjean, X. (2007). L'effondrement de la sale de Scopas et autres Loci. En F. Berthelot, P. Clermont, & P. Absalon (Eds.), *Colloque de Cerisy 2006: science-fiction et imaginaires contemporains* (pp. 263-278). Bragelonne.

McCaffery, L. (1991). *Across the Wounded Galaxies: Interviews with Contemporary American Science Fiction Writers*. Chicago: University of Illinois Press.

Mine, S. (2007). Le rêve entre fiction et métafiction: les mondes intrafictionnels. En F. Berthelot, P. Clermont, & P. Absalon (Eds.), *Colloque de Cerisy 2006: science-fiction et imaginaires contemporains* (pp. 251-262). Bragelonne.

Preciado Idoeta, I., et al. (2012). *Lao Tse, Tao Te Ching: los libros del Tao*. Madrid: Trotta.

Rabelais, F. (1913). *Gargantua et Pantagruel, tome 1*. París: Bibliothèque Larousse.

Ramos, M. A. (2001). *Religiones orientales*. Washington D. C.: Press Firmas.

Ricoeur, P. (2000). *La mémoire, l'histoire, l'oubli*. París: Éditions du Seuil.

Roberts, A. C. (2016). *The History of Science Fiction*. New York: Springer.

Rogers, S. (2015). Interview with Ursula K. Le Guin. *Femspec*, *15*(1/2), 112.

Sierra Caballero, F. (2012). Memoria histórica y periodismo crítico: la construcción de la autonomía. *Triunfo: una revista abierta al sur*, (2012), 97-101.

Thaon, M. (1986). *Science-Fiction et psychanalyse. L'imaginaire social de la S.F.* París: Dunod.

Theall, D. F. (1975). The Art of Social-Science Fiction: The Ambiguous Utopian Dialectics of Ursula K. Le Guin. *Science Fiction Studies*, *2*(3), 256-264.

Walsh, W., & Le Guin, U. (1995). I Am a Woman Writer; I Am a Western Writer: An Interview with Ursula Le Guin. *The Kenyon Review*, *17*(3/4), 192-205.

Conclusiones

El proceso comenzó con la formulación de varias preguntas derivadas de una observación empírica previa sobre la literatura de ciencia ficción: ¿Es la ciencia ficción un simple género de evasión y entretenimiento superficial? ¿Cómo interactúa la ciencia ficción con nuestro mundo y qué dinámicas establece con la realidad?

Con el objetivo de responder a estas preguntas, estructuré el estudio de las novelas de ciencia ficción en tres fases: 1) Análisis del contexto: investigar las relaciones entre el mundo real y los universos ficcionales de la ciencia ficción. 2) Descripción de la construcción del mundo ficcional: identificar los componentes clave de estos universos de ciencia ficción, destacando sus innovaciones. 3) Evaluación del impacto en el lector: analizar cómo estos mundos influyen en la percepción del lector o inspiran reflexiones profundas. A partir de este enfoque, desarrollé una hipótesis: la literatura de ciencia ficción integra tres dimensiones —literaria, científica y humanística—, todas intrínsecamente conectadas con su tiempo y con un notable potencial heurístico.

Opté por emplear la teoría literaria de los mundos posibles como marco para analizar los mundos alternativos en la ciencia ficción. Aunque en un principio no me propuse estudiar esta teoría literaria como un objetivo en sí mismo, su enfoque metodológico demostró ser sumamente valioso. La teoría literaria de los mundos posibles toma prestados conceptos, terminología y estructuras de la lógica, utilizándolos de forma análoga para describir mundos ficcionales. Su propósito es definir una tipología de mundos que refleje y explique la diversidad de las prácticas ficcionales. Además, como señala T. Pavel, la propia noción de 'mundo' como metáfora ontológica de la ficción es demasiado poderosa y sugestiva como para ser ignorada.

Revisé brevemente el origen y el contexto de la teoría literaria de los mundos posibles, así como a sus principales exponentes, y desarrollé más ampliamente la teoría literaria de Marie-Laure Ryan, una teoría literaria que adopta las tres dimensiones del modelo lógico: la noción de sistema formado por una pluralidad de mundos, la noción de relaciones de accesibilidad entre mundos, y el contraste entre el mundo real y los mundos posibles. Describí sus principales conceptos, al menos los relevantes para el tema.

Mi contribución a la explicación de la teoría de M.-L. Ryan, sin ser una novedad en sí misma, presenta un orden, una claridad y una sistematización en torno a los cuatro ámbitos de la teoría literaria: 1) La teoría y la semántica de la ficción (los principios de *make-believe*, la recentralización y el principio de desviación mínima; las verdades ficcionales y literarias); 2) la teoría y la tipología de los géneros de ficción (el mundo real, los mundos relativos y los mundos alternativos; la distancia entre los mundos y las relaciones de accesibilidad); 3) la narrativa (el *storyworld* con sus principios y su estructura; la teoría de los personajes), y 4) la poética de la posmodernidad (las herramientas que examinan los experimentos de la literatura posmoderna). Las obras de M.-L. Ryan resultaron especialmente útiles para examinar el *storyworld*, la construcción ficcional y la relación entre el mundo real y el mundo ficcional, es decir, la perspectiva literaria y científica de la obra literaria. Otros autores también han contribuido significativamente, como Thomas Pavel y Françoise Lavocat.

Para abordar la tercera perspectiva, complementé el modelo lógico de la teoría literaria de los mundos posibles con una visión más humanista que integrara los elementos socioantropológicos y éticos que Ryan no desarrolla. En este sentido, dos autores resultaron especialmente relevantes: J. R. R. Tolkien y Julián Marías. A través de su obra *Mythopoeia*, Tolkien aportó una perspectiva existencial al introducir los conceptos de sub-creación, Mundo Primario y Mundo Secundario, fundamentales para explorar las relaciones entre el mundo del autor/lector y el mundo ficcional. Por su parte, el filósofo español Julián Marías proporcionó una base teórica para desarrollar las categorías interpretativas antropológico-sociales desde una perspectiva humanista, basándose en su libro *La estructura social*. Además, sus trabajos sobre la imaginación fueron clave para el avance de esta investigación.

Con el objetivo de demostrar que la ciencia ficción no es simplemente una literatura de evasión de la realidad, sino que inventa, a su manera, nuevos mundos posibles que permiten expresar verdades y comprender mejor nuestro mundo moderno y posmoderno, profundicé en los conceptos de verdades ficcionales y literarias, y examiné cómo estos mensajes significativos llegan al lector. Para ello, además de Julián Marías, recurrí a las contribuciones de Paul Ricœur, Jean-Marie Schaeffer y Tzvetan Todorov.

Por último, diseñé el modelo de análisis y, para demostrar su efectividad, me sumergí en el estudio de dos obras de ciencia ficción: *El hombre en el castillo* de P. K. Dick y *La rueda celeste* de U. Le Guin.

LA TEORÍA LITERARIA DE M.-L. RYAN

En primer lugar, quiero examinar hasta qué punto mi primer enfoque, la teoría literaria de los mundos posibles, nacida de una intuición, ha sido fructífero para mi estudio. Su aplicación y adaptación me permitieron evitar dos dificultades: el riesgo de emplear una teoría que no tuviera relevancia directa en el estudio de la ciencia ficción o de limitarme a describir eventos aislados sin establecer conexiones explícitas entre los distintos elementos. Además, fue fundamental para conectar la construcción del mundo ficcional (aspecto semántico) con las experiencias, interpretaciones y asociaciones del lector (aspecto pragmático). Por ejemplo, al examinar el espacio pude explorar no solo dónde se desarrolla la trama y la importancia del entorno y los objetos, sus dimensiones, el significado del movimiento, la descripción y los efectos de la realidad, sino también comprender la visión del mundo que el texto presenta al lector.

Los conceptos de 'mundo posible y 'mundo ficcional' me brindaron una mayor flexibilidad para evocar diversos aspectos, como espacios, sociedades, personajes, acciones, estados emocionales, proyectos, deseos, valores morales y políticos, permitiéndome crear un mundo completo con sus experiencias y condiciones de existencia, considerando tanto al autor como al lector. En definitiva, este enfoque me condujo hacia la construcción e interpretación del mundo ficcional, evitando la restricción identificada por Todorov de limitar el análisis de las obras literarias solo a los elementos textuales. Asimismo, la teoría de los mundos posibles destaca la importancia de sumergirse en el mundo ficcional para proporcionar una experiencia de actualización experimental de un mundo posible (el mundo ficcional se convierte en un mundo actual). Esta perspectiva promovió una interpretación global y relacional de la obra, lo que me llevó a descubrir sus mensajes significativos. De esta manera, la novela reveló su cohesión y profundidad, al integrar todos sus elementos y capturar la intencionalidad de su universo. Al combinar datos y hechos (reflexión) con empatía (emoción), pude apreciar expresiones secundarias pero significativas, como la angustia de K. Dick, que podría haber pasado desapercibida sin esta inmersión experiencial.

Marie-Laure Ryan promueve un modo de lectura que se centra en la imaginación, la visualización y la simulación mental de la acción, en contraposición a una perspectiva estrictamente propositiva. Este enfoque se sintetiza en su concepto de *storyworld*, que se aplica a todos los medios narrativos y abarca tanto la alta cultura como la cultura popular. Se basa en la idea de que los mundos narrativos, aunque creados por textos, se imaginan como algo que existe independientemente del medio, y contienen más de lo que el texto puede describir. Esta concepción tiene implicaciones teóricas importantes, proporciona el entorno necesario para la inmersión. Cualquiera que sea el término utilizado para describir la experiencia de estar completamente inmerso en una historia, de estar presente en la escena de los acontecimientos, de sentir empatía por los personajes, de esperar ansiosamente cómo se desarrolla la trama, esta experiencia no puede tener lugar sin la sensación de que el texto proyecta un mundo que abarca tanto a los personajes como a los acontecimientos.

Gracias a la recentralización y a la inmersión, el lector se convierte en parte de la historia, lo que le permite habitar esos mundos desde dentro y explorar todo tipo de situaciones, ampliando así su capacidad de reflexión a partir del material narrativo presentado por el autor. En otras palabras, esta experiencia permite ver la sociedad y los seres humanos desde una nueva perspectiva. Por ejemplo, en lugar de explicar —como lo haría un tratado de filosofía o de sociología política— que un mundo totalitario genera un sentimiento de opresión, la inmersión en el mundo ficcional de *El hombre en el castillo* de K. Dick, despierta ese mismo sentimiento en el lector que se presta al juego. Esta experiencia inmersiva también contribuye a la creación y multiplicación de patrones mentales, como se menciona en los estudios de neurociencia.

A Marie-Laure Ryan no solo le interesa cómo el lector recrea o descifra estos mundos ficcionales. Como todos los teóricos literarios de los mundos posibles, se niega a concebir el texto literario al margen de cualquier relación referencial con el mundo real o actual. De este modo, ayuda a comprender cómo el autor sub-crea o establece estos mundos y qué acontecimientos o tipos de entidades son o no admisibles en este mundo posible particular (la ciencia ficción en este caso), basándose en la analogía con el M_1 (el principio de desviación mínima) y gracias a las relaciones de accesibilidad.

Al concebir el dominio semántico del texto como un sistema de 'mundos', facilita el estudio de la interacción entre los acontecimientos narrativos, las representaciones de los mundos interiores de los personajes y los mundos alternativos. Cada nueva visión del universo ficcional constituye un nuevo tipo de conocimiento, un conocimiento que, en el mejor de los casos, contiene acentos cognitivos y emocionales que iluminan ciertos aspectos de la realidad que, sin estas extrapolaciones ficcionales, permanecerían en la sombra. Como señala A. López Quintás, quien analiza los distintos niveles o ámbitos de la realidad, cada mundo, cada ámbito de la realidad, enriquece la comprensión global del universo ficcional y permite interpretarlo y dotarlo de sentido.[239]

Marie-Laure Ryan también ofrece una colección de herramientas de análisis aplicables a muchas disciplinas (especialmente la semántica y la narrativa) y a muchos fenómenos (ficción y factual, clásico y posmoderno, transmedia, internet, videojuegos, teatro, etc.). Así, no solo he podido construir mi modelo, sino también aplicar sus investigaciones al análisis concreto de las novelas de ciencia ficción. He aquí algunos ejemplos: para el tema de las líneas de acción de los personajes en *El hombre en el castillo*, me basé en el artículo «From Parallel Universes to Possible Words», y para el tema de los mundos paralelos en *La rueda celeste*, me sirvieron los artículos «Diagramming Narrative» y «Cyberspace, Cybertexts, Cybermaps».

LA ADAPTACIÓN DE LA TEORÍA DE RYAN

La teoría literaria de Marie-Laure Ryan basada en la teoría del realismo modal aplicada a la literatura es descriptiva y aborda la construcción del mundo ficcional considerando tanto sus causas (producción) como sus efectos (pragmática). Es decir, se trata de una teoría centrada en el mundo ficcional, pero que también toma en cuenta la figura del autor, el lector y el mundo referencial. Sin embargo, su enfoque excluye los aspectos ontológicos y estéticos de la obra literaria, lo que resultaba insuficiente para abarcar todos los aspectos del estudio. Por esta razón, decidí adoptar un enfoque compuesto, recurriendo a J. R. R. Tolkien y Julián Marías. Considero que la convergencia de estos dos autores ha enriquecido y completado el modelo (figura 27). La sustitución del 'Mundo Actual' por el 'Mundo Primario' trasladó la cosmovisión desde una construcción basada en la lógica a una basada en la poética.

La relación entre el Mundo Primario y los Mundos Secundarios también ha servido para destacar el papel central de la imaginación en la obra de Julián Marías, especialmente en *Breve tratado de la ilusión*. Para el filósofo, la imaginación adquiere una 'forma de realidad' que refleja la condición humana, su condición 'futuriza'. Aunque la vida humana es real y presente, está proyectada hacia el futuro a través de la anticipación y la proyección, y hace que la 'imaginación' sea el ámbito dentro del cual la vida humana es posible.[240] En consecuencia, utilizamos la imaginación tanto para nuestras tareas más cotidianas (por ejemplo, planificar el día) como para extrapolar posibles futuros que solo existen en nuestra mente.

---

[239] A. López Quintás, *Cómo formarse en ética a través de la literatura: análisis estético de obras literarias*, 37.

[240] J. Marías, *Breve tratado de la ilusión*, 27; 38.

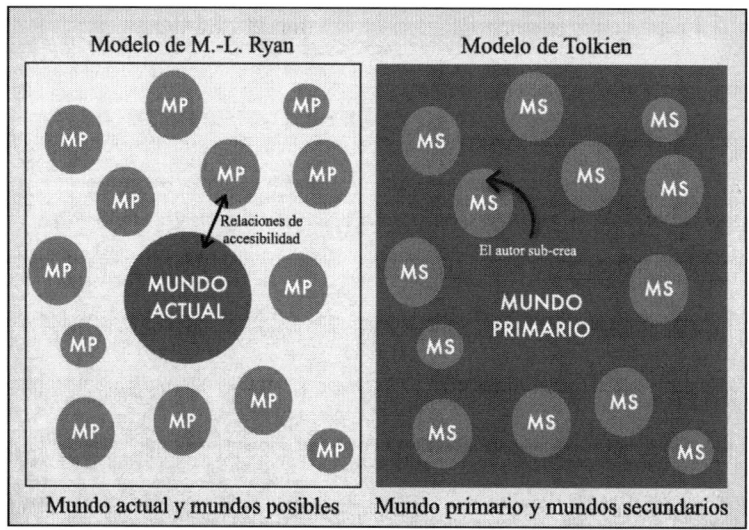

Figura 27. Los dos modelos. MP: mundos posibles; MS: mundos secundarios.

Partiendo de la afirmación de Marías de que la imaginación nos ayuda a responder a la pregunta '¿Qué será de mi vida?', sostengo que, en un mundo donde lo posible está en constante evolución, los mundos posibles de la ciencia ficción nos invitan a cuestionar el presente, mostrándonos que la realidad podría ser diferente. Además, nos preparan para el futuro al proponernos un futuro imaginable que no es real, sino posible. La imaginación, en este contexto, amplía nuestras opciones y perspectivas. Así, la ciencia ficción se alinea con la teoría de los mundos posibles, que sostiene que el mundo ficcional creado por el texto es una posibilidad o una variante del mundo real.

EL MODELO DE ANÁLISIS DE LAS OBRAS

En el modelo de análisis de las obras, mantuve la pluralidad de mundos del universo ficcional de Ryan, pero modifiqué la estructura general para crear un modelo más unificado que integra todos los elementos en un único Mundo Primario teniendo en cuenta las relaciones dialógicas que los unen, y dando la primacía a la imaginación sobre la lógica.

El modelo de la figura 28 me orientó en la investigación. Tuve en cuenta no solo la integralidad, sino también la totalidad de los mundos: los mundos interiores para explorar el estatus de los personajes y los mundos alternativos para dar cuenta de los mundos paralelos, segundos, etc., frecuentes en la ciencia ficción.

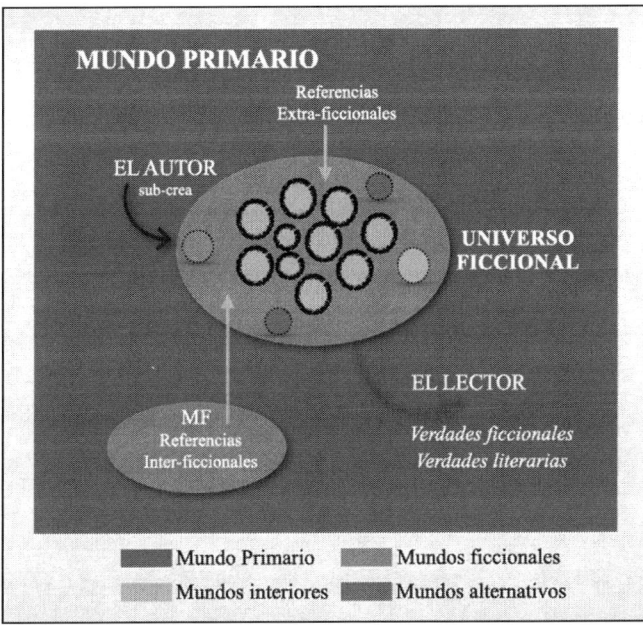

Figura 28. El modelo.

También desarrollé un dispositivo analítico *ad hoc* para estudiar sistemáticamente los tres aspectos que me interesaban en las dos novelas de ciencia ficción seleccionadas: 1) Narrar el mundo con el aspecto literario (el *storyworld*); 2) construir el mundo con el aspecto científico (espacio, tiempo, naturaleza, lenguas, ciencia y tecnología, etc.), y 3) habitar el mundo con el aspecto humanístico (sociedad, relaciones humanas, psicología, antropología, trascendencia, etc.).

Tabla 5. Las categorías y elementos xeno-enciclopédicos de la ciencia ficción	
Categorías	**Elementos xeno-enciclopédicos**
Espacio	Otros objetos, otras propiedades. Espacio desconocido. Otras dimensiones
Tiempo	Futuro y pasado alternativo
Naturaleza	Otras leyes naturales. Especies desconocidas con otras propiedades
Lingüística	Lenguas inventadas
Lógica	Uso de la lógica que enfatiza la verosimilitud
Ciencias	Visión científico-positivista coherente
Tecnología	Tecnologías inventadas o extrapoladas

Tabla 5. Las categorías y elementos xeno-enciclopédicos de la ciencia ficción *(cont.)*

Categorías	Elementos xeno-enciclopédicos
Situación socioeconómica	Política, economía, sociedad/mundos utópicos o distópicos
Estado existencial	Sentido de la vida, proyecto vital, estado de felicidad y libertad
Relaciones humanas	Amor y amistad, matrimonio y familia
Psicología	Características psicológicas: psique, temperamento, carácter, personalidad
Antropología	Visión y concepción del ser humano
Trascendencia	Concepto de muerte y vida después de la muerte. Religiones

Me adentré en el análisis de dos novelas de ciencia ficción, utilizando la estructura diseñada específicamente para este propósito, para explorar a fondo cada obra abordando diversos aspectos:

- Los contextos: el autor y la composición de la novela.
- Las referencias extra-ficcionales e inter-ficcionales.
- El universo de ficción: que incluye el mundo de la historia, la xeno-enciclopedia (espacio, tiempo, naturaleza, lingüística, ciencia y tecnología, *novum*, situación socioeconómica y política, relaciones humanas, credibilidad psicológica y antropológica, vida y muerte, trascendencia).
- Los mundos interiores de los personajes.
- Los mundos alternativos.
- Las verdades literarias.

Este análisis riguroso tuvo como objetivo demostrar la eficacia y fecundidad del modelo basado en la teoría literaria de Marie-Laure Ryan. Me permitió examinar el universo de ficción de manera exhaustiva y flexible, aunque enfrenté el desafío de unificar todas las piezas del rompecabezas. Cada novela es más que la suma de sus partes, lo que exigía una síntesis cuidadosa que mantuviera la inmersión en el texto (con numerosas citas) y, al mismo tiempo, integrara la obra en su totalidad para captar sus mensajes significativos. Además, la diversidad y amplitud de los elementos a considerar —desde los literarios hasta los científicos y humanísticos— evidenciaron la complejidad de la interpretación. Como señala López Quintás, algunos aspectos son difíciles de expresar debido a su carácter profundo y misterioso,[241] lo que exige ser tanto poeta como filósofo, artista y científico, en una tarea interdisciplinaria que, aunque fructífera, es también altamente compleja.

---

[241] A. López Quintás, *Hacia un estilo integral de pensar II. Temas metodológicos*, 73.

TOMAR DEL MUNDO

La ciencia ficción, al igual que cualquier obra literaria (sub-creación), se nutre y establece vínculos profundos con el mundo del autor. La vida de Philip K. Dick y la de Ursula K. Le Guin influyeron indudablemente en sus respectivas creaciones. Sin embargo, determinar con precisión hasta qué punto su experiencia personal y profesional inspiró sus obras puede resultar complicado. A pesar de estas dificultades, considero valioso este ejercicio, ya que la obra literaria busca transmitir algo tanto sobre el mundo como sobre el propio autor. Comprender cómo un escritor integra sus vivencias no es un aspecto menor. La experiencia de la vida real otorga mayor peso a la ficción, al mismo tiempo que subraya la idea de que la ciencia ficción permanece estrechamente ligada a su contexto temporal.

Para comprender mejor la relación entre el mundo del autor (M_1), la enciclopedia del autor y el mundo de la ciencia ficción, recurrí a una figura de Marie-Laure Ryan, extraída de su trabajo «The Text as World versus the Text as Game», que he traducido y adaptado con colores para una mejor comprensión (figura 29). El círculo rojo representa la realidad objetiva; los círculos verdes son los mundos posibles (no actualizados). Los círculos que representan las percepciones individuales de la realidad se extienden más allá del círculo del mundo objetivo, ya que los mundos subjetivos no siempre coinciden con la realidad. La parte blanca indica la imposibilidad de conocer toda la realidad a nivel individual e, incluso, colectivo.

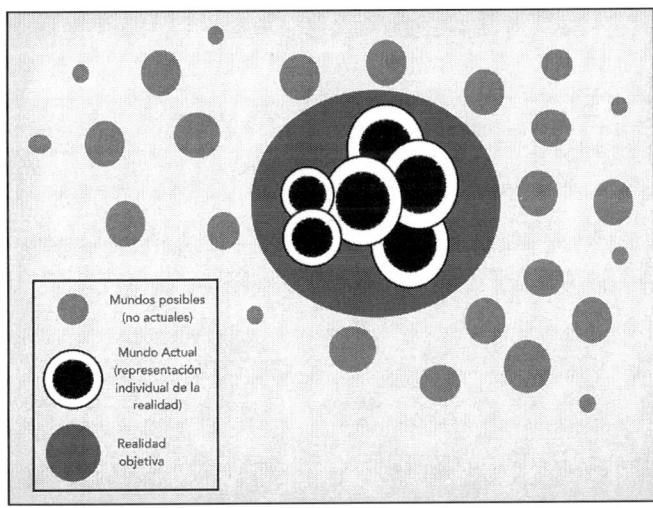

Figura 29. Las representaciones personales según Ryan.

A partir de mi adaptación, en la que los mundos posibles están integrados en el M_1 y no fuera de él, comprendo que el autor construye su enciclopedia a partir de sus representaciones del mundo real. Ryan señala que estas representaciones reflejan, en gran medida, la misma realidad compartida por sus contemporáneos, dado el amplio consenso sobre lo que se considera real, aunque la enciclopedia pueda evolucionar con el tiempo, impulsada por el progreso social, científico y tecnológico. En el caso del mundo de la ciencia ficción, aunque se sitúe dentro del ámbito de «lo que no puede ocurrir en el mundo real pero es lógicamente consistente» (círculo 3), siempre conserva una zona de convergencia o intersección con la enciclopedia del autor.

¿Cómo opera el principio de desviación mínima en esta área de convergencia? Ryan explica que este principio no se aplica automáticamente a las proposiciones existenciales, es decir, a aquellas que afirman la existencia de un objeto, ya que, de lo contrario, todo lo que existe en M_1 también existiría en el mundo ficcional. Para evitar este problema, algunos expertos proponen que las proposiciones existenciales solo se incluyan en un mundo ficcional cuando el texto hace referencia explícita a su objeto, una restricción que M.-L. Ryan considera demasiado estricta. En efecto, en una novela realista no podemos excluir sistemáticamente la presencia de árboles en el mundo ficcional solo porque el autor no los mencione. Ryan sugiere que, si el texto se refiere a un miembro de una determinada clase, las proposiciones que afirman la existencia de los demás miembros de esa clase deben integrarse en el mundo ficcional. Da varios ejemplos: si se menciona el color amarillo, todos los colores deben existir, a menos que se especifique su ausencia; si hay un cielo azul, también hay otros elementos meteorológicos; si hay árboles, deben existir bosques; si hay personas, se asume que tienen dos piernas.

En la ciencia ficción, no es evidente que la mención de un miembro de una clase implique automáticamente la existencia de otros miembros de esa misma clase en el mundo ficcional, o que se mantengan las relaciones consistentes entre el todo y la parte. Los autores a menudo manipulan estos principios para introducir rupturas en la narrativa. Personalmente, considero que el principio de desviación mínima sigue siendo relevante, aunque en muchos casos debe adaptarse a las limitaciones establecidas por el propio texto. Consecuentemente, el espacio en el que las proposiciones son válidas tanto en el mundo enciclopédico del autor (y del lector) como en el mundo de la ciencia ficción, varía considerablemente de una novela a otra (figura 30).

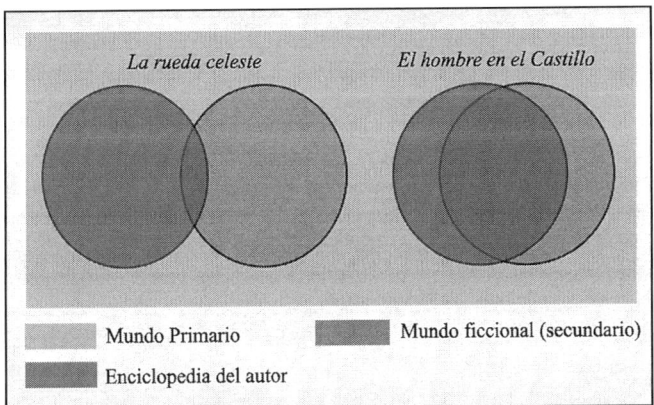

Figura 30. Las representaciones personales según Ryan.

Le Guin crea un mundo radicalmente distinto de su M_1 con sus doce mundos alternativos, dejando poco margen para el principio de desviación mínima, mientras que K. Dick conserva la mayoría de las relaciones de accesibilidad, compartiendo así numerosos elementos comunes con el mundo real. El proceso descrito por R. Saint-Gelais encaja perfectamente con la ucronía de K. Dick. Saint-Gelais observa que, en los primeros tiempos de la ciencia ficción (por ejemplo, en las obras de H. G. Wells), los autores rara vez sumergían a los lectores en un marco de referencia ya alterado. En su lugar, se esforzaban por situar sus historias en un entorno enciclopédico familiar y 'realista', para luego introducir un elemento de alteridad.[242] Al inicio de *The Man in the High Castle*, la discronía historiográfica parece incorporar todas las características de la sociedad estadounidense de 1962, con varias concordancias aparentes. Algunos personajes son la contrapartida de grandes figuras históricas, y algunos acontecimientos históricos reales son fácilmente identificables. En este punto, el lector percibe el mundo ficcional como una extensión del mundo real (M_1), casi como si se tratara de una novela histórica o autobiográfica. Sin embargo, a medida que avanza la trama, este mundo ficcional se va distanciando gradualmente, conformando un universo paralelo en una línea temporal alternativa. Este cambio ocurre tras un punto de divergencia, a partir de un acontecimiento fundador que altera el curso de la historia y redefine el contexto histórico de manera significativa.

¿Qué elementos toman prestados los dos autores del mundo real? ¿Están representados todos los aspectos de la sociedad?

---

[242] R. Saint-Gelais, *L'Empire du pseudo*, 219.

Autores	Sociedad	Cultura - Historia	Ciencias
K. Dick	San Francisco en los años 60	Historia de la Segunda Guerra Mundial, cultura japonesa, taoísmo	Historiografía
Le Guin	Portland en los años 70	Taoísmo, preocupaciones políticas y sociales (movimiento *hippy*)	Psicoanálisis, sueños, energía nuclear

Los elementos del mundo del autor que aparecen con mayor frecuencia en la ciencia ficción suelen estar relacionados con la ciencia y la tecnología. Esto no es sorprendente, dado que la ciencia ficción surgió durante la modernidad, en plena era industrial y de progreso científico. Sin embargo, K. Dick apenas hace referencia a la ciencia, salvo a la ciencia histórica, mientras que Le Guin incorpora nuevos descubrimientos en psicología, como el inconsciente y el subconsciente, así como los avances en neurología. Con la llegada de la *new wave*, emergen temas sociales y económicos, como la revolución de mayo de 1968, la guerra de Vietnam (Le Guin), el racismo (presente en las obras de K. Dick y Le Guin), la expansión de la cultura y economía japonesas (K. Dick), y un creciente interés por las filosofías y religiones orientales, como el *Tao Te Ching* (Le Guin) y el *I Ching* (K. Dick).

Los autores abordan los desafíos clave surgidos en el siglo xx. Dick ofrece en su obra una crítica profunda al totalitarismo y resalta la importancia de la resistencia individual frente a la tiranía. Nos incita a cuestionar las estructuras de poder y a defender los valores de la libertad y la verdad en un mundo amenazado por el autoritarismo. Por su parte, Le Guin explora las consecuencias devastadoras de la explotación desmedida de los recursos naturales, el crecimiento descontrolado de las ciudades y el uso de la ciencia con fines de dominación y control.

CONSTRUIR EL UNIVERSO CIENCIA-FICCIONAL

En esta sección examinaré los resultados del análisis sistemático de estos mundos alternativos desde tres perspectivas —la literaria, la científica y la humanista—, en busca de elementos esencialmente ciencia-ficcionales.

LA PERSPECTIVA LITERARIA

Este estudio se preguntó si la ciencia ficción había persistido como una subcategoría popular que, aunque interesante y entretenida, seguía siendo percibida como un género literario de segunda clase, carente de estilo y profundidad. Asimismo, se exploró qué revelaciones había aportado el análisis narrativo de las dos novelas.

Mi investigación ha abordado estas interrogantes evaluando las obras según los criterios establecidos en el capítulo 2, en lo referente a la narrativa. La esencia de una obra literaria reside en su capacidad para contar una historia, generalmente centrada en la resolución de un problema. En consonancia con este principio, ambas novelas presentan una estructura narrativa simple, en la que la trama se focaliza en la solución de un conflicto principal o en la exposición de un único tema central.

Le Guin introduce mundos alternativos con diversas relaciones secuenciales, en los que la resolución de un problema genera otro. Por su parte, P. K. Dick plantea una doble discronía historiográfica, delineando múltiples relaciones secuenciales en las que la solución de un conflicto para un personaje desencadena nuevos problemas para otros. Además, podría añadirse la etiqueta 'histórica' a la obra de Dick y la etiqueta 'onírica' a la de Le Guin.

The Lathe of Heaven sigue las convenciones narrativas tradicionales que tienden hacia finales epifánicos característicos del género clásico. En este enfoque, el desenlace establece un nuevo orden que resuelve los conflictos o dilemas planteados a lo largo de la trama. Sin embargo, *The Man in the High Castle* desafía esta norma, dejando al lector con una sensación de incertidumbre respecto al futuro de sus personajes. La obra se destaca por no ofrecer una conclusión definitiva ni una resolución clara. Aquí, el autor renuncia a las explicaciones racionales y deja el destino de los personajes al azar, reflejando un rasgo distintivo de la literatura posmoderna. Según el análisis de M. T. Oñate y B. G. Arribas, este enfoque narrativo posmoderno pone en primer plano las racionalidades 'locales' en lugar de los grandes relatos, lo que implica narrativas 'descentradas' con validez limitada.[243] En menor medida, Le Guin también incorpora elementos de la cultura posmoderna, aunque su historia sigue manteniendo una estructura moderna.

LA PERSPECTIVA CIENTÍFICA

La perspectiva científica es esencial en el análisis de la ciencia ficción. Este género se puede entender como una forma de experimentación mental que juega con lo real, lo probable y lo posible.[244] A través de estas especulaciones, la ciencia ficción explora los

---

[243] M. T. Oñate y B. G. Arribas, *Posmodernidad. Jean-François Lyotard y Gianni Vattimo*, 53.

[244] He desarrollado este tema en M. Villen, «L'autre côté du rêve d'Ursula Le Guin: imaginer l'impossible».

límites del conocimiento y de la experiencia humana, proyectando futuros alternativos y realidades divergentes basadas en principios científicos y tecnológicos. Así, este enfoque permite a los autores no solo cuestionar el presente, sino también imaginar las consecuencias potenciales de los avances científicos y sus implicaciones sociales, políticas y filosóficas.

- El espacio. Ambas novelas se sitúan en la Tierra: una Tierra del pasado con el mundo discrónico de San Francisco (K. Dick) y una Tierra del futuro con los mundos alternativos de Portland (Le Guin). En *The Man in the High Castle*, el espacio físico se representa a través de San Francisco, mientras que en *The Lathe of Heaven* se explora, además del espacio físico (Portland), un espacio plural (los mundos alternativos) y un espacio simbólico (los sueños).[245]

  En las últimas décadas del siglo xx se ha observado que el asombro característico de la ciencia ficción ha sido reemplazado, con frecuencia, por la incertidumbre y la perplejidad. Nuestra comprensión de la realidad física se ha vuelto inestable. Vivimos en un mundo que ya no comprendemos del todo y cuyos límites se han vuelto difusos, especialmente a la luz de la mecánica cuántica, que sugiere que el observador puede influir en la realidad objetiva. Esto implica que, para un estado cuántico específico, existen múltiples futuros o realidades posibles hasta que un observador los mide, momento en el que se obtiene un único resultado.[246] Esto intensifica una pregunta crucial: ¿la imagen que tenemos de nuestro mundo refleja una realidad objetiva o es una ilusión creada por nuestra mente? ¿Cuál es la verdadera naturaleza de la realidad?

- El tiempo. La incompatibilidad temporal proporciona a los autores una mayor libertad para imaginar futuros cercanos y pasados ucrónicos, como se evidencia en las dos novelas.

- La naturaleza. En la novela de K. Dick, no se observa una contribución específica a este tema. En la obra de Le Guin, aunque se introduce al extraterrestre, este no ocupa un papel protagónico significativo en la trama. A pesar de ello, en *The Lathe of Heaven* se percibe una preocupación ecológica subyacente, especialmente en relación con el impacto de la actividad humana en el medio ambiente. Le Guin explora las consecuencias de la explotación desmedida de los recursos naturales y reflexiona sobre la fragilidad de los ecosistemas en un contexto de mundos alternativos.

---

[245] A. Domínguez Garrido, *El texto narrativo*, 207-239.

[246] P. Davies, «la flecha del tiempo», 9.

- La lingüística. La exploración del tema no se desarrolla en ambas novelas, incluso con la presencia de la comunicación con extraterrestres en la obra de Le Guin.
- La ciencia y la tecnología. Dick se centra en las ciencias humanas, como la política y la historiografía. En contraste, Le Guin toma en cuenta los conocimientos científicos de su tiempo y los proyecta lógicamente hacia un futuro, empleándolos en nuevos contextos para resaltar sus implicaciones. Además, introduce la máquina de los sueños, un dispositivo que se aparta considerablemente de nuestra realidad y cuya existencia parece poco probable.
- El *novum*. El *novum* oscila siempre entre dos polos: uno más lúdico donde el autor experimenta a través de la imaginación, y otro más cognitivo en el que aborda preguntas sin respuesta en el presente. En *The Lathe of Heaven*, este elemento se manifiesta en la introducción de nuevas habilidades humanas, como los sueños eficientes de Orr. En *The Man in the High Castle*, se expresa en la recreación de mundos del pasado. La relevancia, importancia y utilidad del *novum* dependen del grado de especulación o extrapolación que la obra ofrece.

La perspectiva humanista

La perspectiva humanística en la ciencia ficción se centra en el individuo y su relación con la sociedad, permitiendo explorar a fondo la psicología de los personajes, sus dilemas morales y las tensiones entre el individuo y la colectividad. Este enfoque abre nuevas vías de reflexión sobre el sentido de la humanidad en escenarios futuros o alternativos, donde las transformaciones sociales y tecnológicas desafían nuestras concepciones éticas y existenciales.

El hombre en el castillo y *La rueda celeste* destacan por introducir monólogos interiores que permite al lector sumergirse en la ambigüedad, oscilación e inestabilidad emocional de los personajes. Estos monólogos internos no solo revelan sus dudas y conflictos internos, sino que también reflejan la creciente perplejidad y desconcierto ante un entorno social en constante cambio. A través de estos diálogos, los personajes expresan sus incertidumbres sobre la naturaleza de la realidad, la moralidad de sus decisiones y la fragilidad de su propio sentido de identidad. Esta técnica de inmersión en los mundos interiores ofrece una visión más compleja de la mente humana, enfrentada a un entorno en el que lo que antes parecía estable y coherente se ha vuelto impredecible y fragmentado. K. Dick como Le Guin emplean los monólogos internos para profundizar en la alienación y desconcierto existencial de sus

213

personajes, haciendo eco de las tensiones psicológicas y filosóficas del siglo xx, donde la percepción de la realidad ya no es tan sólida ni segura como en épocas anteriores.

- La sociedad y la política. Las novelas de ciencia ficción presentan una amplia gama de posibles sociedades futuras (o ucrónicas) que, aunque arraigadas en el presente, asumen que el futuro será diferente.

  The Man in the High Castle revela cómo el ideal utópico del colectivismo totalitario fracasa y se convierte en una distopía alienante. La novela explora cómo el poder autoritario moldea la sociedad, sometiendo a los individuos a un control opresivo. Dick muestra cómo el totalitarismo distorsiona la verdad y manipula la realidad para mantener su hegemonía, lo que socava la libertad de pensamiento y perpetúa un clima de temor y desconfianza entre la población. Además, expone los efectos devastadores de los regímenes que niegan la dignidad humana a determinados grupos, como es el caso de la eugenesia racial.

  Le Guin, por su parte, concibe en el primer mundo alternativo una distopía a escala planetaria en la que el enemigo ya no es el poder político o ideológico, sino el deterioro de la ecología y la superpoblación con sus trágicas consecuencias, que J. Marías describe a la perfección:

  > Análogamente, cuando la convivencia se hace muy densa —por ejemplo, cuando la población aumenta en exceso—, la fricción es tal, que el 'radio' de acción de cada individuo se reduce; mientras Robinsón no podía apenas ser él mismo, porque su jornada se agotaba en ser hombre, es decir, en seguir viviendo, el que vive en una sociedad superpoblada y de estructura muy complicada casi no puede hacer otra cosa que 'seguir donde está', que adscribirse al punto en que la sociedad lo tiene situado; y esto en un sentido a veces literalmente material: alojamiento, un 'puesto' o 'colocación' de trabajo, etc.[247]

- Las relaciones humanas. Las relaciones interpersonales profundas no suelen ser el centro de estas novelas, más preocupadas por controlar y transformar el mundo.
- La psicología. El personaje, más allá de su enfoque lingüístico como agente o semiótico como signo, se percibe como una persona, lo que implica que su comportamiento posee la misma complejidad psicológica que el de los seres humanos reales: inteligencia, voluntad y afectividad. Sin embargo, los personajes en la

---

[247] J. Marías, *La estructura social*, 222.

ciencia ficción tienden a ser relativamente planos, aunque han ganado mayor sofisticación en las últimas dos décadas.

Las obras reflejan las corrientes psicológicas predominantes del siglo xx, como el psicoanálisis de Freud y Jung, y abordan algunos de los problemas más críticos de su época, como el uso de drogas y sus efectos en la sociedad. Le Guin, por su parte, examina las consecuencias devastadoras de la superpoblación urbana, donde la densidad demográfica y el cambio de escala generan una profunda sensación de anonimato. En este entorno, el ritmo de la vida cotidiana se acelera, ya no guiado por los ciclos naturales de las estaciones o la alternancia entre el día y la noche, sino por un tiempo abstracto y matemático, estrictamente regulado por el reloj. Esta deshumanización del tiempo resalta cómo la modernidad impone nuevas formas de control y alienación, tanto sobre el individuo como sobre la comunidad. Además, las obras subrayan cómo estas presiones sociales y temporales afectan la salud mental, intensificando el malestar existencial y la búsqueda de escapismo, temas recurrentes en la literatura de ciencia ficción de la época.

- La antropología. La antropología desempeña un papel crucial en la ciencia ficción, ya que abre un vasto espectro de posibilidades y desafía nuestras concepciones sobre la existencia. Los autores invitan a cuestionar si existen otras formas de vida y cómo podrían manifestarse. En una de las novelas, aparece la imagen del extraterrestre, una figura inseparable del género. Generalmente, el contacto con seres extraterrestres ocurre cuando la humanidad entra en la era espacial, aunque en *The Lathe of Heaven* este contacto no sigue el patrón habitual. Este encuentro nos lleva a reflexionar sobre las características que definen a un ser humano y a compararlas con las de otras inteligencias que pueden no compartir nuestra forma física ni nuestros modos de vida. Dick, por otro lado, aborda la alteridad desde una perspectiva más terrestre, distinguiendo entre nacionalidades (estadounidenses y japoneses) y razas, lo que se explica por el carácter historiográfico de su discronía. En su obra, la división entre razas y culturas refleja no solo las tensiones políticas y sociales de su tiempo, sino también la preocupación por la identidad y el otro, temas recurrentes en su narrativa.

- El estado existencial. En su búsqueda de un proyecto vital que colme su pretensión de felicidad, los protagonistas se dividen en dos grupos claramente diferenciados. Por un lado están los personajes que logran encontrar un propósito en sus vidas, quienes sienten que tienen una misión y están dispuestos a arriesgarlo todo por la grandeza de lo que está en juego. Estos personajes, como en las obras de Le Guin, contribuyen a un cambio positivo en la sociedad, actuando como catalizadores de transformación y renovación. Su sentido de propósito no solo les otorga plenitud personal, sino que también impulsa el progreso colectivo. Por otro lado, encontramos a aquellos personajes que viven sumidos en un estado de hastío continuo y aburrimiento existencial, atrapados en la mediocridad insignificante o la fatiga depresiva, como ocurre en las obras de K. Dick. Estos personajes sobreviven únicamente por la inercia de la vida misma, lo que los lleva a una forma de esclavitud existencial. Sin embargo, aunque parecen indiferentes al sentido último de sus vidas y del mundo, y a pesar de su escepticismo y desorientación, hay en ellos una búsqueda desesperada de un fundamento unificador que trascienda el mero materialismo y utilitarismo. Esta búsqueda, aunque muchas veces parcial e incompleta, refleja una necesidad intrínseca de encontrar algo que les ofrezca sentido más allá de la rutina vacía que los consume.

- La trascendencia. La búsqueda de trascendencia es un tema recurrente en la ciencia ficción, donde los personajes intentan superar los límites de su existencia cotidiana en busca de un sentido más elevado o significativo. En ambas novelas, lo trascendente se revela a través de la exploración de temas profundos que trascienden la realidad tangible. En *The Man in the High Castle*, la inmersión en una realidad alternativa plantea interrogantes sobre la naturaleza del destino, el libre albedrío y la posibilidad de alterar el curso de la historia. Por su parte, *The Lathe of Heaven* ahonda en el poder del subconsciente, la moralidad de manipular la realidad, y las implicaciones filosóficas de crear y destruir mundos. Ambas obras exploran cuestiones como el equilibrio entre el bien y el mal, la responsabilidad individual frente a las decisiones que afectan el mundo, y la esencia de la percepción y la existencia misma.

ACTUAR SOBRE EL MUNDO

En esta sección, analizo los mensajes significativos que ambas obras de ciencia ficción transmiten a los lectores. Cada una de las novelas nos transporta a una realidad distinta y, al hacerlo, nos sumerge en un mundo-posible que explora virtualmente una existencia-posible. A través de la lectura, los textos nos invitan a aventurarnos en universos posibles que pueden ser mejores o equivalentes a nuestro mundo real (M_1) o bien nos advierten sobre los peligros inherentes a universos posibles que resultan peores. Este proceso de especulación nos permite, como lectores, reflexionar sobre las distintas direcciones que podría tomar nuestra propia realidad.

En las obras analizadas, este mecanismo es evidente: las historias no solo presentan futuros o realidades alternativas, sino que también nos ofrecen un espacio para cuestionar las decisiones sociales, políticas y tecnológicas que podrían llevarnos a esos mundos. En algunos casos, los universos posibles funcionan como advertencias distópicas sobre el abuso del poder o la manipulación de la realidad, mientras que en otros se nos presentan posibilidades más optimistas donde el cambio positivo es alcanzable. Este contraste refuerza la capacidad de la ciencia ficción para especular sobre múltiples futuros y nos invita a cuestionar nuestro presente desde nuevas perspectivas.

Autores	Dick, 1962	Le Guin, 1971
Observación del mundo	La sociedad discrónica posterior a la Segunda Guerra Mundial, tras la victoria de alemanes y japoneses	Los sueños efectivos que modifican la realidad creando mundos distópicos alternativos
Temas principales	La fragmentación de la realidad La falsificación del mundo La distinción entre ficción y realidad	Los abusos de la experimentación científica La ilusión de la realidad La relación entre identidad y memoria El poder de la imaginación
Hipótesis	Este mundo alienante solo sería una ilusión	La ciencia podría utilizarlos para transformar y mejorar radicalmente nuestro mundo
La empatía	Robert, Frank, Juliana	George
Nueva ciencia	Ninguna	La máquina para manipular los sueños (aumentador)
La decisión	El rechazo de toda forma de totalitarismo	Evitar jugar a aprendiz de brujo con los descubrimientos científicos

Toda obra de ciencia ficción presenta un mundo posible, es decir, una innovación de la realidad, imaginada en otro tiempo y espacio que, aunque no contradice las teorías científicas de su época, no se introduce (como en la literatura fantástica) de forma realista. El autor traslada así la realidad (su M_1) al futuro o a un pasado ucrónico, a mundos alternativos o paralelos, para crear las condiciones experimentales necesarias (el *novum*) para poner a prueba una hipótesis: ¿qué pasaría si…? Por su parte, el lector debe implicarse en la reconstrucción de este mundo desconocido de ciencia ficción y sumergirse en él —mediante una estrategia de lectura que combine reflexión y emoción— para así confrontar el mundo ficcional con su M_1 y darle sentido.

ÚLTIMAS NOTAS

La ciencia ficción es un género literario que se caracteriza por explorar la condición humana, sus culturas, sus sociedades y sus vínculos con el entorno, pero siempre dentro de los límites de lo concebible según el conocimiento científico y tecnológico. Este tipo de literatura, además, destaca por su enfoque humanista, ya que logra unir las ciencias puras y las humanidades. No solo incorpora los descubrimientos científicos, sino que también reflexiona sobre la imagen de la ciencia y los profundos cambios que estos descubrimientos provocan en la sociedad. Así, la ciencia ficción imagina futuros posibles e indaga en cómo esos avances podrían transformar a la humanidad. Estoy convencida de que las grandes obras de ciencia ficción ayudan al hombre moderno y posmoderno a comprenderse a sí mismo y a penetrar en ciertos aspectos de la realidad. Esto será el objeto del segundo tomo *Los mundos posibles de la ciencia ficción* mediante el estudio de siete novelas de ciencia ficción de 1940 a 2005.

REFERENCIAS BIBLIOGRÁFICAS

Domínguez Garrido, A. (1996). *El texto narrativo*. Madrid: Síntesis.

López Quintás, A. (1975). *Hacia un estilo integral de pensar II. Temas metodológicos*. Madrid: Publicaciones de la facultad de filosofía y letras de Palma de Mallorca.

— (1994). *Cómo formarse en ética a través de la literatura: análisis estético de obras literarias*. Madrid: Rialp.

López Raso, P. (2017). Prólogo. En F. J. Bueno Pimenta, *Sobre la experiencia estética, Fundamentos y actualidad*. Madrid: Universidad Francisco de Vitoria.

Oñate, T., & Arribas, B. G. (2021). *Postmodernidad: Jean-François Lyotard y Gianni Vattimo*. Prisanoticias colecciones.

Villen, M. (2023). L'autre côté du rêve d'Ursula Le Guin: imaginer l'impossible. *Fabula / Les colloques, «Impossible Worlds / Mondes impossibles»*. Disponible en: https://www.fabula.org/colloques/document11281.php

Anexo

MIS ENCUENTROS CON MARIE-LAURE RYAN

Fotografía de la conferencia «Narrative in Virtual Reality» (Universidad Francisco de Vitoria, Madrid, 2019). Marie-Laure Ryan (a la izquierda) y Monique Villen (a la derecha).

A medida que avanzaba en mi estudio, no solo descubrí los escritos de Marie-Laure Ryan, sino también su encantadora personalidad: abierta, accesible y al mismo tiempo dinámica, profesional y profundamente competente. Desde mi primera correspondencia con ella, el 6 de noviembre de 2017, mantuvimos una comunicación continua de la cual tuve el privilegio de beneficiarme tanto por su vasta experiencia como por el acceso a algunos de sus escritos aún inéditos.

Aprovechando su estancia en España con motivo de la Annual International Conference on Narrative, la invité a la Universidad Francisco de Vitoria (Madrid) del 26 al 28 de mayo de 2019, donde impartió una conferencia titulada «Narrative in Virtual Reality: Anatomy of a Dream Reborn». Durante su visita, tuve la oportunidad de conocerla mejor a través de los encuentros que organicé con miembros de la Facultad de Comunicación, así como con invitados de otras universidades españolas. Nuestros diálogos privados fueron especialmente enriquecedores; profundizamos en temas como el principio de desviación mínima y los mundos alternativos en la novela de Ursula K. Le Guin. Incluso discutimos la posibilidad de traducir una de sus obras al español, lo cual abrió nuevas perspectivas sobre su trabajo en el contexto hispanohablante.

Nos volvimos a encontrar en dos ocasiones más: en noviembre de 2019, en un congreso en París, y en marzo de 2022 en Chicago, donde tuve el honor de participar en una mesa moderada por Marie-Laure Ryan. Cada uno de estos encuentros reafirmó mi admiración tanto por su rigor intelectual como por su carácter generoso y dialogante.

Sin duda, las interacciones con Marie-Laure Ryan han sido una de las experiencias más gratificantes de mi carrera. Si me atreviera a definir su actitud, lo haría inspirándome en P. López Raso, quien describe a los grandes intelectuales como buscadores, personas que enfrentan la existencia y todo lo que les estimula como una oportunidad para plantear las grandes preguntas, cuestionar y explorar la realidad.[248] Marie-Laure Ryan encarna perfectamente este espíritu, siempre abierta al diálogo crítico, curiosa por la diversidad de perspectivas y comprometida con la exploración de los límites y posibilidades de la narrativa.

LAS PREGUNTAS A MARIE-LAURE RYAN

Incluyo un cuestionario traducido al español que Marie-Laure Ryan tuvo la bondad de responder el 21 de junio de 2020.

TRADUCCIÓN AL ESPAÑOL

PREGUNTA 1: ¿Qué aporta la noción de 'mundo posible' a la teoría literaria? ¿Sigue siendo válido hoy en día?

---

[248] P. López Raso, «Prólogo» de *Sobre la experiencia estética, Fundamentos y actualidad*, 18.

Respuesta 1: Eso no puedo responderlo en una frase. Pero vea mi respuesta a la pregunta 4. Creo que la teoría de los mundos posibles tiene dos campos de aplicación: 1) La definición de la ficción, y 2) la descripción del universo textual. He trabajado en estos dos campos. Por otro lado, su campo de aplicación incluye todos los medios capaces de narración, de los cuales la literatura es obviamente una parte. Un enfoque de moda para el cual la teoría de los mundos posibles parece especialmente relevante es el enfoque cognitivo, porque la teoría nos permite analizar cómo los lectores clasifican la información dada por el texto para llegar a una representación mental del universo textual. (Por universo me refiero a la totalidad de los mundos posibles del texto, porque me tomo muy en serio esta observación de Umberto Eco: el texto es una máquina para producir mundos).

Pregunta 2: ¿Cree usted que la teoría de los mundos posibles tiene el reconocimiento que merece, es decir, que actualmente ocupa el lugar que le corresponde en la teoría literaria?

Respuesta 2: Me parece que está recibiendo más y más reconocimiento. Recuerdo que Mieke Bal escribió, alrededor del año 2000, que la noción del mundo posible *came and went*. Puede que haya sido así alrededor del año 2000, pero los mundos imaginarios, tanto los mundos posibles como los *storyworlds*, han tenido un fuerte regreso.

Pregunta 3: ¿Qué cuestiones no han sido resueltas aún por la teoría de los mundos posibles?

Respuesta 3: Obviamente, hay algunas preguntas que están a su alcance y otras que no. No ofrece interpretaciones, pero tiene algo que decir sobre algunos problemas como el conflicto narrativo (y humano), el *suspense* o la inmersión. Una pregunta que está en sus cuerdas y que me preocupa es qué hacer con los textos que presentan contradicciones: ¿podemos hablar de mundos imposibles posibles (un oxímoron) o estos textos no proyectan mundos?

Pregunta 4: Según usted, ¿cuál es la idea central y fundamental de su noción de mundos posibles?

Respuesta 4: La distinción real/posible o real/virtual. Tres nociones son importantes para mí: 1) El hecho de que cada texto ficcional presenta algunos hechos como reales y otros como solo posibles, incluso si el conjunto, visto desde la perspectiva del mundo (realmente) actual, describe hechos que son meramente posibles. 2) El fenómeno de la recentralización, que pide al lector que considere como actuales los hechos que el texto afirma como tales, aunque no sean objetivamente actuales.

3) La idea de que los mundos de los textos están a distancias variables del mundo (realmente) actual. Esta tercera idea explica la popularidad de los mundos posibles entre los críticos interesados en la fantasía.

PREGUNTA 5: En el campo de la narratología, ¿hay una transición de la noción de mundos posibles a la noción de *storyworld*? ¿Aporta algo nuevo?

RESPUESTA 5: La noción de *storyworld* es más antigua y vaga que la noción de mundo posible. La gente ha estado hablando del mundo de un autor o una novela durante mucho tiempo. David Herman puso el término a la moda al contraponer '*story*' y '*world*', pero sin adherirse estrictamente a la teoría de los mundos posibles. Así que, en mi opinión, *storyworld* no aporta nada nuevo, es solo una forma conveniente de hablar de lo que el texto presenta a la imaginación. Por otra parte, el concepto de 'mundo posible' se basa en una tradición lógica y filosófica, sin estar ligado a una fidelidad absoluta a esta tradición. Ciertamente, hay algunos conceptos en mi trabajo que se inspiran en la tradición lógico-filosófica. Pero Ruth Ronen me ha acusado de usar estos conceptos 'metafóricamente' en lugar de literalmente.

PREGUNTA 6: ¿Qué académicos cree que han entendido mejor su método y/o lo han desarrollado mejor?

RESPUESTA 6: Mencionaré en particular a Alice Bell en *The Possible Worlds of Hypertext Fiction*. Françoise Lavocat también entendió muy bien el método, pero su perspectiva es más amplia. En España mencionaré a Antonio José Planells de la Maza, *Possible Worlds in Video Games* (parece que la noción de mundo posible ha sido más productiva para la literatura digital que para la textual). En los Estados Unidos, Thomas Martin (*Poiesis and Possible Worlds*) y Brian McHale (su famoso libro sobre el posmodernismo). Vea también las contribuciones a mi libro *Possible World Theory and contemporary narratology* que tienen aplicaciones especializadas.

PREGUNTA 7: ¿Qué propuestas teóricas e investigadores le interesan más y en qué está trabajando actualmente?

RESPUESTA 7: En este momento estoy trabajando en dos libros. Uno se llama *Narratology outside the box* y consiste en varios de mis artículos dispersos en revistas. El título hace referencia al libro *Narrative Theory*, un diálogo muy interesante entre Herman, Phelan, Warhol y Richardson que representan, respectivamente, enfoques cognitivos, retóricos, feministas y 'antinaturales'. Mi enfoque no encaja en ninguna de estas escuelas, por lo tanto está '*outside the box*'. El otro libro, *Object-Oriented Narratology*, en colaboración con un narratólogo chino, Teng

Weishen, trata de la representación y el papel de los objetos en la narratología y se inspira, más o menos (más para Teng que para mí), en el movimiento filosófico conocido como *speculative materialism*.

PREGUNTA 8: En su opinión, en relación con los mundos posibles, la realidad y la ficción, ¿el posmodernismo abre nuevas perspectivas o paradigmas? ¿Cuáles?

RESPUESTA 8: El posmodernismo trae nuevas prácticas, pero creo que están previstas por el modelo (porque, como dijo Uri Margolin, un modelo debe ser capaz de describir todas las formas posibles, aunque no existan todavía). Estas prácticas son las de los mundos imposibles, los mundos incoherentes, los mundos híbridos, los mundos *fromage suisse* con eventos inexplicables junto a eventos lógicos o realistas. (Pero después de todo, esta última posibilidad ya se encuentra en Kafka, por lo que no es estrictamente posmoderno).

BIBLIOGRAFÍA COMPLETA DE MARIE-LAURE RYAN

LIBROS

RYAN, M.-L. (1977). *Rituel et poésie. Une lecture de Saint-John Perse*. Bern-Francfort-Las Vegas: Peter Lang Verlag.

— (1991). *Possible worlds. Artificial intelligence and narrative theory*. Bloomington: Indiana University Press. Recibió el Prize for Independent Scholars from the Modern Language Association» de 1991.

— (1999). *Cyberspace Textuality: Computer Technology and Literary Theory*. Bloomington: Indiana University Press.

— (2001). *Narrative as Virtual Reality: Immersion and Interactivity in Literature and Electronic Media*. Baltimore: Johns Hopkins University Press. Recibió el Aldo and Jeanne Scaglione Prize for Comparative Literary Studies de 2001 de parte de la Modern Language Association.

— (2004). *La narración como realidad virtual: la inmersión y la interactividad en la literatura y en los medios electrónicos* (Trad. M. Fernández Soto). Barcelona: Paidós.

— (2004). *Narrative Across Media: The Languages of Storytelling*. Lincoln/London: University of Nebraska Press.

— (2006). *Avatars of Story*. Minneapolis: University of Minnesota Press.

— (2015). *Narrative as Virtual Reality 2: Revisiting Immersion and Interactivity in Literature and Electronic Media*. Baltimore: Johns Hopkins University Press.

— (2022). *What Is, What If: A new Anatomy of Storyworlds*. Columbus: The Ohio University Press.

RYAN, M.-L., HERMAN, D., & JAHN, M. (Eds.) (2005). *The Routledge Encyclopedia of Narrative Theory*. London/New York: Routledge.

Ryan, M.-L., & Grishakova, M. (Eds.) (2010). *Intermediality and Storytelling*. Berlín: De Gruyter.

Ryan, M.-L., & Thon, J.-N. (Eds.) (2014). *Storyworlds Across Media. Toward a Media-Conscious Narratology*. Lincoln/London: University of Nebraska Press.

Ryan, M.-L., Emerson, L., & Robertson, B. (Eds.) (2014). *The Johns Hopkins Guide to Digital Media*. Baltimore: Johns Hopkins University Press.

Ryan, M.-L., Foote, K., & Azaryahu, M. (Eds.) (2016). *Narrating Space, Spatializing Narrative. Where Narrative and Geography Meet*. Columbus: Ohio State University Press.

Ryan, M.-L., & Bell, A. (Eds.) (2019). *Possible Worlds Theory and Contemporary Narratology*. Lincoln /London: University of Nebraska Press.

Ryan, M.-L., & Fludernik, M. (Eds.) (2020). *Narrative Factuality: A Handbook*. Berlín: De Gruyter.

Ryan, M.-L., & Weisheng, T. (2024). *Object-Oriented Narratology. Frontiers of Narrative*. Lincoln: University of Nebraska Press.

Artículos

Ryan, M.-L. (1976). Narrator and his Text in 'Emploi du Temps' of Michel Butor. *Rocky Mountain Review of Language and Literature*, *30*(1), 24-40.

— (1977). Narration, génération, transformation: La Grande Bretèche de Balzac. *L'Esprit Créateur*, *17*(3), 195-210.

— (1977). Les Mots-monnaie chez Saint-John Perse. *Revue du Pacifique*, *3*(2), 140-148.

— (1977). Growing Texts on a Tree. *Diacritics*, *7*(4), 34-46.

— (1978). Cohorte, oiseaux, les noms, les mots: la conception du langage dans deux poèmes de Saint-John Perse. *Romanic Review*, *59*(3), 207.

— (1978). L'instant de la bascule: Sur un poème d'Eloges de Saint-John Perse. *Kentucky Romance Quarterly*, *25*(2), 185-194.

— (1979). Toward a competence theory of genre. *Poetics*, *8*(3), 307-337. Traducción al español: (1988). M. A. Garrido Galardo (Ed.). *Teoría de los géneros literarios*. Madrid: Arcos Libros.

— (1979). Linguistic Models in Narratology: From Structuralism to Generative Semantics. *Semiotica*, *28*(1-2), 127-156.

— (1979). Is there Life for Saussure After Structuralism? *Diacritics*, *9*(4), 28-44.

— (1980). Neige d'Anne Hébert: un dialogue avec Saint-John Perse. *Présence Francophone. Revue Littéraire Sherbrooke*, *20*, 126-135.

— (1980). Fiction, non-factuals, and the principle of minimal departure. *Poetics*, *9*(4), 403-422.

— (1981). Genèse du discours et discours de la genèse: Pluies et Neiges de Saint-John Perse. *French Review Stanford*, *5*(3), 341-352.

— (1981). Michel Butor's L'Emploi du temps: Matrix of a Phenomenology of Reading. *L'Esprit Créateur*, *23*(2), 60-69.

— (1981). The Pragmatics of Personal and Impersonal Fiction. *Poetics*, *10*(6), 517-539.

Ryan, M.-L. (1981). When Je is Un Autre: Fiction, Quotation, and the Performative Analysis. *Poetics, Today* 2(2), 127-155.

— (1981). From Verbal Play to Verbal Art: Grice's Maxims and the Strategies of 'Everyday' Conversation. *Journal of the Linguistic Association of the Southwest*, 4(1), 30-44.

— (1981). On the why, what and how of generic taxonomy. Introduction Introduction to a special issue on genre. *Poetics*, 10(2-3), 109-126.

— (1982). Le champ sémiologique. Perspectives internationales by André Helbo. *Poetics Today*, 3(1), 191-193.

— (1984). Fiction as a Logical, Ontological, and Illocutionary Issue. *Style*, 18(2), 121-139.

— (1985). The Modal Structure of Narrative Universes. *Poetics Today*, 6(4), 717-756.

— (1986). Embedded narratives and the structure of plans. *Text - Interdiscip. J. Study Discourse*, 6(1), 107-142.

— (1986). Embedded Narratives and Tellability. *Style*, 20(3), 319-340.

— (1986). Le Corbeau et le Renard: de la Sémiotique narrative à l'intelligence artificielle. *Revue des Sciences Humaines*, 201, 59-78.

— (1986). Embedded Narratives and Tellability. *Style*, 20(3), 319-340.

— (1987). On the Window Structure of Narrative Discourse. *Semiotica*, 64(1/2), 59-81.

— (1987). The Heuristics of automatic Story Generation. *Poetics*, 16(6), 505-534.

— (1988). A la recherche du thème narratif. *Communications*, 47(47), 23-40.

— (1990). Stacks, Frames and Boundaries, or Narrative as Computer Language. *Poetics Today*, 11(4), 873-899.

— (1991). Possible Worlds and Accessibility Relations - a Semantic Typology of Fiction. *Poetics Today*, 12(3), 553-76. Versión española en (1997). A. Garrido Domínguez (Ed.). *Teorías de la ficción literaria*. Madrid: Arcos Libros (pp. 181-206).

— (1993). Possible Worlds in Recent Literary Theory. *Style*, 26(4), 528-553.

— (1993). Narrative in Real Time: Chronicle, Mimesis and Plot in the Baseball Broadcast. *Narrative*, 1(2), 138-155.

— (1994). Immersion Versus Interactivity: Virtual Reality and Literary Theory. *Semiotics*, 392-401. Versión española en (2003). P. Álvaro y J. Ibáñez (Eds.). *Literatura hipertextual y teoría literaria*. Madrid: Marenostrum, Colección Estudios y Ensayos (pp. 107-119).

— (1995). Allegories of Immersion, Virtual Narration in Postmodern Fiction. *Style*, 29(2), 262-286.

— (1995). Virtual reality and Art Appreciation. *Semiotica*, 103(3-4), 349-367.

— (1995). From Possible Worlds to Virtual Reality - Introduction. *Style*, 29(2), 173-183.

— (1997). Interactive Drama: Narrativity in a Highly Interactive Environment. *Modern Fiction Studies*, 43(3), 677-707.

— (1997). Postmodernism and the Doctrine of Panfictionality. *Narrative*, 5(2), 165-187.

— (1998). The Text as World versus the Text as Game: Possible Worlds Semantics and Postmodern Theory. *Journal of Literary Semantics*, 27(3), 137-163.

— (1998). Truth without Scare Quotes: Post-Sokalian Genre Theory. *New Literary History*, 29(4), 811-830.

— (1998). Taking Risks with the Truth: The Value of Narrativity in the Representation of Human Reality. *Narrative Inquiry*, 8(2), 419-427.

Ryan, M.-L. (1998). What is the Point of Compulit? *Semiotica*, *118*(1/2), 147-163.

— (1999). Immersion vs. Interactivity: Virtual Reality and Literary Theory. *SubStance*, *28*(2), 110-137.

— (2001). The Narratorial Functions: Breaking down a Theoretical Primitive. *Narrative*, *9*(2), 146-152.

— (2001). From The Truman Show to Survivor: Narrative versus Reality in Fake and Real Reality TV. *Intensities: The Journal of Cult Media*, 2.

— (2002). Beyond Myth and Metaphor: Narrative in Digital Media. *Gamestudies, issue 1*. Disponible en: http://www.gamestudies.org/0101/ryan/

— (2002). Fiction and its Other: How Trespassers help defend the Border. *Semiotica*, *138*(1/4), 351-369.

— (2002). Searching for a Story. *Frame: tijdschrift voor literatuurwetenschap*, *16*(1), 19-35.

— (2004). Metaleptic Machines. *Semiotica*, *150*, 439-469.

— (2006). Semantics, Pragmatics, and Narrativity: A Response to David Rudrum. *Narrative*, *14*(2), 188-196.

— (2006). From Parallel Universes to Possible Worlds: Ontological Pluralism in Physics, Narratology and Narrative. *Poetics Today*, *27*(4), 633-674.

— (2007). Diagramming Narrative. *Semiotica*, *165*, 11-40.

— (2007). Jeux narratifs, fictions ludiques. *Intermédialités*, *9*, 15-34.

— (2008). What has the Computer done for the Word? *Genre*, *41*(3-4), 33-58.

— (2009). Temporal Paradoxes in Narrative. *Style*, *43*(2), 142-164.

— (2009). From Narrative Games to Playable Stories: Toward a Poetics of Interactive Narrative. *Storyworlds: A Journal of Narrative Studies*, *1*, 56-75.

— (2009). Cheap Plot Tricks, Plot Holes, and Narrative Design. *Narrative*, *17*(1), 56-75.

— (2009). From Playfields to Fictional Worlds: A Second Life for Ariosto. *New Literary History*, *40*(1), 159-176.

— (2009). Narrativity and its Modes as culture-transcending Analytical Categories. *Japan Forum*, *21*(3), 307-323.

— (2010). Narratology and Cognitive Science: A Problematic Relation. *Style*, *44*(4), 469-495.

— (2011). Meaning, Intent, and the Implied Author. *Style*, *45*(1), 29-47.

— (2011). Kinds of Minds: On Alan Palmer's «Social Minds». *Style*, *45*(4), 654-659.

— (2011). Narrative/Science Entanglements: On the Thousand and One Literary Lives of Schrödinger's Cat. *Narrative*, *19*(2), 171-186.

— (2013). Transmedial Storytelling and Transfictionality. *Poetics Today*, *34*(3), 362-388.

— (2013). Des jeux narratifs aux fictions ludiques. *Nouvelle Revue d'Esthétique*, *11*, 37-50.

— (2014). L'expérience de L'espace dans les jeux vidéo et les récits numériques. *Cahiers de Narratologie. Analyse et théorie narratives*, *27*, 1-14.

— (2015). Narratologie et sciences cognitives: une relation problématique. *Cahiers de Narratologie. Analyse et théorie narratives*, *28*, 1-23.

— (2014). My Narratology: An Interview with Marie-Laure Ryan. *Diegesis. Interdisziplinäres E-Journal für Erzählforschung / Interdisciplinary E-Journal for Narrative Research*, *3*(1), 78-81. Disponible en: https://www.diegesis.uni-wuppertal.de/index.php/diegesis/article/view/148/201

Ryan, M.-L. (2015). Response to Jonas Grethlein's «Is Narrative 'the Description of Fictional Mental Functioning'?». *Style*, *49*(3), 293-298.

— (2015). Transmedia Storytelling: Industry Buzzword or New Narrative Experience? *Storyworlds: A Journal of Narrative Studies*, *7*(2), 1-20.

— (2016). Digital Narrative: Negotiating a Path between Experimental Writing and Popular Culture. *Comparative Critical Studies*, *13*(3), 331-352.

— (2016). Response to Brian Richardson's Target Essay «Unnatural Narrative Theoryμ. *Style*, *50*(4), 478-483.

— (2016). Narratología transmedial y transmedia storytelling. *Artnodes: Revista de Arte*.

— (2017). La question de l'espace dans les textes numériques. *Boletín Hispánico Helvético*, *28*, 127-146.

— (2017). Le transmedia storytelling comme pratique narrative. *Revue française des sciences de l'information et de la communication*, *10*.

— (2017). Voices for a New Vernacular: Interview with Marie-Laure Ryan on Digital Storytelling. *International Journal of Communications*, *11*, 1106-1111.

— (2018). Narrative Mapping as Cognitive Activity and as Active Participation in Storyworlds. *Frontiers of Narrative Studies*, *4*(2), 232-247.

— (2018). What are Characters made of? Textual, Philosophical and 'World' Approaches to Character Ontology. *Neohelicon*, *45*(2), 415-429.

— (2018). Photos, Facts and Fiction: Literary Texts and Mechanical Representation. *CoSMo Comparative Studies in Modernism*, *13*, 37-50.

— (2018). On the Eloquence and Silence of Objects: Orhan Pamuk's Museum of Innocence. *Journal of Narrative and Language Studies*, *6*(11), 137-149.

— (2018). Narrative in Virtual Reality: Anatomy of a Dream Reborn. *Facta Ficta: Journal of Theory, Narrative and Media*, *2*(2), 91-111.

— (2019). Fiction: Serious Business or Play-World for the Imagination? *Style*, *53*(4), 434-439.

— (2019). Truth of fiction versus truth in fiction, Finzioni. Verità, bugie, mondi possibili. *Between*, *IX*(18). https://doi.org/10.13125/2039-6597/3843

Ryan, M.-L., & Rebreyend, A. L. (2013). Des jeux narratifs aux fictions ludiques. *Nouvelle Revue d'Esthétique*, *1*, 37-50.

Ryan, M.-L., & Fenech, G. (2016). The CounterText Interview: Marie-Laure Ryan. *CounterText*, *2*(3), 271-282.

Ryan, M.-L., Lashley, M. C., & Creech, B. (2017). A Forum on Digital Storytelling: Interview with Marie-Laure Ryan. *International Journal of Communication*, *11*, 6-12.

Capítulos de libros

Ryan, M.-L. (1981). Criticism, Pleasure, and Truth: A Typology of Critical Statements. En P. Hernadi (Ed.), *What Is Criticism* (pp. 52-64). Bloomington: Indiana University Press.

— (1992). Les Modes de la Narrativité et leurs métaphores visuelles. En J.-L. Brau & G. Lavergne (Eds.), *La Focalisation* (pp. 277-288). Actes du Colloque International sur la Focalisation Narrative, 12-13-14 juin 1991. Nice: Université de Nice.

RYAN, M.-L. (1993). Narrator, Narratee, Narrative Code, and Narratology (with Ernst van Alphen). En I. K. Makaryk (Ed.), *Dictionary of Contemporary Literary Theory: Approaches, Scholars, Terms* (pp. 110-116, 598-601). Toronto: Toronto University Press.

— (1997). Virtuality and Textuality: Reading in the Electronic Age. En S. Tötösy de Zepenek & I. Sywenky (Eds.), *The Systemic and Empirical Approach to Literature and Culture as Theory and Application* (Vol. 7). Edmonton: University of Alberta Research Institute for Comparative Literature, & Siegen: University Institute for Empirical Literature and Media Research.

— (2001). Frontière de la fiction: analogique ou digitale? En A. Geffen & R. Audet (Eds.), *Frontières de la fiction*. Québec-Bordeaux: Editions Nota Bene/Presses Universitaires de Bordeaux.

— (1999). Cyberage Narratology: Computers, Metaphor, and Narrative. En D. Herman (Ed.), *Narratologies: New Perspectives on Narrative Analysis* (pp. 113-141). Columbus: Ohio State University Press.

— (2002). Stacks, Frames and Boundaries. En B. Richardson (Ed.), *Narrative Dynamics: Essays on Time, Plot, Closure and Frame* (pp. 366-385). Columbus: Ohio State University Press.

— (2003). Cognitive Maps and the Construction of Narrative Space. En D. Herman (Ed.), *Narrative Theory and Cognitive Sciences* (pp. 214-242). Palo Alto: Stanford University Center for the Study of Language and Information (CLSI).

— (2003). Preface. En J. C. Meister, *Computing Action: A Narratological Approach* (pp. IX-XIII). Berlín: De Gruyter.

— (2003). Narrative Cartography: Toward a Visual Narratology. En T. Kindt & H.-H. Müller (Eds.), *What Is Narratology?: Questions and Answers Regarding the Status of a Theory* (pp. 333-365). Berlín: Walter de Gruyter.

— (2004). Multivariant Narratives. En S. Schreibman, R. Siemens, & J. Unsworth (Eds.), *Blackwell Companion to Digital Humanities* (pp. 415-430). London: Blackwell.

— (2005). Digital Narrative: Learning to Think With the Medium. En J. Phelan & P. J. Rabinowitz (Eds.), *Blackwell Companion to Narrative* (pp. 515-528). London: Blackwell Publishing Ltd.

— (2005). Logique culturelle de la métalepse ou la métalepse dans tous ses états. En J.-M. Schaeffer & J. Pier (Eds.), *Métalepses: Entorses au pacte de la représentation* (pp. 201-224). París: CNRS Édition.

— (2005). On the Theoretical Foundations of Transmedial Narratology. En J. C. Meister (Ed.), *Narrative Beyond Literary Criticism* (pp. 1-23). Berlín: De Gruyter.

— (2006). Entre la culture de masse et la littérature expérimentale: sur l'avenir narratif des textes numériques. En N. Szilas & J.-H. Réty (Eds.), *Créations de récits pour les fictions interactives* (pp. 99-130). París: Editions Hermès/Lavoisier.

— (2007). On Juvenate. En N. Wardrip-Fruin & P. Harrigan (Eds.), *Second Person: Role-Playing and Story in Games and Playable Media* (pp. 163-164). MIT Press, Cambridge-Mass.

— (2007). Toward a Definition of Narrative. En D. Herman (Ed.), *The Cambridge Companion to Narrative* (pp. 22-36). Cambridge: Cambridge University Press.

— (2007). Fictional Worlds in the Digital Age. En R. Siemens & S. Schreibman (Eds.), *A Companion to Digital Literary Studies* (pp. 250-266). Malden/Oxford: John Wiley & Sons.

RYAN, M.-L. (2007). Looking through the Computer Screen: Self-reflexivity in Net. Art. En W. Nöth & N. Bishara (Eds.), *Self-reference in the Media* (pp. 269-289). Berlín/New York: Walter de Gruyter.

— (2007). La transfictionnalité à travers les media. En R. Saint-Gelais & R. Audet (Eds.), *La Fiction: Suite et variations* (pp. 131-153). Québec-Bordeaux: Editions Nota Bene/Presses Universitaires de Bordeaux.

— (2008). Interactive Narrative, Plot Types, and Interpersonal Relations (Paper presented at the Joint International Conference on Interactive Digital Storytelling). En U. Spierling & N. Szilas (Eds.), *Interactive Storytelling* (pp. 6-13). Berlín: Springer.

— (2008). Transfictionality Across Media and Narrative in Virtual Worlds. En J. Pier & J. A. García (Eds.), *Theorizing Narrativity* (pp. 385-417). Berlín: Walter de Gruyter.

— (2008). Fiction. En W. Donsbach (Ed.), *The International Encyclopedia of Communication* (Vol. 4, pp. 1808-1812). Malden/Oxford: Wiley-Blackwell.

— (2009). Space and Narrative in various Media. En P. Hühn (Ed.), *Handbook of Narratology* (pp. 263-281, 420-433). Berlín/New York: Walter de Gruyter.

— (2009). Mondes fictionnels à l'âge de l'Internet. En B. Guelton (Ed.), *Les arts visuels, le Web et la fiction: Colloque* (pp. 66-85). París: Publications de la Sorbonne.

— (2010). Cosmologie du récit des mondes possibles aux univers parallèles. En F. Lavocat (Ed.), *La théorie littéraire des mondes possibles* (pp. 53-81). París: CRNS Éditions.

— (2011). The Interactive Onion: Layers of User Participation in Digital Narrative Texts. En R. Page & B. Thomas (Eds.), *New Narratives: Stories and Storytelling in the Digital Age* (pp. 35-62). Lincoln/London: University of Nebraska.

— (2011). Possible Worlds Semantics and Fiction. En P. Colm Hogan (Ed.), *The Cambridge Encyclopedia of the Language Sciences* (pp. 641-643). Cambridge: Cambridge UP.

— (2011). Meaning as Spectacle: Verbal Art in the Digital Age. En J. Alber *et al.* (Eds.), *Why Study Literature* (pp. 25-54). Aarhus: Aarhus University Press.

— (2012). Space, Place and Narrative. En S. Fuessel (Ed.), *Medienkonvergenz-Transdisziplinär* (Vol. 1, pp. 109-127). Berlín: Walter de Gruyter.

— (2012). Net. Art: Self-reflexivity and Dysfunctionality. En K. B. Wurth (Ed.), *Between Page and Screen: Remaking Literature through Cinema and Cyberspace* (pp. 127-143). New York: Fordham Univ Press.

— (2012). Impossible Worlds. En J. Bray, A. Gibbon, & B. McHale (Eds.), *The Routledge Companion to Experimental Literature* (pp. 368-379). London: Routledge.

— (2013). Impossible Worlds and Aesthetic Illusion. En W. Wolf, W. Bernhart, & A. Mahler (Eds.), *Immersion and Distance: Aesthetic Illusion in Literature and Other Media* (pp. 131-151). Amsterdam/New York: Rodopi.

— (2013). Ritual Studies and Narratology: What can they do for Each Other. En V. Nünning, J. Rupp, & G. Ahn (Eds.), *Ritual and Narrative* (pp. 27-49). Bielefeld: Transcript Verlag.

— (2013). Transmediales Storytelling und Transfictiktionalität. En K. Renner, D. von Hoff, & M. Kringel (Eds.), *Medien-Erzählen-Gesellschaft* (pp. 88-116). Berlín: Walter de Gruyter.

— (2015). Narrative and the Split Condition of Digital Textuality. En P. Gendolla & J. Schäfer (Eds.), *The Aesthetics of Net Literature: Writing, Reading and Playing in Programmable Media* (pp. 257-281). Bielefeld: Transcript Verlag.

Ryan, M.-L. (2015). Texts, Worlds, Stories: Narrative Worlds as Cognitive and Ontological Concept. En M. Hatavera, M. Hyvärinen, M. Mäkelä, & F. Mäyrä (Eds.), *Narrative Theory, Literature, and New Media: Narrative Minds and Virtual Worlds* (pp. 13-28). London: Routledge.

— (2016). Sequence, Linearity, Spatiality or: Why be afraid of Fixed Narrative Order. En R. Baroni & F. Revaz (Eds.), *Narrative Sequence in Contemporary Narratology* (pp. 175-193). Columbus: Ohio State University Press.

— (2016). Mondialité, médialité. En A. Besson, N. Prince, & L. Bazin, *Mondes fictionnels, mondes numériques, mondes possibles* (pp. 21-39). Rennes: Presses Universitaires de Rennes.

— (2016). Narrative. En H. Lowood & R. Guins (Eds.), *Debugging Game History: A Critical Lexicon* (pp. 335-341). Cambridge (MA): MIT Press.

— (2017). Narrative. En I. Szeman, S. Blacker, & J. Sully (Eds.), *A Companion to Critical and Cultural Theory* (pp. 517-530). Oxford: John Wiley & Sons.

— (2017). The Aesthetics of Proliferation. En M. Boni (Ed.), *World Building: Transmedia, Fans, Industries* (pp. 31-46). Amsterdam: Amsterdam University Press.

— (2017). Why Worlds Now? En M. Wolf (Ed.), *Revisiting Imaginary Worlds* (pp. 33-43). New York: Routledge.

— (2017). Transmedia Storytelling as Narrative Practice. En T. Leitch (Ed.), *The Oxford Handbook of Adaptation Studies* (pp. 527-542). Oxford: Oxford University Press.

— (2017). Narrative. En S. Blacker, I. Szeman, & J. Sully (Eds.), *A Companion to Critical and Cultural Theory* (pp. 517-530). London: Blackwell.

— (2017). Sur les fondements théoriques de la narratologie transmédiale. En S. Patron (Ed.), *Introduction à la narratologie postclassique: Les nouvelles directions de la recherche sur le récit* (pp. 147-166). Lille: Presses Universitaires du Septentrion.

— (2018). Ontological Rules. En M. Wolf (Ed.), *The Routledge Companion to Imaginary Worlds* (pp. 74-81). New York: Routledge.

— (2019). Virtuality. En Heike Paul (Ed.), *Critical Terms in Futures Studies* (pp. 335-341). Cham: Palgrave Macmillan.

— (2019). Narrative as/and Complex Systems/s. En M. Grishakova & M. Poulaki, *Narrative Complexity: Cognition, Embodiment, Evolution* (pp. 29-56). Lincoln: University of Nebraska Press.

— (2019). Virtuality. En P. Heike (Ed.), *Critical Terms in Futures Studies* (pp. 335-341). New York: Palgrave McMillan.

— (2020). Transmedia Storytelling and Its Discourses. En N. Salmose & L. Elleström (Eds.), *Transmediations: Communication Across Media Borders* (pp. 17-30). New York & London: Routledge.

— (2020). Narrative Cartography. En D. Richardson (Ed.), *The International Encyclopedia of Geography: People, the Earth, Environment and Technology* (pp. 17-30). Oxford: Wiley-Blackwell.

— (2020). Transmedia Storytelling and its Discourses. En L. Ellestrøm & N. Samose (Eds.). *Transmediations. Communication Across Media Borders* (pp.17-30). New York & London: Routledge.

RYAN, M.-L. (2020). Poursuivre le rêve d'un récit interactif et immersive. En R. Baroni & C. Gunti (Eds.). *Introduction à l'étude des cultures numériques* (pp. 173-185). París: Armand Colin.

— (2021). How Stories Relate to Places? Orhan Pamuk's Museum of Innocence as Literary Tourism. En S. Reijnders, *et al.* (Eds.). *Locating Imagination* (pp. 265-82). London: Blackwell.

— (2022). Four Types of Textual Space and their Manifestations in Digital Narrative. En D. Punday (Ed.). *Digital Narrative Spaces: An Interdisciplinary Examination* (pp. 1-19). New York & London: Routledge.

— (2022). Playing Games with the Truth: Tabloid Stories, Urban Legends, Tall Tales and Bullshit. En M. Mäkelä & P. Dawson (Eds.). *Routledge Companion to Narrative Theory* (pp. 205-17). New York & London: Routledge.

— (2023). Objects, Narratives, Museums. En R. Monteiro et all. (Eds.). *Time and Space*. London: CRC Press.

— (2024). The Fictionality of Games and the Ludic Nature of Fiction: Make-Believe, Immersion, Pay. En A. James, A. Kubo & F. Lavocat. *The Routledge Handbook of Fiction and Belief* (pp. 41-51). New York & London: Routledge.

— (2024). Multivers et mondes possibles. *Colloque*. Disponible en: https://doi.org/10.58282/colloques.11747

RYAN, M.-L., BARONI, R. & GOUDMAND, A. (2023). Transmedial Narratology and Transmedia Storytelling. En J. Bruhn *et al.* (Eds.). *The Palgrave Handbook of Intermediality*. Cham: Palgrave Macmillan.

INTERNET

RYAN, M.-L. (2003). On Defining Narrative Media. *Online Magazine of the Visual Narrative, Image and Narrative*, 6. Disponible en: http://www.imageandnarrative.be/inarchive/mediumtheory/marielaureryan.htm

— (2004). Cyberspace, Cybertexts, Cybermaps. *Dichtung-digital*, 6(31).

— (2005). Narrative and the Split Condition of Digital Textuality. *Dichtung Digital*. Versión impresa en P. Gendolla & J. Schäfer (Eds.), *Writing, Reading and Playing in Programmable Media*, 257-280. Versión corta en G. King & T. Krzywinska (Eds.), *Videogame, Player, Text*, 29-51. Traducción al español: *La Narrativa y la Discontinuidad de la Textualidad Digital* en *A Minima: Publication de Arte Actual*, 14, 152-166.

— (2006, 4 de mayo). Entrevista a Marie-Laure Ryan en una conferencia de la universidad París-Diderot. Disponible en: https://www.univ-paris-diderot.fr/clam/seminaires/RyanFR.htm

— (s.f.). Frontière de la fiction: digitale ou analogique ? *Fabula*. Disponible en: http://www.fabula.org/forum/colloque99/211.php

— (2010). Between Play and Politics: Dysfunctionality in Web Art. *Electronic Book Review*.

— (2015). Entrevista a Marie-Laure Ryan. *Revista LUTHOR*. Disponible en: https://www.revistaluthor.com.ar/ojs/index.php/luthor/article/view/145

Ryan, M.-L. (2016). Narratologia transmèdia i transmedia storytelling. *Artnodes, 18.* Disponible en: https://doi.org/10.7238/a.v0i18.3049

— (2019). Sharpiegate as a Network of Stories. *Instrumental Narrative blog.* Disponible en: https://instrumentalnarratives.wordpress.com/2019/11/01/marie-laure-ryan-sharpiegate-as-a-network-of-stories/

— (2019). Interview with Evangelia Moula. *Neospaidagogos.* Disponible en: http://neospaidagogos.online/files/12_Teyxos_Neou_Paidagogou_Aprilios_2019.pdf

El blog de Marie-Laure Ryan está disponible en: http://www.marilaur.info